法史新裁：
民族与历史视野中的法律

陶钟灵 著

中国社会科学出版社

图书在版编目(CIP)数据

法史新裁：民族与历史视野中的法律／陶钟灵著. —北京：中国社会科学出版社，2016.12

ISBN 978 - 7 - 5161 - 9764 - 6

Ⅰ.①法… Ⅱ.①陶… Ⅲ.①法制史 - 研究 - 中国 Ⅳ.①D929

中国版本图书馆 CIP 数据核字（2016）第 324714 号

出 版 人	赵剑英
责任编辑	宫京蕾
责任校对	秦　婵
责任印制	李寡寡

出　　版	中国社会科学出版社
社　　址	北京鼓楼西大街甲 158 号
邮　　编	100720
网　　址	http：//www.csspw.cn
发 行 部	010 - 84083685
门 市 部	010 - 84029450
经　　销	新华书店及其他书店
印刷装订	北京市兴怀印刷厂
版　　次	2016 年 12 月第 1 版
印　　次	2016 年 12 月第 1 次印刷
开　　本	710×1000　1/16
印　　张	15
插　　页	2
字　　数	216 千字
定　　价	46.00 元

凡购买中国社会科学出版社图书，如有质量问题请与本社营销中心联系调换
电话：010 - 84083683
版权所有　侵权必究

前　言

　　法律史在法学学科中既是基础、深厚的学问，也是人文精神最强的学科之一。该学科集法律的科学性与历史学的厚度、民族学和人类学的广度以及哲学的高度于一身，可以激励研究者博览群书，培养发散性思维和综合研究的素质。法学是一门经验学科，理论和实践必须紧密结合。历史何尝不是一种经验——人类过往的经验，我们对所观察到的史实或者历史现象，也要借助现代经验来加以解释。法律史不仅是法学一级学科统辖下的二级学科之一，同时也是历史学中的一门专史。在少数顶尖的政法院校的研究生教育中，法律史专业的研究方向一般包括中国法制史、中国法律思想史、外国法制史、西方法律思想史、民族法律文化以及比较法律文化等方向。它不仅要研究"是什么法律"，同时也要解释"为什么是这样的法律"。西南政法大学曾代伟教授认为中国法制史的研究对象是"传统的法"和"法的传统"。我认为这种看法比较全面和深刻，因为研究"传统的法"就是在研究"是什么"的问题，而"法的传统"则是研究"为什么"的问题。这种对中国法制史的研究对象的认识甚至可以延展到法律史学科的其他一些研究方向上，如外国法制史等，只不过所针对的"法"和"传统"不同罢了。法律史学科在研究方法上，我认为要综合运用历史学、民族学与人类学、法经济学、法社会学、法解释学、比较法学和法哲学等的研究方法，使得中外各历史阶段的法律史实或法律现象在"实然"和"应然"两个层面都要得到合理的解释，才能为当下或将来的法治建设作出自己的实证研究和理论贡献。如对民族习惯法的研究，可以借鉴法人类学的研究方法，这种方法为法学研究提供了一种全新的方法和技术，其显著特点是秉承了传统人类学的一些研究方式、方法，强调田野调查、参与性观察，注重对典型案例进行分析，提倡基于不同语言、地域、习俗等的文化之间的比较研究。从某种意义上讲，采用交叉学科的研究方式、方法，对传统法学构成了研究方式的革命。

本书主题是"法史新裁——民族与历史视野中的法律"，分别从四个研究方向，每个方向各选取几个论题来做具体研究：一、中国传统法律文化，有六个论题：1. 诗史法意，较为详细地论述《诗经》所载西周、春秋法制及其对后世的影响；2. 周民族礼法文化的生成，也是以《诗经》为材料的考察；3."以《诗》论法"与"情""理""法"，是对《诗经》材料和"以《诗》论法"的有关案例进行法理分析；4. 古代和谐社会的法律控制，是以古代法和民族习惯法为视角的考察；5. 预备立宪与法律文化，是从法文化视角解读清末预备立宪；6. 对七言古诗《法史咏》的阐释，是用诗语勾勒出中国传统法律文化的更生与式微的概貌。二、中国少数民族法律文化，有三个论题：1. 林契百年藏古楼，是运用民族学和法律经济学的研究方法对清代贵州锦屏林木交易习惯进行分析；2. 布依族的婚俗与禁忌，是以民族学与人类学视角所进行的阐释；3. 送法进城，实际上是探讨中国民族法律文化的价值取向和研究方法。三、西方法律文化，有三个论题：1. 宪法制度与文化渊源，是研究美国宪法的生成背景；2. 从社会到国家的宪政生成模式，是以民族学和历史学的视角考察美国宪政的生成模式；3. 在理性和信仰之间，这是对西方自然法学历史嬗变的评述。四、比较法律文化，有两个论题：1. 正义、和谐价值与宪法，是阐述现代民族国家宪法的价值基础；2. 西宪理论与法家学说，则是运用比较研究的方法对东西方法律文化做研究的一种尝试。

撰写本书得到了许多学者和朋友的关心、支持和无私的帮助，我愿在此深表谢忱！我也对中国社会科学出版社的宫京蕾女士在编审本书过程中所付出的辛劳表示衷心的感谢！

目　　录

第一编　中国传统法律文化

诗史法意 …………………………………………………（3）
周民族礼法文化的生成 …………………………………（35）
"以《诗》论法"与"情"、"理"、"法" ……………………（53）
古代和谐社会的法律控制 ………………………………（78）
预备立宪与法律文化 ……………………………………（89）
对七言古诗《法史咏》的阐释 …………………………（100）

第二编　中国少数民族法律文化

林契百年藏古楼 ………………………………………（109）
布依族的婚俗与禁忌 …………………………………（123）
送法进城 ………………………………………………（140）

第三编　西方法律文化

宪法制度与文化渊源 …………………………………（149）
从社会到国家的宪政生成模式 ………………………（164）
在理性和信仰之间 ……………………………………（175）

第四编　比较法律文化

正义、和谐价值与宪法…………………………………………（185）
西宪理论与法家学说基本论点之辨析……………………（198）

附件一《钦定宪法大纲》……………………………………（210）
附件二《宪法重大信条十九条》……………………………（212）
附件三《美国宪法》（正文及部分修正案）………………（214）
参考文献………………………………………………………（229）

第一编　中国传统法律文化

本编是在中国传统法律文化中寻找几个重要问题来加以研究。开头的三个论题主要是以中国原创文化经典《诗经》为材料，探究其中的法意及其对后世的重要影响，阐述《诗经》中所反映的礼法文化生成过程，以及汉代"以《诗》论法"和情、理、法三维复合思维模式在解决争端中的作用。《诗经》反映出周民族已经有了比较清晰的法律概念和较强的法律意识，法律思想上注重两极（一是王权至上，二是社会和谐）并在礼治原则指导下建立起一整套法律制度，这些都是当时法律发达的表现。因此，我们在对先秦法律史的研究中可以考虑开辟一条诗史进路。接着以古代法和民族习惯法为视角，论述中国古代和谐社会的法律控制机制，简要地阐发了它对当代建设和谐社会的现实意义。然后再解读清末预备立宪，以中国传统政治法律文化为视角，可以探寻历代治乱相循的文化根源；对晚清宪政思想的启蒙和预备立宪的解读，不难找到清末宪政之路举步维艰的根本原因；自上而下的立宪和行宪固然重要，但宪政胚胎的培育是更为重要的社会系统工程；对尚处于宪政发展初级阶段的一些非西方国家，其宪政立法在多元文化背景中应力求汇通和超越。最后对笔者所作的七言古诗《法史咏》进行阐释，其中兼涉中国古代和近代法律思想、法律制度和法律文化三个维度。由于我国古代的法制发展重在刑法、行政法等方面，因而具有公法性质的法律的演进是本诗关注的重点。自古以来北方游牧民族和中原及南方的华夏民族的夷夏之争体现的是南北关系，反映的是中华文化共同体内部的矛盾和斗争，以中国传统法律为代表的社会治理方式最终能够解决民族融合过程中的主要矛盾和问题。而清以后的国家间的较量则体现的是东西方关系，是中国固有文化和异质的西方文化间的较量，在这次较量中过往那种以夏变夷的做法行不通了，这是因为以科技为引导，以战争和贸易为特点的西方文化太强势了。既然不能变夷，我们就只能师夷。师夷长技以制夷，但要中体西用，师法西方的"器"（物质技术层面），而坚守中国传统文化之"道"（思想意识层面）。然而中华法系与西方英美法系或大陆法系无论在法律理念上还是在治理模式上都有根本区别。要言之，这些篇章从不同视角阐述了中国原创法律文化的产生、发展和式微过程中的一些片段。

诗 史 法 意

从《诗经》反映的西周、春秋时期法律发展情况来看，周人已有一定的法律意识，当时作为法律称谓的语词后世大多演化为对成文法各种形式的称谓；由三代的天命、天罚观念发展而来的君权神圣观念，明德慎罚、礼乐政刑综合为用及注重社会和谐的思想也在此时初步形成；其时的礼乐、刑法、司法、婚姻、祭祀、土地等各项制度也都对后世有重大影响。

《诗经》是中国最早的一部诗歌总集，又称《诗三百》或《诗》。它编纂的年代自西周初年起至春秋末叶止，其内容反映了周代礼乐文明和法制发展的情况，具有很高的史料价值。《诗》305篇分风、雅、颂三类，其中大多数篇章创作的具体年代难以确定。但古今研究者基本趋于一致的认识是：《周颂》大多产生于西周初期，是庙堂祭祀乐歌。《大雅》大多是西周中期的作品，一部分是西周后期的作品；《小雅》大多是西周后期的作品，一部分迟至东迁；二雅主要是朝会和贵族享宴乐歌。《国风》《鲁颂》《商颂》一般认为是春秋时期的作品。《鲁颂》《商颂》是鲁、宋（商王后裔的封地）两国的庙堂祭祀乐歌。《国风》中大部分是民歌，也有一部分是贵族的作品；《小雅》中有一部分来自民间，另外的多系贵族献诗、作诗；《大雅》和《颂》则主要是王公贵族的作品。① 因此

---

① 参见夏传才《诗经研究史概要》，清华大学出版社2007年版，第13页。

《诗经》所反映的社会生活结构和情调是立体、多角度、多层次的,既反映精英意识,又包含民风民情。

《诗经》反映西周法律发展情况的诗篇主要集中在《周颂》《大雅》和《小雅》三部分。据《史记》的《鲁周公世家》《燕召公世家》记载,因成王年幼周公、召公分陕而治,周公长子伯禽被封于鲁,故《周南》《召南》《鲁颂》中也有一些篇章反映西周法制的内容。反映春秋时期法律发展情况的诗篇主要集中于《国风》《鲁颂》之中,但内容很少。因此,本书的研究除法律称谓中的"礼"、周代的阶级、土地制度中的公田私田划分以及婚姻制度等内容兼涉西周、春秋两个时期的法制外,其余大部分内容是对西周法律发展情况的探讨。

《诗经》研究有三部里程碑般的作品,即东汉郑玄的《毛诗传笺》(以下简称《郑笺》)、唐代孔颖达的《毛诗正义》(以下简称《孔疏》,其中包含汉代的《毛诗序》)、南宋朱熹的《诗集传》(以下简称《集传》),它们都是建立在西汉毛亨、毛苌传《诗》的基础之上。《诗经》研究在清代达到了又一高峰,代表性成果有马瑞辰的《毛诗传笺通释》、王先谦的《诗三家义集疏》、方玉润的《诗经原始》等。这些作品是我们解读《诗经》法意的基本版本。

对《诗经》中的法律内容自近代以来前人多有探讨。如王国维、钱穆及张国华、张晋藩、曾代伟、俞荣根、马小红、徐祥民等的许多作品都注意到了《诗经》中的法律内容,并分别在天命观、法先王、礼治、王权、宗法制和封建制等方面各有阐发,但这些作品都是在论述其他主题时顺便提到《诗经》,而至今尚未见到对《诗经》法制内容的专门的研究成果。笔者深受前辈论述的启发,对《诗经》情有独钟,揣摩有年,略有心得,并参考了学界既有研究成果,力图全面展现《诗经》中的法制内容并贡献自己的心得,撰成此篇,愿以此就教于学界同人。

一　周民族对法律的称谓

《诗经》中对法律的称谓很多，其中"刑""命""礼"为周代重要的法律形式。而其他的称谓，有的在后世演化为国家法的重要形式，如"则""宪""仪""式""典""章"；有的则是对法的泛指，并没有成为法律的表现形式，如"辟""度"。

（一）刑

《诗经》中"刑"字共出现六次，主要有三义：一是效法、取法。如《大雅·文王》中的"仪刑文王"，《郑笺》和《集传》均解释为："刑，法。"此处的"刑"字有取法之意，即取法文王的德政和礼法制度。与此意相同者，还有"百辟其刑之"（周颂·烈文）、"仪式刑文王之典"（周颂·我将）等句中的"刑"字。二是示范、做榜样。如"刑于寡妻，至于兄弟，以御于家邦"（大雅·思齐），意指用邦国的礼法示范于正妻，家齐而后国治。三是法式、法典。如"尚有典刑"（大雅·荡）、"克共明刑"（大雅·抑）。第三种含义与《尚书·吕刑》中的"明启刑书"的"刑"的含义相同。然而耐人寻味的是，《大雅》和《周颂》中为什么能提得出"刑"的多层含义？原因是这两部分多系西周王公贵族作品。学界一般认为西周的刑法处于贵族官僚秘密垄断状态，所以他们自然熟悉刑法。而普通百姓礼法意识的提高不仅得益于《诗经》广泛传播的影响，而且可能也与历史记载的西周曾多次制定和修改刑法的事件有关。西周初年，"周有乱政，而作《九刑》"[①]；成王四年，"命大正正《刑书》"[②]，即命令大司寇对《九刑》作修改；西周中期，穆王命大司寇吕侯又制定了一部重要法律——《吕刑》。但《诗经》中未见"法"或"律"字，因为西

---

① 《左传·昭公六年》。
② 《逸周书·尝麦》。

周、春秋时期国家法的正式称谓是刑，而《诗经》的成书年代正是这一时期。

（二）命

《诗经》中多次出现"命"字。《大雅·崧高》："王命召伯：'定申伯之宅。登是南邦，世执其功。'王命申伯：'式是南邦。因是谢人，以作尔庸。'王命召伯：'彻申伯土田。'"《集传》认为该诗为"宣王之舅申伯出封于谢"而作。诗中还说宣王命令大臣召伯给申伯建立都城，并用周代的彻（治）法划定田地疆界，制定赋税。此外《大雅·烝民》的"肃肃王命"，《大雅·韩奕》的"韩侯受命""王亲命之""无废朕命""朕命不易"等都谈到"命"。《鲁颂·閟宫》："王曰：'叔父，建尔元子，俾侯于鲁。'"这是成王封周公长子于鲁的命令。

在中国古代王朝中，命是最高统治者颁发的重要法令或政令形式之一，如"大君有命"①"掌王后之命"②。先秦典籍中记载的"王命：……"或"王曰：……"（省略号代表命的内容）中的事项，当时的臣民必须遵守。《诗经》中很多类似例子可与《尚书·吕刑》相互印证。因为《尚书·吕刑》除第一句话简介全篇意旨外，其他内容都是被冠以"王曰：……"即以"命"的形式发布的；其中还提到颛顼帝"乃命重黎，绝地天通"一事，可见"王命"这种法律形式的产生甚或可上溯到三代以前，即中国三皇五帝时期。

先秦典籍中的"命"是以强制性规范的形式向大臣发布的命令，一般都关涉国家大事，如分封诸侯、制定刑法等。有时用"王曰"比用"王命"语气缓和，前者通常针对首辅大臣或天子敬重或信任的臣子如周公、吕侯等才使用。秦以后，"令"成为重要的法律形式，从规范的层次和效力看与"命"等同，均直接代表帝王的旨意。秦有

---

① 《易·师》。
② 《周礼·天官·内小臣》。

"律、令、制、诏",汉有"律、令、科、比",唐有"律、令、格、式",等等。现代国家制定法一般都以国家元首命令的形式公布,我们从中仍可看到古代"命"或"令"这种法律形式的遗痕。

(三) 礼

《诗经》中"礼"字出现过10次。"式礼莫愆。"(小雅·楚茨)《郑笺》:"式,法。莫,无。愆,过。"这句诗是说人于礼法上应无过错。"人而无仪,不死何为?""人而无止,不死何俟?""人而无礼!胡不遄死?"(鄘风·相鼠)仪,指与礼仪有关的仪态、威仪;止,即行止;礼主要指礼义。该诗共三章,这三组诗句分别在各章末尾,是由外到内、由礼仪到礼义的递进关系,言不知礼仪和礼义的人,何不赶快去死?可见当时人们以礼为法,并将无礼者与极刑(死)联系起来。这种观念与西周"出礼则入刑"的刑法原则一致,而该原则一直为后世封建社会所继承。

诗以载礼。礼主要包括礼仪(仪式)和礼义(义理)两方面。在礼仪方面,据《仪礼》记载,周人在行乡饮酒礼时,要先鼓瑟而歌《鹿鸣》《四牡》《皇皇者华》。然后乐《南陔》《白华》《华黍》。间歌《鱼丽》,笙《由庚》;歌《南有嘉鱼》,笙《崇丘》;歌《南山有台》,笙《由仪》。再合乐《周南》的《关雎》《葛覃》《卷耳》,《召南》的《鹊巢》《采蘩》《采蘋》。而在诸侯宴请大夫或宾客时所举行的燕礼中,唱、奏的曲目也大体相同。①

诗乐配合的礼仪形式中包含了深刻的礼义内容。如乡饮酒礼的礼义是:"君子尊让则不争,絜、敬则不慢,不慢、不争,则远于斗辩矣。不斗辩,则无暴乱之祸矣。斯君子所以免于人祸也,故圣人制之以道。……民知尊长养老,而后乃能入孝弟。民入孝弟,出尊长养老,而后成教,成教而后国可安也。"② 这段话明确指出了礼治的最终

---

① 参见《仪礼》的《乡饮酒礼》《燕礼》。
② 《礼记·乡饮酒义》。

目的在于社会和谐、国家安定。同样,燕礼中也包含了深刻的义理:"君举旅于宾,及君所赐爵,皆降再拜稽首,升成拜,明臣礼也;君答拜之,礼无不答,明君上之礼也。臣下竭力尽能以立功于国,君必报之以爵禄,故臣下皆务竭力尽能以立功,是以国安而君宁。……和宁,礼之用也,此君臣上下之大义也。故曰:'燕礼者,所以明君臣之义也。'"①

《诗经》首篇《周南·关雎》:"关关雎鸠,在河之洲。窈窕淑女,君子好逑……琴瑟友之……钟鼓乐之。"该诗中虽未出现"礼"字,但意含君子爱美,求之以礼。《毛诗序》:"《关雎》,后妃之德也。风之始也,所以风天下而正夫妇也,故用之乡人焉,用之邦国焉。风,风也,教也,风以动之,教以化之",阐发了"琴瑟""钟鼓"等礼乐仪式中所包含的礼义。周人就是借助诗乐礼教的亲和力和感召力,使礼的规范具有先行教化、和谐人际关系和预防犯罪的强大功能。

(四) 则

在金文中"则"字左部从鼎,右部从刀,指按照一定的规范在鼎上刻字,其引申义为法则。《诗经》中亦常见此字。如《小雅·六月》:"比物四骊,闲之维则。"《郑笺》:"物,毛物也。则,法也。言先教战,然后用师。"该句的意思是战车四马,必先练习、熟知作战法则,而后可用,这是古代行军作战的基本原则之一。《毛诗序》认为《六月》诗记载了宣王朝(公元前827—前782年)的史事,可见此原则观念很早就有了。

《大雅·下武》中的"永言孝思,孝思维则","永言孝思,昭哉嗣服",言不仅永远要秉承孝思这一大法,而且也要昭示后人继承。可见,《下武》诗中蕴含了"以孝为法"的思想,用诗语表达了亲其亲者的礼制原则。此外,《大雅·抑》有:"维民之则""鲜不为则。"

---

① 《礼记·燕义》。

《集传》:"则,法也。"

汉魏时期,"则"字的法义延用下来。如《史记·律书》:"王者制事立法,物度轨则,一禀于六律。"曹操的《度关山》诗:"天地间,人为贵。立君牧民,为之轨则。"其中"则"字均指法则。唐以后直至明清,则例成为一种重要的法律形式,类似现在的法律的实施细则。直至今天,我国仍有通则、细则等法律形式。

(五)辟

许慎《说文解字》云:"辟,法也。"清代学者段玉裁注其引申义为"罪"。"五刑之辟,教之末也"[1]中的"辟"指刑法。"大辟疑赦,其罚千锾"[2]中的"辟"指罪或刑,大辟即指死罪或死刑。"司寇正刑明辟,以听狱讼"[3]中的"明辟"即明辨罪法。《小雅·雨无正》"如何昊天,辟言不信"中的"辟",《郑笺》《集传》均释为法,这两句的意思是为臣者的合乎法度之言,昊天(指当权者)不采信。此外,《大雅·板》:"民之多辟,无自立辟。"《郑笺》:"辟,法也。……民之行多为邪辟者,乃女君臣之过,无自谓所建为法也。"可见第一个"辟"指邪辟,第二个"辟"指法,意思是百姓的行为多邪辟的原因在于君臣的过错,为政者不要宣称自己所制定者为法。但应注意《诗经》中的"辟"只是对法律的一种称谓,而"辟"在古代多用作刑名,如三代时"五刑"中最重的刑罚为"大辟",即死刑。

(六)宪

《说文解字》释"宪"为"敏",段玉裁训其引申义为"法"。《诗经》中的"宪"字一般都含效法之义,如"万邦为宪"(小雅·

---

[1] 《庄子·天道》。
[2] 《尚书·吕刑》。
[3] 《礼记·王制》。

六月)、"百辟为宪"(小雅·桑扈)、"文武是宪"(大雅·崧高)等。古代"宪"字主要有三义,均与法有关:一是效法。一般使用于春秋、战国以前,如《诗经》中的"宪"。二是法令。主要用于春秋、战国时期,如"此君之宪令"①"大府之宪。"② 三是宣,即公布。主要用于战国时代,如"宪禁于王宫"③"掌宪邦之刑禁"④。可见,在《诗经》中反映西周法制的篇章里,宪并非指国家制定法;而在反映春秋、战国史事或编著于该时期的典籍中,宪才明确地作为法令或公布的含义来使用。近、现代人取《周礼》中"宪"字所含邦国大法之义,才广泛用其指称国家根本大法——宪法。

(七) 其他称谓

1. 仪、式

《周颂·我将》:"仪式刑文王之典。"《集传》将"仪""式""刑"均释为法,许慎《说文解字》的观点与此相同:"仪,度也。""度,法制也。""式,法也。"《小雅·楚茨》:"礼仪卒度",言礼仪尽合法度。《大雅·崧高》:"南国是式。"《集传》:"式,使诸侯以为法也。"《大雅·烝民》:"古训是式。"《集传》:"古训,先王之遗典也。式,法也。"

式在后世很重要。云梦秦简中的《封诊式》是有关调查、审讯、勘验、查封等的文书程式,它的出现使式上升为国家法律的重要形式之一。西汉叔孙通制定《汉仪》(又称《傍章》),作为《九章律》的补充法规,更具重要性。

从古代的巫筮礼乐仪式、司法官升堂审案仪式,到现代国家的司法礼仪,仪式都是法律的要素之一。伯尔曼说:"法律与宗教都共同具有四种要素:仪式,传统,权威和普遍性。""法律像宗教一样起源

---

① 《左传·襄公二十八年》。
② 《战国策·魏四》。
③ 《周礼·天官·小宰》。
④ 《周礼·秋官·布宪》。

于公开仪式，这种仪式一旦终止，法律便丧失其生命力。"①

2. 典、章、度

《周颂·维清》："维清缉熙，文王之典。"《郑笺》："典，法也。"诗中赞扬文王乃周代法制的创始者和一代有道明君。《周颂·我将》："仪式刑文王之典。"《郑笺》："典，常。"常即常法。《大雅·假乐》的"不愆不忘，率由旧章"，《集传》："旧章，先王之礼、乐、政、刑也。""章"可解释为"法度"者还有"维民之章"（大雅·抑）、"曰求厥章"（周颂·载见）等。《说文解字》："典，五帝之书也。""章，乐竟为一章。"典是春秋、战国以前的公文体例，是记述古代帝王的法文书，如《尚书》中的《尧典》《舜典》等。典在后世成为法律的一种重要形式，如《唐六典》《明会典》等。章也逐渐由最早的乐章引申为法典的组成部分，如汉代高祖"约法三章"、萧何"作律九章"、叔孙通作"傍章"等。

《小雅·楚茨》："礼仪卒度。"《集传》："度，法度也。"《大雅·抑》："谨尔侯度。"《集传》："侯度，诸侯所守之法度也。"《论语·尧曰》赞扬古代的圣王能"谨权量，审法度"，这是法、度二字连用之始。

二 《诗经》反映的西周时期的法律思想

（一）天命、天罚

上古先民在对天地、日月等自然物的崇拜中，产生了天命、天罚的观念。《诗经》是记载这类观点较早的典籍，它反映出周人天命观的三个特点：

第一，沿袭了夏商的观点，将上帝（天）奉为人格神。"皇矣上帝，临下有赫。……维此二国，其政不获。……乃眷西顾"（大雅·

---

① ［美］伯尔曼：《法律与宗教》，中国政法大学出版社2003年版，第13、23页。

皇矣);"天监在下,有命既集"(大雅·大明);这几句是说上帝监临天下,在夏商以后眷顾西部的周族,迁天命以成就文王。"帝谓文王:'予怀明德,不大声以色,不长夏以革。不识不知,顺帝之则。'"(大雅·皇矣)上帝的命令、法则与人间帝王的命令、法则相比,前者神圣而崇高。"帝谓文王",是上帝告诉文王其命令的内容;"顺帝之则",言文王能顺从上帝的法则。"上帝耆之,憎其式廓。……帝迁明德"(大雅·皇矣),意思是上帝憎恶无道的商纣王,而将天命迁于明德的周族首领。

第二,相信王位、福禄、君婚均由天授予。早在殷商时代,人们就认为"天命玄鸟,降而生商"(商颂·玄鸟),这是"君权神授"说,该观念深刻地影响着周人。"履帝武敏歆,攸介攸止"(大雅·生民),言姜嫄因踩上帝足印而受孕,怀下周族始祖后稷。"周虽旧邦,其命维新"(大雅·文王),是说周过去虽为小邦,然天命钟此。"昭事上帝,聿怀多福"(大雅·大明),"受禄于天"(大雅·假乐),言天赐福禄给文王、成王。"天立厥配"(大雅·皇矣),意思是上天确立了太王(文王的祖父)的配偶。"天作之合"(大雅·大明),是说文王的婚姻乃天赐良缘。

第三,统治者应敬畏天神,修德保民。《大雅·文王》言"天命靡常",怎样才能永保天命呢?一方面,要修德保民。《大雅·假乐》:"假乐君子,显显令德,宜民宜人。"《毛诗序》:"《假乐》,嘉成王也。"《大雅·皇矣》中的"求民之莫",意指为百姓寻求安定。《大雅·泂酌》:"岂弟君子,民之父母。"只有仁德之君,才能如民之父母,并得到人民的敬爱。另一方面,应对天行祭祀之礼。关于祭祀制度本书将在法律制度部分再论说。

天罚多指借天之名发动兵刑,而"发动兵刑的权力属于天子"。[①]《大雅·大明》:"保右命尔,燮伐大商",是说武王恭行天罚。《尚书·牧誓》中武王伐纣前曾誓师说:"今商王受惟妇言是用,昏弃厥

---

① 张少瑜:《兵家法思想通论》,人民出版社2006年版,第16页。

肆祀弗答，昏弃厥遗王父母弟不迪。乃惟四方之多罪逋逃，是崇是长，是信是使，是以为大夫卿士。俾暴虐于百姓，以奸宄于商邑。今予发惟恭行天之罚。"古代军队的"誓"就是战争动员令，具有军法性质。"誓"的内容一般包括作誓者列举被征伐对象的罪状，说明自己是受天命、行天罚，号召将士奋勇杀敌，最后宣布纪律即对用命者褒奖、对不用命者重罚等。

周代的天命、天罚思想继承了夏商的君权神授论，强化了法自君出、兵刑自天子出的观念，对后世影响深远。

（二）明德、慎罚、庆赏

"德"字是《诗经》中出现频率较高的字，共出现68次。西周初年周公提出"明德慎罚"①的思想，后来又出现了"德威惟畏，德明惟明""士制百姓于刑之中，以教祗德""罔不惟德之勤，故乃明于刑之中""哀敬折狱"②等刑法原则，这些原则或观念在《诗经》中的许多诗章里均有反映。

首先，在明德方面。"厥德不回，以受方国"（大雅·大明），是说皇天对每一部族并无偏私的爱，只有将有德者扶上君临天下的大位，其他部族才能心悦诚服。这与《左传》的"皇天无亲，惟德是辅"③阐发了同样的道理，即天命转移的条件是"德"。可见，是否修德能决定人是否受天命，这就给政治权力以某种人道的限制。《大雅·文王》言"无念尔祖，聿修厥德。永言配命，自求多福"，《大雅·皇矣》说"帝迁明德，串夷载路。天立厥配，受命既固"，这些诗句阐发了天命转移的"以德配天"说。

其次，在慎罚方面。从《诗经》对文王在文治武功方面的描述来看，文王是行德政、省苛罚的典范。《大雅·皇矣》："不大声以色，

---

① 《尚书·康诰》。
② 《尚书·吕刑》。
③ 《左传·僖公五年》。

不长夏以革。"马瑞辰按:"不长夏以革者,不齐之以刑也。夏谓夏楚,扑作教刑也;革谓鞭革,鞭作官刑也。"① 这两句诗是赞美文王治国不采用对别人训斥的方法或者使人皮肉受苦的刑罚。"匪上帝不时,殷不用旧。虽无老成人,尚有典刑。曾是莫听,大命以倾"(大雅·荡),表面上写文王斥责商纣王无道,实际上借此讽周厉王昏愦,致使天下动荡、法纪虚设。纣王惯用酷刑治臣民,因此该诗也暗喻西周后期的统治者不能做到明德慎罚。"其在于今,兴迷乱于政。颠覆厥德,荒湛于酒。女虽湛乐从,弗念厥绍。罔敷求先王,克共明刑"(大雅·抑),也是讽刺厉王沉湎于淫乐而败德,不遵先王遗训,难以执掌明刑。"上帝甚蹈,无自暱焉。俾予靖之,后予极焉"(小雅·菀柳),说的是幽王刑罚不中。可见对统治者来说,明德是慎罚的前提,而慎罚是明德的基本要求。

最后,在庆赏方面。与"罚"相对应,周人"赏"的意识也非常明确。《周颂·赉》:"文王既勤止,我应受之。敷时绎思,我徂维求定,时周之命。于绎思!"《毛诗序》:"《赉》,大封于庙也。赉,予也,言所以锡予善人也。"《郑笺》:"大封,武王伐纣时,封诸臣有功者。"可见武王的庆赏观念与众不同:一是认为因文王创建基业,子孙方能受而有之,这是最高层次的赏赉。二是武王布陈恩泽以传文王遗风,还天下以安定。另外,《商颂·殷武》谈到了赏罚要适中:"不僭不滥,不敢怠遑。"该诗有可能是春秋时宋国贵族追述其先祖功业的颂诗,故反映了商代至春秋时期的观点。《集传》释之为:"赏不僭,刑不滥。"关于德、刑、赏、罚,韩非总结道:"明主之所道制其臣者,二柄而已矣。二柄者,刑德也。何谓刑德?曰:杀戮之谓刑,庆赏之谓德。为人臣者畏诛罚而利庆赏,故人主自用其刑德,则群臣畏其威而归其利矣。"②

《诗经》中的上述思想与周公的明德慎罚、《吕刑》的刑法适中、

---

① (清)马瑞辰:《毛诗传笺通释》(下),中华书局1989年版,第853页。
② 《韩非子·二柄》。

武王的赏罚分明等一起构成三代时的重要思想遗产，是汉以后形成的德主刑辅、礼法结合法制原则的重要渊源。

（三）礼、乐、政、刑综合为用

《诗经》中反映西周时期礼、乐、政、刑的句子很多，如"礼"有"礼仪卒度"（小雅·楚茨）、"礼则然矣"（小雅·十月之交）等；"乐"有"鼓钟钦钦，鼓瑟鼓琴。笙磬同音。以《雅》以《南》，以龠不僭"（小雅·鼓钟）、"乐具入奏，以绥后禄"（小雅·楚茨）等；"政"有"不自为政，卒劳百姓"（小雅·节南山）、"岂弟君子，民之父母"（大雅·泂酌）等；"刑"有"尚有典刑"（大雅·荡）、"克共明刑"（大雅·抑）等。

西周治理天下的原则是法先王、遵典章，方法则是礼、乐、政、刑齐用。《诗经》中说"仪刑文王，万邦作孚"（大雅·文王）、"济济多士，秉文之德"（周颂·清庙）、"维清缉熙，文王之典"（周颂·维清）。现代人不可能看到文王之典，但从古代经史典籍的有关记载来看，周代的礼法制度确由文王奠基；对此本书通过列举《诗经》中一些具体实例，如文王的明德慎刑、举用贤才、文王婚姻所采用的六礼制度、自文王开始顺延的嫡长继承制度等加以说明。在周代，法先王即效法文、武、周公之道。《大雅·假乐》："不愆不忘，率由旧章。"朱熹说，旧章指先王的礼、乐、政、刑。孟子说："'徒善不足以为政，徒法不能以自行'。诗云：'不愆不忘，率由旧章。'遵先王之法而过者，未之有也。"① 对于礼、乐、政、刑，综合治理的思想方法，古人作了经典总结："故礼以道其志，乐以和其声，政以一其行，刑以防其奸。礼乐刑政，其极一也，所以同民心而出治道也。"② 可见，西周的综合治理提倡礼、乐、政、刑齐用，对后世影响很大。

西周前中期国家安定，社会和谐。"仪刑式文王之典，日靖四方"

---

① 《孟子·离娄篇》。

② 《礼记·乐记》。

(周颂·我将)、"维清缉熙,文王之典"(周颂·维清),这两首祭祀文王的乐歌歌词反映了文王治国的特点:为政以德,政象清明,有典可循,四方安定。其后的成康之治、宣王中兴等也是盛世,《诗经》里有大量篇章反映了这方面的情况。

西周后期礼法废弛,政荒俗败,天下怨谤,人心尽失。《诗经》里有很多反映两周交替、礼崩乐坏时代的"怨刺诗",如《小雅·我行其野》中的"我行其野,蔽芾其樗。昏姻之故,言就尔居。尔不我畜,复我邦家"。《集传》在解释该诗时附加解释道:"先王躬行仁义以道民,厚矣,犹以为未也,又建官置师,以孝、友、睦、姻、任、恤六行教民。为其有父母也,故教以孝;为其有兄弟也,故教以友;为其有同姓也,故教以睦;为其有异姓也,故教以姻;为邻里乡党相保相爱也,故教以任;相赒相救也,故教以恤。以为徒教之或不率也,故使官师以时书其德行而劝之。以为徒劝之或不率也,于是乎有不孝、不睦、不姻、不弟、不任、不恤之刑焉。"可见,先王治国的方法是躬行仁义,置官设教,先教后刑。如果不遵先王之法,国家就会出现各种政治、社会乱象。

三 《诗经》中反映的西周、春秋法制

(一) 与国家权力有关的法律制度

1. 礼乐

《周颂·有瞽》:"有瞽有瞽,在周之庭。……喤喤厥声,肃雍和鸣,先祖是听。我客戾止,永观厥成。"《孔疏》认为该诗述及周公摄政六年制礼作乐初成,而合诸乐器于太祖之庙演奏,告神以知善否一事。古代以瞎子(瞽)为乐师,参与各种礼乐仪式中的演奏。制礼作乐是周代重大的活动,奏乐告神,以断是非善恶;礼乐的创制者希望在礼乐仪式中强化自己统治的权威性与合法性。《诗经》中有关周公制礼作乐的篇章与经史文献记载相符:"武王崩,成王幼弱,周公践

天子之位以治天下。六年，朝诸侯于明堂，制礼作乐，颁度量，而天下大服。七年，致政于成王。"① "先君周公制《周礼》曰：'则以观德，德以处事，事以度功，功以食民。'"②

《周颂·武》："允文文王，克开厥后。嗣武受之，胜殷遏刘，耆定尔功。"《郑笺》认为这是周公作乐，以颂武王克商之功。《小雅·六月》："王于出征，以佐天子。"《郑笺》认定诗中记述了宣王中兴的史事。而周公制礼、宣王中兴等历史事件反映了一条重要的礼法原则——"礼乐征伐自天子出"。③ 孔子在评价礼乐与刑罚的关系时说："礼乐不兴，则刑罚不中；刑罚不中，则民无所措手足。"④ 礼乐可以感化人心、移风易俗、预防犯罪，所以礼乐的法意涵泳而深刻，其社会政治功效广泛而卓著。

2. 占卜

《诗经》中关于占卜的描写很多。如《小雅·杕杜》："卜筮偕止，会言近止，征夫迩止。"《小雅·斯干》："大人占之：维熊维罴，男子之祥；维虺维蛇，女子之祥"，等等。"卜筮者，先圣王之所以使民信时日、敬鬼神、畏法令也。"⑤ 可见卜筮的功能从表面来看，是断吉凶、决疑惑；从深层来看，却有引导人民敬畏神灵和法令的作用。

《诗经》中"占""卜""筮"三字常单独使用，均代表占卜；人们大都希望通过占卜，在婚姻、梦境、福禄、营居地点、征人回归等方面卜得吉兆；而掌握占卜之权的多为周王或掌管宗教祭祀的官吏（如占梦之官太卜等）。掌握了占卜之权，也就掌握了神权时代的法权。

3. 刑法

（1）犯罪

在《诗经》里含有犯罪语义的语词有"辜""罪""戾""愆"。

---

① 《礼记·明堂位》。
② 《左传·文公十八年》。
③ 《论语·季氏》。
④ 《论语·子路》。
⑤ 《礼记·曲礼上》。

如"无罪无辜"（小雅·十月之交）、"舍彼有罪、既伏其辜、若此无罪"（小雅·雨无正）、"亦维斯戾、不遐有愆、不愆于仪"（大雅·抑）、"既愆尔止"（大雅·荡），等等。《说文解字》："辜，罪也。""愆，过也。""戾，曲也。"段玉裁将"戾"的引申义训为"罪"。"愆"乃罪过之义。在《抑》诗中出现的两个"愆"字也含此义，"不遐有愆"是指小心做事，不犯罪过；而"不愆于仪"可解释为在礼制方面没有罪过。

《诗经》中出现的罪名有：①"盗"。如"君子信盗、盗言孔甘"（小雅·巧言），《孔疏》引《左传》说："窃贿为盗。"②"寇"。如"式遏寇虐"（大雅·民劳），"寇"的本义为强盗，对"式遏寇虐"前后相关句《孔疏》释为："若安此劳民，当纠察有罪，无得听从其诡人之善，随人之恶者，以此无阿纵之法，故以敕慎其为无善之人，亦用此法以止其为寇虐之行，曾不畏敬明白之刑罚者，当用正法刑罚而禁之，令民得无劳也。"可见，诗中"寇"指强盗罪。又如"职盗为寇"（大雅·桑柔），《郑笺》："为政者主作盗贼为寇害，令民心动摇，不安定也。"③"贼"。如"不僭不贼，鲜不为则"（大雅·抑），其意为不僭越、不害人，这很少不被当作法则看。贼，指害人性命，在历代刑法中皆为罪名。荀子说："害良曰贼""窃货曰盗"①，正好可以解释《诗经》中的"盗""贼"二字。又如"蟊贼内讧"（大雅·召旻），此处之"贼"用作"贼罪"的引申义，即贼人；《郑笺》："讧，争讼相陷入之言也。王施刑罪以罗罔天下，众为残酷之人，虽外以害人，又自内争相谗恶。"④"贪"。如"贪人败类"（大雅·桑柔），贪罪在中国上古法律中就已出现，如夏代沿用的皋陶之刑中的"墨"罪，"贪以败官为墨"②。又如"硕鼠硕鼠，无食我黍。三岁贯汝，莫我肯顾"（魏风·硕鼠），《毛诗序》："《硕鼠》，刺重敛也，国人刺其君重敛，蚕食于民，不修其政，贪而畏人若大鼠也。"

---

① 《荀子·修身》。
② 《左传·昭公十四年》。

⑤"僭"。如"不僭不贼，鲜不为则"（大雅·抑），两句都含法意。又如"不僭不滥，不敢怠遑"（商颂·殷武），意为不敢僭越，不敢过度，不敢暇怠。僭即僭越，在礼法社会中僭越为犯罪行为，如商代有"颠越不恭"罪，明代董说的《七国考》记载李悝《法经》中有"大夫之家有侯物，自一以上者族"之规定，等等。

（2）刑罚

《诗经》中出现的刑名或与刑罚有关的语词很多，主要包括：①"极"，即死刑。如"后予极焉"（小雅·菀柳），《郑笺》："极，诛也。"②"赎"。如"彼苍者天，歼我良人！如可赎兮，人百其身"（秦风·黄鸟），《孔疏》："如使此人可以他人赎代之兮，我国人皆百死其身以赎之，爱惜良臣，宁一人百死代之。"该诗属风诗，描述了春秋时期的情况。③"迈"，即放逐或迁徙刑。如"后予迈焉"（小雅·菀柳），"迈"字《孔疏》释为："以罪而使之行于外，故言行亦放也。"④"收"，即拘。如"此宜无罪，女反收之。彼宜有罪，女覆说之"（大雅·瞻卬），《集传》："收，拘。说，赦也。"可见，收与说相对应，说是免刑的意思，收就是用刑的意思，收可能是拘役刑或剥夺自由的其他刑罚。西周时已有类似现代拘役刑的刑罚如"嘉石"制①。⑤用"甲兵""征""伐"，为大刑。如"王于兴师，修我甲兵"（秦风·无衣）、"于铄王师……是用大介"（周颂·酌）（《集传》："介，甲也。"）、"周公东征"（豳风·破斧）、"燮伐大商"（大雅·大明）等。⑥扑刑、鞭刑。如"不长夏以革"（大雅·皇矣），夏即扑刑行刑时所用荆条，革为鞭刑行刑时用的皮鞭（参见马瑞辰按）。诗中言及文王不用扑刑、鞭刑等酷刑，可见可能早在文王生活的商代，就已出现扑刑、鞭刑这两种刑种了，它们并不一定为西周首创。

总之，《诗经》的二雅中盗、贼等罪名多次出现，虽反映的是西周法制情况，但对后世影响很大。战国李悝的《法经》提出"王者之

---

① 《周礼·秋官·大司寇》。

政，莫急于盗贼"①的立法宗旨，为以后历代封建法典所遵循。此外，西周九刑即墨、劓、剕、宫、大辟、流、赎、鞭、扑中的后五种在《诗经》中均有反映。后世封建五刑即笞、杖、徒、流、死大多由此演变而来。

4. 分封

《诗经》记载西周封建、朝觐制度的篇章主要见于《雅》《颂》。但因分封制自周初始至秦统一止，故对其间各阶级情况的描述，则散见于《诗经》的各个部分。②

（1）封建

《史记》载："武王、成、康所封数百，而同姓五十五。"③这与荀子所言"立七十一国，姬姓独居五十三人"④的数目大体相当。《大雅·文王》："陈锡哉周，侯文王孙子。"《郑笺》："侯，君也。……文王……受命造始周国，故天下君之。其子孙适为天子，庶为诸侯，皆百世。"隋代陆元朗《毛诗释文》："适，音的，字或作嫡。"这反映了周代王位继承和分封诸侯的情况。周代武王、成王、宣王等对子弟或功臣分封土地，让他们到封地做诸侯的史事，在《诗经》中反映得很具体。如"乃命鲁公，俾侯于东。锡之山川，土田附庸"（鲁颂·閟宫），言成王封周公的长子伯禽于鲁，赐予田地，改称鲁公，成为周室之辅。

另外，《诗经》中还分别记载了几次重大的分封活动。宣王封韩侯于韩，《大雅·韩奕》："韩侯受命……王锡韩侯，其追其貊。奄受

---

① 《晋书·刑法志》。

② 在"分封"和"六礼"两部分，本书引诗的篇目参考了台湾潘秀玲所著《〈诗经〉存古史考辨——〈诗经〉与〈史记〉所载史事之比较》（台湾花木兰文化出版社2006年版，第106、133页）一书。但在引诗的内容和阐发上有区别，如就"分封"制，引诗内容不完全相同；对"六礼"制，笔者一方面注重引用《郑笺》《集传》的解释，使释诗具有历史延续性，另一方面将太王、王季和文王婚姻作了比较，提出文王的婚姻是商代周民族六礼制度的肇始的观点。

③ 《史记·汉兴以来诸侯王年表》。

④ 《荀子·儒孝篇》。

北国，因以其伯。实墉实壑，实亩实籍。"封召穆公虎于南，《大雅·江汉》："江汉之浒，王命召虎：'式辟四方，彻我疆土。匪疚匪棘，王国来极。于疆于理，至于南海……告于文人，锡山土田。于周受命，自召祖命。'"封其元舅申伯于谢，《大雅·崧高》："亹亹申伯，王缵之事。于邑于谢，南国是式。"

（2）阶级

《礼记》记载："王者之制禄爵，公、侯、伯、子、男，凡五等。诸侯之上大夫卿、下大夫、上士、中士、下士，凡五等。"① 《左传》另载："王臣公，公臣大夫，大夫臣士。"② 可见西周各阶级中，贵族分为天子、诸侯、卿大夫和士四类，平民地位在贵族之下，但属自由民。

最高者为天子。正式称谓是天子、王，如"天子命之"（小雅·采菽）、"王事敦我"（邶风·北门）。其他称谓有：君子，如"岂弟君子"（大雅·泂酌）；一人，如"媚兹一人"（大雅·下武）；王后，如"王后烝哉"（大雅·文王有声）；辟，如"皇王维辟"（大雅·文王有声）；君，如"维此惠君"（大雅·桑柔）；后，如"二后受之"（周颂·昊天有成命）；辟王，如"载见辟王"（周颂·载见）；皇王，如"于乎皇王"（周颂·闵予小子）；朕，如"朕未有艾"（周颂·访落），等等。

其次为诸侯。公侯："公侯干城"（周南·兔罝）；公："乃命鲁公"（鲁颂·閟宫）；侯："韩侯受命"（大雅·韩奕）；伯："郇伯劳之"（曹风·下泉）；君："无使君劳"（卫风·硕人）；君子："君子来朝"（小雅·采菽）；辟："百辟卿士"（大雅·假乐）；辟公："烈文辟公"（周颂·载见）。

再次为卿大夫。大夫："大夫夙退"（卫风·硕人）；君子："大夫君子"（鄘风·载驰）；臣工："嗟嗟臣工"（周颂·臣工）。

---

① 《礼记·王制》。
② 《左传·昭公七年》。

又次为士。士:"济济多士"(周颂·清庙);士子:"偕偕士子"(小雅·北山);君子:"乐只君子"(小雅·南山有台);庶士:"庶士有朅"(卫风·硕人)。

最下为平民。氓:"氓之蚩蚩"(卫风·氓);民:"民莫不穀"(小雅·四月);庶民:"庶民攻之"(大雅·灵台);民人:"民人所瞻"(大雅·桑柔);万民:"万民是若"(鲁颂·閟宫);黎民:"周余黎民"(大雅·云汉);烝民:"天生烝民"(大雅·烝民)。

(3) 朝觐

朝觐是诸侯国君定期朝见周王的礼仪制度①,郑玄对《仪礼·觐礼》有注:"觐,见也,诸侯秋见天子之礼。春见曰朝。"这与《周礼·春官·大宗伯》记载相同。《商颂·殷武》:"昔有成汤,自彼氐羌,莫敢不来享,莫敢不来王",言商初诸侯对商汤王朝贡的情况,说明朝觐制度早在殷商时代就有了。商代的情况可作为对周代朝觐制度的一种探源。

《小雅·采菽》描写了诸侯朝觐周天子的盛况:"君子来朝,何锡予之?虽无予之,路车乘马。又何予之?玄衮及黼。……君子来朝,言观其旂。其旂淠淠,鸾声嘒嘒。载骖载驷,君子所届。"诗中首先描写了诸侯朝觐天子时,天子已准备好赐赠之物,即路车乘马(指车马)、玄衮及黼(指龙衣绣裳等服饰);接着诗中又谈到诸侯朝觐天子时,根据自己的爵位须备好车马仪仗,天子"既使人迎之,又自亲迎"(《孔疏》)。这与《仪礼》的记载基本吻合:"觐礼。至于郊,王使人皮弁用璧劳。……天子赐侯氏以车服,迎于外门外。"②《大雅·韩奕》:"韩侯入觐,以其介圭,入觐于王",记载了韩侯朝觐周天子的情况。可见诸侯来朝觐见天子时,要献送表明自己身份的介

---

① 本书在"朝觐"和"军法"两部分,参考了江林的《〈诗经〉与宗周礼乐文明》(上海古籍出版社 2010 年版,第 203、240 页)相关内容。在"朝觐"部分,笔者另引用《商颂·殷武》《小雅·瞻彼洛矣》等诗进行阐发;在"军法"部分,另引《小雅·采薇》《小雅·出车》两诗作补充说明。

② 《仪礼·觐礼》。

圭，称为"执玉"，该玉不是诸侯进献的宝物，而是分封时所颁、代表诸侯曾经受命的符信。这与《仪礼》的记载相符："侯氏……乃朝，以瑞玉，有缫。天子设斧依于户牖之间，左右几。天子衮冕，负斧依。啬夫承命，告于天子。……侯氏入门右，坐奠圭，再拜稽首。傧者谒。侯氏坐取圭，升，致命，王受之玉。侯氏降，阶东北面再拜稽首。"① 西周时期诸侯对天子行朝觐之礼时，而"明王于诸侯，其所尊敬法制之极"（《孔疏》）也是显而易见的。

《小雅·瞻彼洛矣》："君子至止，福禄既同。君子万年，保其家邦。"《小雅·采菽》："彼交匪纾，天子所予。乐只君子，天子命之。乐只君子，福禄申之。……乐只君子，殿天子之邦。乐只君子，万福攸同。平平左右，亦是率从。"这两首诗道出了天子与诸侯之间密不可分的关系：一是政治上的君臣关系，诸侯应接受天子的命令，并为天子尽保境守土之责；二是经济上的相互依存关系，天子赐诸侯以封地和福禄；而诸侯得定期朝觐天子和交纳贡赋，"福禄既同""万福攸同"说明二者是利益共同体。

5. 宗法

宗法制是以血缘关系为纽带、在宗族内部实行嫡长继承制和以亲疏定尊卑的制度。《诗经》中相关记载有："文王孙子，本支百世"（大雅·文王）、"长子维行，笃生武王"（大雅·大明）、"大宗维翰，怀德维宁，宗子维城"（大雅·板）、"侯主侯伯，侯亚侯旅"（周颂·载芟），等等。

与宗法制密切相关的两项制度，一是宗祧继承制，二是祭祀制度。后者下文再谈，这里先说继承。周人受殷商影响而行嫡长继承制，但也有例外。如《大雅·大明》："乃及王季，维德之行。大任有身，生此文王。……大邦有子，伣天之妹。文定厥祥，亲迎于渭。……于周于京，缵女维莘。长子维行，笃生武王。"诗中述说了王季（季历）、文王的婚姻，以及王季、文、武三代世系，反映了周

---

① 《仪礼·觐礼》。

族继承制度的一些情况。《史记》载:"季历娶太任,皆贤妇人,生昌,有圣瑞,古公曰:'我世当有兴者,其在昌乎?'长子太伯、虞仲知古公欲立季历以传昌,乃二人亡如荆蛮……古公卒,季历立。"① 太任即《大明》诗中的"大任",古公就是太王。可见,季历一代虽打破嫡长继承制,但文王对王位的继承又严格按该制度执行。《诗经》中未提到文王长子伯邑考。据《史记·管蔡世家》记载,伯邑考先文王而死,死因不详。但在此前文王因次子姬发的贤能而早将其立为太子。文王死后,姬发自然成为长子顺利继承王位。武王以后嫡长继承制得以顺延。

6. 用人

周人重举贤才。《周南·兔罝》:"肃肃兔罝,施于中林。赳赳武夫,公侯腹心",说的是殷商贤人聚于山林捕猎而食,文王举贤于其中以服臣民。该诗虽属风诗,但描述的是周文王时期的情况。《小雅·南山有台》:"乐只君子,邦家之基",是说得贤乃国家太平之基。《小雅·菁菁者莪》:"既见君子,乐且有仪",谈到培养士子成才并委以官职。《周颂·清庙》"济济多士,秉文之德",该诗是周公祭祀文王的颂歌,反映了西周初年统治者效法先王、注重正德、人才济济、政象清明的盛况。

古代国家用人制度主要有举荐、保任连坐、察举、九品中正、科举等制度,尤以隋代始建的科举制度在人才的选任方面最重德才兼备。对任贤制度进行溯源,周文王迎请姜尚和殷商贤人等事迹皆为后世之楷模,《史记》的《周本纪》《齐太公世家》对此均有详细记载。

7. 殉葬

《秦风·黄鸟》:"交交黄鸟,止于棘。谁从穆公?子车奄息。维此奄息,百夫之特。临其穴,惴惴其慄。彼苍者天,歼我良人!如可赎兮,人百其身!"《左传·文公六年》有类似记载,说秦穆公死后用子车氏的三个儿子殉葬,这三人都是秦国的贤良,秦国人赋《黄鸟》

---

① 《史记·周本纪》。

诗以哀悼他们。"歼"的原意是尽、消灭,此处指殉葬。该诗虽属春秋时期的风诗,但所描写的殉葬情况,在三代时期具有典型意义。以活人陪葬,是古代丧葬常有的习俗。先秦时期,"天子杀殉,众者数百,寡者数十;将军大夫杀殉,众者数十,寡者数人。……王公大人之为葬埋……舆马女乐皆具。"① 后世之人对人殉的强烈反对,与《黄鸟》诗中的哀悼之意相同。

8. 军法

周代的军事礼法制度,主要包括出征前的祭天告庙,如《大雅·皇矣》中的"类祭""祃祭"。出征册命将领,如《大雅·常武》记载的"王谓尹氏:'命程伯休父,左右陈行。戒我师旅,率彼淮浦,省此徐土。'"观兵,如《小雅·采芑》中的"方叔莅止,其车三千,师干之试"。誓师,如《大雅·大明》记载的"矢于牧野:'维予侯兴。上帝临女,无贰尔心!'"振旅与献俘,如《小雅·采芑》的"伐鼓渊渊,振旅阗阗"。《鲁颂·泮水》中的"矫矫虎臣,在泮献馘"。

有关军事法制的记载还有一些。如《小雅·采薇》:"驾彼四牡,四牡骙骙。君子所依,小人所腓。四牡翼翼,象弭鱼服。岂不日戒?玁狁孔棘",言军队的军事装备、士兵的驾车技术以及对游牧民族来犯的防范。《小雅·出车》:"王命南仲,往城于方。出车彭彭,旂旐央央。天子命我,城彼朔方。赫赫南仲,玁狁于襄"、"执讯获丑,薄言还归。赫赫南仲,玁狁于夷",叙述了战争中的君王之命(法令)、筑城防守以及战胜后捉敌审讯,等等。

以上这些诗篇反映出西周、春秋时期已有较为完善的军事法律制度。《孙子兵法》提出"道、天、地、将、法"、"知彼知己,百战不殆"等重要军事原则并非偶然,这与西周、春秋时期发达的军事和法律文化密切相关。

9. 司法

《召南·甘棠》:"蔽芾甘棠,勿剪勿伐,召伯所茇。"据《史

---

① 《墨子·节葬下》。

记》、清代王先谦的《诗三家义集疏》等典籍记载：武王灭纣后，封召公（即召伯）于北燕。在成王时，召公位列三公。他在巡行乡邑时，曾于棠树下听狱讼、决政事，使侯伯贵族乃至庶人各得其所，无失职者，民心大悦。召公去世，百姓思念召公的德政，感念那棵棠树而不敢伐，颂而赋《甘棠》诗。从召公巡邑的宗旨——"布文王之政"（《集传》的观点）、断案的地点——乡邑棠下、断案的社会效果——社会各阶层各得其所、无失职者等情况来看，召公解决民间纠纷的方式主要靠调解，而断案的指导思想是"明德慎罚"——这是与他同时代的周公所确立的原则。召公断案印证了司马迁所说的"成康之际，天下安宁，刑错四十余年不用"[1]的史实。

《小雅·雨无正》中的"三事大夫"，《郑笺》《集传》释为"三公"。在周代，"太师、太傅、太保，是为三公"[2]，他们是位高爵显、坐而议政的官员，但不直接掌控司法权；掌握中央司法权的是大、小司寇。据《周礼》记载："大司寇之职，掌建邦之三典，以佐王刑邦国，诘四方。……小司寇之职……以五刑听万民之狱讼，附于刑，用情讯之。"[3]但遇重大或疑难案件，大司寇不能独立审决时，须将案件上报周王裁处，具体的程序是："大司寇以狱之成告于王，王命三公参听之；三公以狱之成告于王，王三宥然后制刑。"[4]唐代的三司推事、明清的三司会审制度有可能源于周代的三公听审制度。

《召南·行露》："谁谓女无家，何以速我狱？虽速我狱，室家不足！……谁谓女无家，何以速我讼？虽速我讼，亦不女从！"诗中出现了周代两种重要的诉讼制度，狱（刑事诉讼）和讼（民事诉讼）。对该诗《毛诗序》解释为召伯听讼，使强暴之男不能侵凌贞女。而王先谦兼采众家之说，将该诗集释为夫家礼不备而欲迎娶女子，女子不肯前往，于是夫家提起诉讼，而女子守节持义，宁死不往。该诗赞扬

---

[1] 《史记·周本纪》。
[2] 《汉书·百官公卿表上》。
[3] 《周礼·秋官》。
[4] 《礼记·王制》。

女方得妇道之宜，希望后世效法，以绝无礼之求婚。① 《甘棠》《行露》虽属风诗，但反映的内容却是西周初年召公参与司法的情况，从中可以看出周初司法兼顾情理，后世司法中调解和执法原情的两大传统可能渊源于此。

（二）与私人权利有关的法律制度

这部分重点论述婚姻制度。

1. 同姓不婚

《大雅·生民》记载姜姓女子生子后稷（姬姓）。《大雅·绵》里谈到太王的妻子也是姜姓女子。《国语·晋语》云："黄帝为姬，炎帝为姜。"古代黄炎两部落联盟先互战、后合并、姬姜两姓部落相互通婚、繁育子孙的传说，在《生民》《绵》等诗篇中得到印证，说明早在周族祖先诞生的年代甚至更早，当时的氏族或部落就已实行族外婚制。

《召南·何彼襛矣》云："平王之孙，齐侯之子。"《郑笺》："平，正也。武王女、文王孙，适齐侯之子。"据《史记·齐太公世家》记载，齐是周初太公吕尚的封国，太公本姓姜，其祖先在虞夏之际封于吕，故从其封姓。而武王女嫁齐侯子当属异姓通婚。《诗经》中类似的例子还有很多，可以印证《礼记》关于"取妻不娶同姓"的说法。②

2. 父母与媒妁

《郑风·将仲子》："将仲子兮，无逾我里，无折我树杞。岂敢爱之？畏我父母。"诗中谈到一定的恋爱自由，婚姻却不自主。《齐风·南山》："取妻如之何？必告父母"，言父母之命为婚姻的前提。《卫风·氓》："匪我愆期，子无良媒"，是说男女恋爱自由，但需媒妁之言方能成婚。上述三首诗均属春秋时期的风诗，部分地反映了当时男

---

① 参见（清）王先谦《诗三家义集疏》，中华书局1987年版，第89页。
② 《礼记·曲礼上》。

女交往中恋爱有一定的自由，但婚姻不自主。

3. 六礼

《邶风·匏有苦叶》："雍雍鸣雁，旭日始旦。士如归妻，迨冰未泮。"《集传》："昏礼，纳采用雁。亲迎以昏，而纳采请期以旦。"《郑笺》："匏谓之瓠……瓠叶苦，而渡处深，谓八月之时，阴阳交会，始可以为昏礼纳采问名。"该诗内容与周人结婚时的纳采、问名、请期、亲迎等程序均有涉及。《大雅·大明》："文王嘉止，大邦有子。大邦有子，俔天之妹。文定厥祥，亲迎于渭。"《集传》："嘉，婚礼也。……文，礼。详，吉也。言卜得吉，而以纳币之礼定其详也。"这是说文王结婚时纳吉、纳币、亲迎等情况。《卫风·氓》："尔卜尔筮，体无咎言"，言纳吉。

以上诗章反映了周代婚姻的六礼程序，即纳采、问名、纳吉、纳征（币）、请期、亲迎①。六礼完备，婚姻告成。《大雅·皇矣》《大雅·大明》分别提到太王和王季的婚姻，但都未言及六礼。文王娶太姒，纳吉又纳币，可谓礼数周全，并亲迎新娘于渭水之滨。文王的婚姻起到了表率和示范作用。然而周文王是商朝末期人，故六礼制度并非始于西周，而是始于商代，文王的婚姻可视为商代周民族六礼制度的肇始。

4. 出妻

"信誓旦旦，不思其反"（卫风·氓），叙述了一位勤劳善良的妇女哀诉其被休弃的不幸遭遇，反映了离婚的主动权操在丈夫手中。"谁谓河广？一苇杭之。谁谓宋远？跂予望之。"（卫风·河广）《集传》解释说，宋桓公夫人生子后被出，归其母国卫，其子（即襄公）即位后，夫人很想念，但根据"义"则不可探望。这是什么样的"义"呢？因为襄公承父之重托，并与祖上血脉连体。夫人为先君所出，与祖庙断绝了关系，不可私返。夫人也是明礼的人，故作此诗慨叹之。

---

① 参见《仪礼·士昏礼》。

周礼规定了"七去""三不去"①的离婚原则，将休妻的主动权赋予男子。但在婚姻由父母做主的社会条件下，即使是男子对自己的结婚、离婚都不能享有完整的权利。《礼记》记载："子甚宜其妻，父母不悦，出。子不宜其妻，父母曰：'是善事我。'子行夫妇之礼焉，没身不衰。"②由此可见，"出妻"之权不是取决于丈夫，而是取决于公婆。

5. 媵婚

《诗经》里有很多反映周代媵婚制（一妻多媵制）的诗。如《大雅·韩奕》："韩侯取妻……诸娣从之，祁祁如云。"《郑笺》："祁祁，徐靓也。如云，言众多也。诸侯一取九女，二国媵之。诸娣，众妾也。……媵者，必娣侄从之，独言娣者，举其贵者。"又如《邶风·泉水》："娈彼诸姬，聊与之谋。"关于"诸姬"，《郑笺》："同姓之女。"《集传》："诸姬，谓侄娣也。"她们是陪嫁的卫国姬姓女子，嫁给诸侯后，父母终，一起商量归宁之事。再如《卫风·硕人》："庶姜孽孽，庶士有朅。"《集传》："庶姜，谓侄娣。……庶士，谓媵臣。"该诗反映了卫庄公娶庄姜时，有姜姓女子（庶姜）陪嫁的情况。

《诗经》里的媵婚诗主要见于西周春秋时期的雅诗、风诗之中③，从中可略见媵婚制的四个特点：第一，一妻多媵。出嫁女子是"妻"，陪嫁女子为"媵"。因此，男子娶的虽是一妻，但媵却可以有一群。媵有两类，即娣和侄。娣指随妻陪嫁的妻之妹妹，娣就是媵；侄指妻之侄女，有时也可以成为媵。根据郑玄、朱熹的解释，《韩奕》诗里的"诸娣"、《泉水》诗里的"诸姬"中都是既有娣又有侄。《左

---

① 参见《大戴礼记·本命》。
② 《礼记·内则》。
③ 该部分所引的三首媵婚诗确认的依据是《郑笺》《集传》等典籍的解释。尚丽新撰《〈诗经〉媵嫁诗与周代媵婚文化》（载《上海师范大学学报》2002年第1期）一文，认为《召南·鹊巢》《召南·江有汜》《邶风·泉水》《卫风·硕人》《齐风·敝笱》《大雅·韩奕》六首诗都具有媵嫁诗的性质。

传》:"臧宣叔娶于铸,生贾及为而死。继室以其侄,穆姜之姨子也。"① 这是卿大夫的妻子死后,侄继为正室的历史记载。第二,男女双方均为贵族,媵婚使贵族结成联盟。男方多为诸侯、卿大夫等贵族,经济实力强大;女方和陪嫁者一般也是贵族女子。第三,媵婚的男女双方一般遵守同姓不婚的原则。如《韩奕》:"韩侯取妻,汾王之甥,蹶父之子。"《集传》:"韩,国名,侯爵,武王之后也。……汾王,厉王也。……蹶父,周之卿士,姞姓也。"即韩侯姓姬,其妻姓姞。又如《硕人》:"齐侯之子,卫侯之妻。"即齐侯(姜姓)之女,是卫侯(姬姓)之妻。第四,媵婚制的目的是保障宗法制得以实现。因为陪嫁者一般是男方所娶正妻的同姓姐妹或其侄女,这样可以利用姐妹、姑侄间的血缘亲情,防止相互嫉妒,从根本上维护宗法制下的嫡长继承制,以确保权力、财产等贵族利益的顺利承袭。关于《硕人》这首诗的由来,《左传》有确切记载:"卫庄公娶于齐东宫得臣之妹,曰庄姜,美而无子,卫人所为赋《硕人》也。又娶于陈,曰厉妫,生孝伯,早死。其娣戴妫生桓公,庄姜以为己子。"②《硕人》诗叙述卫庄公娶庄姜时,有庶姜陪嫁。而《左传》记载,因庄姜无子,后来卫庄公又娶陈国女子厉妫,陪嫁者是其妹戴妫。史书中没有说庄姜被休弃,说明她的正妻地位没有变,同时还说她以戴妫所生之子为己子,即后来的卫桓公。卫庄公和庄姜通过媵婚,使得卫国的王位以嫡长继承制的方式得以顺延。

(三) 与国家权力和私人权利均有关的法律制度

1. 祭祀

周代祭祀的对象主要是天地、祖先等。首先,祭祀天地。"昊天有成命,二后受之。"(周颂·昊天有成命)《毛诗序》认为:"昊天有成命,郊祀天地也。"在古代郊祀的权力专属天子享有。郊祀的对

---

① 《左传·襄公二十三年》。
② 《左传·隐公三年》。

象是天地，但以天为重："郊社之礼，所以事上帝也。"①"以禋祀祀昊天上帝。"② 郊祀的目的是神化君权，祈神降福。正如史载："周公郊祀后稷以配天，宗祀文王于明堂以配上帝。……神祇嘉享，万福降辑。"③ 其次，祭祀祖先。"祝祭于祊，祀事孔明。先祖是皇，神保是飨。孝孙有庆，报以介福，万寿无疆！"（小雅·楚茨）这反映了周代祭祖盛况。"有来雍雍，至止肃肃。相维辟公，天子穆穆。"（周颂·雍）《集传》："此武王祭文王之诗。"但根据郑玄和方玉润的观点，这也可能是成王祭文王或文、武二王的诗，当时诸侯也来助祭。"为酒为醴，烝畀祖妣，不洽百礼。"（周颂·载芟）该诗叙述了西周祭祖的一些礼仪。为什么要行祭祀之礼呢？因为祭祀是孝道的重要内容之一。《礼记》在总结孝道之义时说："是故孝子之事亲也，有三道焉：生则养，没则丧，丧毕则祭。养则观其顺也，丧则观其哀也，祭则观其敬而时也。尽此三道者，孝子之行也。"④ "吉蠲为饎，是用孝享"（小雅·天保）、"率见昭考，以孝以享"（周颂·载见）印证了《礼记》的上述说法。

在殷周时代，祭祀天地祖先有着共同的规范和秩序意义。故《集传》在解释《周颂·我将》时说："天不待赞，法文王，所以法天也。……天与文王一也。"

2. 土地制度

（1）土地王有

"溥天之下，莫非王土"（小雅·北山）、"王命召虎：'式辟四方，彻我疆土。'"（大雅·江汉）"王命召伯：'彻申伯土田。'"（大雅·崧高），这些是有关周代井田制的描述。井田制是周王将土地分封给子弟或部分异姓贵族而不改变土地归周王所有的制度。如果说分封制是一项政治制度，那么井田制则是一项相关的经济制度。周代土

---

① 《礼记·中庸》。
② 《周礼·春官·大宗伯》。
③ 《汉书·郊祀志》。
④ 《礼记·祭统》。

地国有制度后世几经历史演变,影响深远。

(2) 籍田

《周颂·臣工》:"王厘尔成,来咨来茹。嗟嗟保介!维莫之春,亦又何求?如何新畲?于皇来牟,将受厥明。明昭上帝,迄用康年。命我众人:庤乃钱镈,奄观铚艾。"《周颂·噫嘻》:"率时农夫,播厥百谷。骏发尔私,终三十里。亦服尔耕,十千维耦。"这些诗反映了周天子行籍田礼的情况。清代学者方玉润在《诗经原始》、现代学者高亨在《诗经今注》中均执此说。另外,《周颂·载芟》:"载芟载柞,其耕泽泽。千耦其耘,徂隰徂畛。"《毛诗序》:"《载芟》,春籍田而祈社稷也。"《郑笺》:"籍田,甸师氏所掌;王载耒耜所耕之田,天子千亩,诸侯百亩。籍之言借也,借民力治之,故谓之籍田。"《礼记》云:"古者公田籍而不税。"① 这是说古时候借助民力耕种公田而不征收民的税。可见,籍田是指王者所有的公田。籍田礼是在孟春正月,春耕之前,天子率王朝的群臣百官亲自耕田,虽然是象征性地扶犁耕几下,但却体现了统治者对农业生产的关心和重视。

(3) 公私田划分

《诗经》里有些诗句也反映了公私田划分、土地私有制出现的情况。如《小雅·大田》:"雨我公田,遂及我私",但农事安排顺序是先公后私,反映的是西周末期的情况。而《齐风·甫田》:"无田甫田,维莠骄骄",是说农民不愿到公田上干活,公田遂渐荒芜、长满莠草。因为这时已进入春秋时代,齐桓公实行"相地而衰征"②,即根据土地好坏分等征税,保护了土地私有者的权益,于是土地公有制逐渐衰落。后来鲁国也实行"初税亩"③ 政策,承认土地私有制为合法。

---

① 《礼记·王制》。
② 《国语·齐语》。
③ 《左传·宣公十五年》。

四 简短的结论

通过以上对《诗经》中有关法制的内容的考察，对照其他相关的文献，可以得出以下一些认识：

第一，从周民族对法律的称谓来看，西周贵族阶层将法律的称谓语广泛使用在诗歌（主要是《周颂》和大、小《雅》）对不同的社会生活场景的描述中，说明这个阶层法律意识已经较强，这种法律意识又通过《诗经》中最早集成的部分诗歌的流传，进一步向整个社会传导，这在春秋时期产生的《国风》《鲁颂》中表现明显；《诗经》中所反映的"王命即法"的观念是导致传统王权尊崇的根源之一；"以礼为法""出礼入刑"的观念深入人心；周民族强烈的效法先王的意识影响后世，是中国古代法制发展缓慢的原因之一；从周民族所使用的如"刑""命""则""宪""仪""式""典""章"等后世皆表示成文法的不同形式的语词中，可以大致推断出在西周、春秋时代人们已经有了较为明确的成文法意识，而周民族对于法律的称谓也真可谓洋洋大观。

第二，从《诗经》反映的西周时期法律思想来看，周代的天命、天罚观念一方面继承了夏商的君权神授论，强化了法自君出的观念，对后世影响深远；"明德慎罚"思想有着民本主义的因素，影响了其后的儒、法两派的法制观，是汉以后"德主刑辅"的法制思想的渊源；西周在礼、乐、政、刑综合为用的思想指导下对天下进行了有效的治理。

第三，从《诗经》中出现的法律制度来看，《诗经》多角度、多层面地反映了西周时期（部分反映春秋时期）法制比较发达的状况。其中许多内容可以印证古今法律史研究已取得的成果，也有一些内容是法律史研究所忽视或有待进一步深化的，如周民族对犯罪、刑罚和司法的看法及具体事例、西周分封的具体实例、周民族对阶级的各种称谓、籍田制度、殉葬制度、军事法律制度、媵婚制度，等等。这一部分本书阐发的观点有：礼乐的法意涵泳而深刻，其社会政治功效广泛而卓著；掌握了占卜之权，也就掌握了神权时代的法权；《诗经》中反映的周代刑法制度大多为后世封建国家所继承；分封、朝觐制度显示了天子与诸侯之间密不可分的政治和经济关系；从文王开始周王室沿袭了嫡长继承制度；文王、周公等用人重在德才兼备，对后世有持续影响；西周、春秋时期已有较为发达的军事法律制度；周初司法兼顾情理，后世司法中调解和执法原情的两大传统可能渊源于此；春秋的部分风诗反映出男女恋爱有一定自由，但婚姻不自主；文王的婚姻是商代周民族六礼制度的肇始；媵婚制具有从根本上维护宗法制的特点。

总之，《诗经》反映出周民族已经有了比较清晰的法律概念和较强的法律意识，法律思想上注重两极（一是王权至上，二是社会和谐）并在礼治原则指导下建立起一整套法律制度，这些都是当时法律发达的表现。因此，我们在对先秦法律史的研究中可以考虑开辟一条诗史进路。当研究者研读这些产生于大约三千年前的诗歌时，如同身临其境地对西周、春秋社会做一番"田野调查"，从而加深对华夏民族早期的创造活力和法律发展情况的进一步了解。

周民族礼法文化的生成

《诗经》是一部体现华夏民族诗性风格、中和精神和礼法文化的诗史,哺育和激励了一代又一代的中华儿女奋发自强的精神意志。《诗经》中记录或展现周代经济发展、民族风情、社会生活场景、战争与农事、习惯、礼法文化以及当时各类人物的复杂的思想感情的诗篇都有史的意蕴。周民族诗史多层面、多角度地反映了中国上古礼法文化形成的历史背景,周代的民情与民意,以及周代的礼法思想的渐趋成熟的历史进程,为中国法律文化的研究提供了综合的视角。《诗经》所含之义理被儒学者引为理想规范,并成为后世儒家法用以劝善、惩恶的准绳。

一 礼法文化形成的背景

1. 原始的巫术祀礼

诗起源于人类的生存实践,发展于原始巫术礼仪。《吴越春秋·勾践阴谋外传》引用了《诗经》以前的一首古歌谣——《弹歌》:"断竹,续竹。飞土,逐肉。"该歌谣以"直言"(直陈其事)的表现手法描绘了伐竹、制弓、弹泥、追猎的狩猎全过程。"直言"也是巫术咒语的最简单的形态,作为诗歌表现手法之一的"铺陈"(即《诗经》中三种表现手法"赋""比""兴"之"赋",意为铺叙描绘)是"直言"的发展。甲骨卜辞中有一首命令下雨的巫术歌:"癸卯卜,今日雨。其自西来雨？其自东来雨？其自北来雨？其自南来雨？"① 歌中癸卯、西、东、北、南，包含了完整的时空观念。可见巫术开始讲求周备，其力量要弥漫宇宙时空，歌辞的反复吟咏形成回荡和谐的音律，以加强巫术的情感力度和巫术的魔力。它反映了随着初民社会逐步走向文明，作为诗歌萌芽形式的巫术咒语，其表现形式由"直言"向"铺陈"前进了一步。② 后来随着人类认识能力的提高，人们在对周围世界的感受中产生了丰富的联想或想象，学会了在诗歌中运用类比、比喻（比）或者连物引咏（兴）等手法来表达自己的情志。由此可见，中国诗歌首先从原始巫术中脱胎，并在进入文明时代的礼乐声中喷薄而出。从武王伐纣、周公制礼的时代起，《诗经》便开始她长达约六百年的采集、编纂历史。《诗经》是宗周礼乐文化的产物，其诗篇最早都是配乐演唱的，是礼仪的重要组成部分；许多诗章中也含有丰富的礼义，即礼法精神，它们均构成礼法文化研究之标本。

虽然《诗经》里的诗不像《楚辞》的一些篇章直接、全面地反映巫文化，但《诗经》中却有许多渊源于原始巫术的祀礼乐歌，它们系周人祭祀天地、祖先的雅乐颂歌。如"是类是祃，是致是附，四方以无侮"（大雅·皇矣），这是叙述文王征伐的功业，在出征前祭告上帝（类），到达所征地时还要祭告（类），以祈福免灾。再如"祀事孔明，先祖是皇。报以介福，万寿无疆"（小雅·信南山），诗中反映了周人祭祖祈福的观念。

2. 帝王出身的灵异传说

《大雅·生民》云："时维姜嫄……履帝武敏歆……载生载育，时维后稷。"这是说姜姓女子姜嫄因踩了上帝脚印后而受孕，生下后稷。《毛诗序》："《生民》，尊祖也。后稷生于姜嫄，文、武之功起于后稷，故推以配天焉。"根据《左传》《史记》等史书记载，后稷是尧、

---

① 郭沫若：《郭沫若全集》（第二卷·考古编），科学出版社2002年版，第368—369页。

② 参见王妍《经学以前的〈诗经〉》，东方出版社2007年版，第9—12页。

舜时代的农官，因善种稷、麦，被尊为农神。《雅》诗关于后稷的传说与《颂》诗相互印证，《鲁颂·閟宫》中也有类似诗句："赫赫姜嫄……上帝是依……是生后稷。"因鲁乃周公之子伯禽的封国，故《鲁颂》也是姬姓贵族祭祀祖先后稷等的颂歌。

《商颂·玄鸟》："天命玄鸟，降而生商。"《毛诗序》："《玄鸟》，祀高宗也。"《郑笺》："高宗，殷王武丁。"中国古人总喜欢为帝王编造灵异或神奇出身的传说，大都与超自然的神力如天、龙、神鸟、神兽等联系起来，以阐发君权神授理论。君权神授说是中国古代政治、法律文化的重要理论，为处于礼制顶端的王权的合法性提供理论支持，并在早期的文化元典《诗经》关于殷、周祖先诞生的传说中有大量的反映。

3. 农耕文明的形成

"实颖实栗，即有邰家室"（大雅·生民），叙述了后稷种植庄稼的才艺和有功于农艺而受封邰地的过程。正是农耕文明的大发展，才为建立家国一体，即王权国家和家族社会合一的政治礼法制度提供了物质基础。"稷"的本义在古代是指黍或谷一类的粮食作物，周族人将稷奉为始祖和本民族的守护神。这是自然神崇拜与祖先神崇拜的结合，一方面鼓励人们重视农业生产，使中国农耕文明较世界其他文明区域获得了较早、较快的发展；另一方面在共同始祖名义的感召下，强化了本民族血缘关系的认同，并在神灵崇拜中建立起祭祀观念，也逐步生发出礼的等级制度。因此，后世帝王沿着周族传统将稷奉祀为谷神，皇权国家被称为江山社稷，它与农耕文明有割不断的历史联系。

《生民》诗中还写道："卬盛于豆，于豆于登。其香始升，上帝居歆，胡臭亶时。后稷肇祀，庶无罪悔，以迄于今。"这是后稷在农业丰收后创立祭祀大典，将食物装在木盘内，当食物的香气升腾时，上帝便来歆享；子孙们继承后稷对上帝的祭祀传统，才免于罪戾。中国古代的礼产生于原始社会的祭祀活动。祭祀的对象有上帝、祖先等；场合包括国家典礼、战争、农事等场合。上古时人们对超自然的神力如天、上帝等很敬畏；为免受上帝惩罚，才将自己辛苦劳作所获食物等用于祭祀。对上帝神和祖先神的祭祀，最终是为了做给活人看的，让人们明白上下尊卑关系，遵守礼制的原则，以建立家国等级秩序，谐和社会关系。

《豳风·七月》："七月流火，九月授衣。一之日觱发，二之日栗烈。无衣无褐，何以卒岁？三之日于耜，四之日举趾。同我妇子，馌彼南亩。田畯至喜。七月流火，九月授衣。春日载阳，有鸣仓庚。女执懿筐，遵彼微行，爰求柔桑。春日迟迟，采蘩祁祁。女心伤悲，殆及公子同归。七月流火，八月萑苇。蚕月条桑，取彼斧斨。以伐远扬，猗彼女桑。七月鸣鵙，八月载绩。载玄载黄，我朱孔阳，为公子裳。四月秀葽，五月鸣蜩。八月其获，十月陨萚。一之日于貉，取彼狐狸，为公子裘。二之日其同，载缵武功。言私其豵，献豜于公。五月斯螽动股，六月莎鸡振羽。七月在野，八月在宇，九月在户，十月蟋蟀入我床下。穹窒熏鼠，塞向墐户。嗟我妇子，曰为改岁，入此室处。六月食郁及薁，七月亨葵及菽。八月剥枣，十月获稻。为此春酒，以介眉寿。七月食瓜，八月断壶。九月叔苴，采荼薪樗，食我农夫。九月筑场圃，十月纳禾稼。黍稷重穋，禾麻菽麦。嗟我农夫，我稼既同，上入执宫功。昼尔于茅，宵尔索绹。亟其乘屋，其始播百谷。二之日凿冰冲冲，三之日纳于凌阴。四之日其蚤，献羔祭韭。九月肃霜，十月涤场。朋酒斯飨，曰杀羔羊。跻彼公堂。称彼兕觥，万寿无疆！"《毛诗序》："《七月》，陈王业也。"该诗叙述了西周祖先稼穑艰难以及王业的由来。诗中描绘了周人祖先播种、采桑、养蚕织布、狩猎、修房营居、集体采食、服劳役、祭祀宴饮等内容。我们从中可以看出，农耕文明是礼法制度的物质基础。重农耕的观念持续了几千年，在战国、秦以后逐步演化为重农抑商的国策和相关制度。

4. 大规模的民族迁徙

民族迁徙需要强大的组织、协调能力。在民族迁徙中礼法文化的许多重要观念和制度得以构建。《大雅·公刘》为我们奏出了雄壮的民族迁徙之歌："笃公刘，匪居匪康。乃场乃疆，乃积乃仓；乃裹餱粮，于橐于囊。思辑用光，弓矢斯张，干戈戚扬，爰方启行。笃公刘，于胥斯原。既庶既繁，既顺乃宣，而无永叹。陟则在巘，复降在原。何以舟之？维玉及瑶，鞞琫容刀。笃公刘，逝彼百泉。瞻彼溥原；乃陟南冈，乃觏于京。京师之野，于时处处，于时庐旅，于时言言，于时语语。笃公刘，于京斯依，跄跄济济，俾筵俾几，既登乃依。乃造其曹，执豕于牢，酌之用匏。食之饮之，君之宗之。笃公刘，既溥既长，既景乃冈，相其阴阳，观其流泉，其军三单；度其隰原，彻田为粮，度其夕阳，豳居允荒。笃公刘，于豳斯馆。涉渭为乱，取厉取锻，止基乃理。爰众爰有，夹其皇涧，溯其过涧。止旅乃密，芮鞫之即。"诗中描绘了后稷之后周族领袖公刘带领族人由邰迁豳艰难而豪迈的历程，叙述了公刘相准肥沃旷原、率军治田、与族人欢宴、被尊为族长以及营居繁衍等事迹。其中，"食之饮之，君之宗之"两句道出了一个千古不易之理，谁能让百姓安居乐业，谁就能被奉为君王和民之父母。

"古公亶父，来朝走马，率西水浒，至于岐下。爰及姜女，聿来胥宇。周原膴膴，堇荼如饴。爰始爰谋，爰契我龟。曰止曰时，筑室于兹。乃慰乃止，乃左乃右，乃疆乃理，乃宣乃亩。自西徂东，周爰执事。乃召司空，乃召司徒，俾立室家。其绳则直，缩版以载，作庙翼翼。……乃立应门，应门将将。"这是《大雅·绵》里的诗句，诗里谈到周族在古公亶父（即太王）带领下由杜水迁岐山、营建巍峨的宫室和宗庙等事迹。《绵》里出现了后世职官制度的两个官名，即司空和司徒。郑玄笺："司空掌营国邑，司徒掌徒役之事。"[①] 在太王时代，周王朝尚未建立，但应当时需要已建立了职官制度。由此可见，西周的一些重要制度早在太王时代就已奠基。笔者曾考察过陕西岐山周原遗址，那里至今仍残留着纵横交错的宫殿的墙基。可见，诗中叙述与考古发现是可以相互印证的。诗中谈到营建的头等大事是宗庙，宗庙是祭祖的地方，体现了周民族强烈的

---

① （唐）孔颖达：《毛诗正义》，新文丰出版公司2001年版，第1511页。

尊祖观念，这对后世影响很大。宫殿、宗庙等建筑的出现，说明商朝后期，西部岐山、渭河平原一带已有了一个政权性质的组织。王（皇）室的财产后来历代法律都作为国家最重要的财产，视为神圣不可侵犯；并建立了相应的帝王宫殿、宗庙、陵寝等的保护制度，以严刑惩罚侵犯者，如汉代有阑入宫殿、隋以后有谋大逆（十恶之一）等罪名，并配以酷刑。

5. 西周的开国

《大雅》中的《皇矣》《大明》是周民族创业建国的诗史。《皇矣》歌颂了太王（文王的祖父）、太伯（文王之伯）、王季（文王之父）和文王等周族领袖的伟大功业；诗的前部有"帝迁明德，串夷载路。天立厥配，受命既固"几句，乃周人创造的天命转移的"以德配天"说，是对"天命玄鸟，降而生商"的殷商天命论的扬弃；中段重点歌颂了王季修德建业的事迹，他是一位敬爱兄长，能分辨是非、善恶，能做族长和国君的贤王；后部着重歌颂文王，称赞他是上帝特别眷顾的"万邦之方，下民之王"，"方"就是典范的意思。《毛诗序》说："天鉴代殷，莫若周，周世世修德，莫若文王。"周文王是周代的道德圣君，后来武王伐纣、建国，周公制礼作乐，无不秉承文王遗风。

《大明》首先谈到天命无常；接着写道"乃及王季，维德之行。大任有身，生此文王。维此文王，小心翼翼。昭事上帝，聿怀多福"。通过赞美王季和文王两位贤君，字里行间反映了周民族敬天和崇德相统一的观念；最后写道："维师尚父，时维鹰扬。凉彼武王，肆伐大商，会朝清明！"言文王长子武王与太师吕望一道，于牧野之战，剪灭殷商的过程。西周的天命、天罚论是建立在德治基础上的，该理论修正了君权神授说，为统治政权的合法性找到了新的依据。后世孔孟关于德治、仁政的观点，历代农民起义或改朝换代时所打的"替天行道"等旗号，无不与西周"以德配天"说有着很深的渊源关系。

二　周代的民情与民意

1. 将上天降灾归因于统治者无德

中国传统文化容忍温和的叛逆精神。自上古时起，当上天不主持公道时，老百姓敢于责天。《诗经》中这类警句俯拾皆是，如"昊天不佣，降此鞠讻。昊天不惠，降此大戾。"（小雅·节南山）"浩浩昊天，不骏其德。降丧饥馑，斩伐四国。"（小雅·雨无正）

这种源于《诗经》的"刺"的风格，在中国传统法文化中体现为臣民敢于针对时弊，用言（文）谏政，以期廓清政治、培养社会正气，如孟子的"民贵君轻"论、屈原的《离骚》篇、李斯的《谏逐客书》，等等。中国文化中的这种温和的叛逆或反主流精神，后来还体现在道家学说、佛教思想对儒学的批判中所形成的张力和创新动力方面。近代《红楼梦》这部曾被视为淫书的经典，一反男权社会中男尊女卑的传统，肯定和赞扬书中许多女子的行止见识、人品和才具；并以贾（假）政之名刺精通儒学的士大夫的虚伪，认为对人世有大彻大悟的是佛、道的代表癞头和尚、跛足道人，等等。由此看来，古代社会中与政府主流意识形成张力的不仅有来自体制内的儒法文化自身所具有的批判精神，而且也有体制外的佛道教义等。可见，《诗经》的立规与垂范作用不可低估。

另外《诗经》中出现了"女人祸水"的观点："赫赫宗周，褒姒灭之"（小雅·正月）；"匪教匪诲，时维妇寺"（大雅·瞻卬）。两诗均指出褒姒是祸水，害得赫赫宗周顷刻覆亡。我认为这应看成针对统治集团的祸国殃民而作的怨刺诗。司马迁在《史记·周本纪》中记载："褒姒生子伯服……幽王得褒姒，爱之，欲废申后，并去太子宜曰，以褒姒为后，以伯服为太子……太史伯阳曰：'祸成矣，无可奈何！'褒姒不好笑，幽王欲其笑万方，故不笑。幽王为烽燧大鼓，有寇至则举烽火。诸侯悉至，至而无寇，褒姒乃大笑。幽王说之，为数举烽火。其后不信，诸侯益亦不至。"因此，从根本上讲周幽王乱政是后来礼崩乐坏的重要根源之一。幽王乱政的直接表现是乱礼法，主要表现在两方面：一是王位继承方面废长立幼，打破商周时代确立的王位继承制度即嫡长继承制，是谓乱政。这是直接导致废太子等人引狼入室、覆灭西周的直接原因；也为东周以后层出不穷的篡君弑父例子树立了先例。二是烽火戏诸侯。烽火是重要的军令和军礼，王举烽火说明王有难，根据规定诸侯必来勤王。幽王乱举烽火只为博美人一笑，是谓乱军。军中信义被打破，幽王落得国破人亡的惨地。

2. 百姓厌烦各种赋役

《王风·君子于役》说："君子于役，如之何勿思！""君子于役，苟无饥渴？"诗句有刺王政之意，言君子久役不归，妻子思念心切，反映了春秋时期战争频繁造成夫妻别离的痛苦。《小雅·大东》写道："东人之子，职劳不来。""私人之子，百僚是试。"这几句言政赋繁重，人民劳苦。

在《诗经》这部官方编纂的诗集中能收录这样的诗章，说明周代的统治者想通过收集诗歌民谣的方式，了解民情和民意，并适时调整统治政策。这无疑是一种较为开明的统治策略。

3. 反贪婪、反暴敛

《魏风·伐檀》云："不稼不穑，胡取禾三百廛兮？不狩不猎，胡瞻尔庭有县貆兮？彼君子兮，不素餐兮！"古代伐木是一种繁重而危险的体力劳动，伐木者在伐木过程中叠唱此歌，以宣泄心中的怨气，该诗揭露了当时社会分配的不公。伐木者的辛勤汗水与贵族的尸位素餐，河水的清澈美丽与不劳而获者心灵的污浊形成强烈对比。《魏风·硕鼠》写道："硕鼠硕鼠，无食我黍！三岁贯女，莫我肯顾。逝将去女，适彼乐土。乐土乐土，爰得我所。"诗里反映了老百姓困于贪酷之政，将之比作硕鼠，自己发誓要摆脱其害，并憧憬理想的家园。《齐风·还》："子之还兮，遭我乎峱之间兮。并驱从两肩兮，揖我谓我儇兮。"这是说国君好田猎。商代有"三风十愆"之规定，其中将官吏游畋归为淫风，为十大罪过之一。

以反贪婪和奢侈腐化为内容的立法建制历代不绝，如夏代的

"昏、墨、贼，杀"、商代的"三风十愆"、周代的"五过之疵"以及秦以后历代的反贪规定和强化吏治的措施。在反暴敛方面，历代王朝初创时期的统治者大都能做到轻徭薄赋，让百姓休养生息。

4. 反战、厌战、爱好和平

"葛生蒙楚，蔹蔓于野。予美亡此，谁与独处？……夏之日，冬之夜。百岁之后，归于其居。"（唐风·葛生）这是悼念丈夫从军丧亡之诗，寡妻言自己的爱人死在荒野，谁可与他独处？同时表明生不能同居，死也要同穴。本诗含有强烈的反战、厌战思想。

"周公东征，四国是皇。"（豳风·破斧）意为周公向东征伐，诸侯之乱得到匡正。这揭示了战争的目的是和平这一军事法制的基本原则。

5. 同仇敌忾、保家卫国

"岂曰无衣？与子同袍。王于兴师，修我戈矛，与子同仇！"（秦风·无衣）该诗反映了秦地的尚武精神。在出征前，看到的是士兵高昂的士气和勇敢无畏的心态；同时表现了越是在艰苦的地方，人们在战斗中越能团结一致、同仇敌忾。它像一首古代的军歌，能够激发将士奋勇杀敌、保家卫国的战斗意志。我们在《义勇军进行曲》中也能看到这种自强不息的精神。

6. 以史为鉴

《大雅·荡》的最后两句："殷鉴不远，在夏后之世。"以史为鉴是历代统治者都重视的治国方略之一。唐太宗有三面"镜子"：铜镜、史镜、人镜，并以之作为反观自身仪容、历史兴替和个人得失的明鉴。殷鉴中既有殷商覆亡的历史教训，也有商代治国的历史经验。周代法律有一种重要形式，称为殷彝。殷彝就是商朝法律中有利于周朝统治的某些内容，为周朝法制所继续沿用的部分。

上述周代的民情与民意，体现了周民族精神的许多方面，这些精神至今在我们民族精神家园中仍留有很深的印迹。有人认为中华民族的精神是自强不息（"自强不息"一语源自《周易上经·乾》），也有人认为是温柔敦厚或中和精神（源自《左传》中孔子论诗教的观点和儒家的中庸之道），还有人认为中国人爱好和平、与世无争（源自儒家的仁爱与道家的无为观点），另外有学者也认为中国自古重视法律，开创了法律发达的历史因而具有创造性的法律精神（源自荀子的隆礼重法思想、法家的"法治"观和近代梁启超等学者的有关中国法律发达史的论著等），此外还有学者认为我们民族富有实践理性的精神（参见李泽厚的《中国古代思想史论》）。笔者认为，这些观点自有其站得住脚的根据和理由。但还有一条就是"诗性"精神，中国在《诗经》之后又有楚辞、汉赋、乐府诗、唐诗、宋词、元曲等不同风格的诗歌作品，可谓色彩纷呈、洋洋大观，诗歌的高度发展使中华民族精神中具有诗性风格这一显著特征。诗性代表的是文明。管子说："仓廪实则知礼节。"① 当世界上其他大多数地区还处于蒙昧和野蛮阶段的时候，中华文明就已呈现高度发达的状态，并且持续的时间很久。诗歌能充分体现人的情志，成集的诗歌作品也最能体现一个民族的精神面貌。早在西周初年《诗经》中的一些作品相继问世的时候，当时的执政者就意识到了这一点，所以设置专门的宫廷乐师负责到民间采诗，以观民风民情，所采之诗构成《诗经》三部分中占比最大的"风"的主干，其他两部分为"雅""颂"。雅分大小，小雅中有一部分来自民间，另外的多系贵族献诗、作诗，大雅和颂则主要是王公贵族的作品。所以《诗经》所反映的社会生活结构和情调是立体、多角度、多层面的，既反映精英意识，又包含民风民情。所以《诗经》最能体现民族精神。笔者还认为，诗性民族最具有创造活力和法律精神。如果我们不把法律看成僵死的教条或纯粹理性的判断，而是当作生机勃勃的活法、人们心中的信仰、民族精神的体现（"法律是民族精神的体现"是近代历史法学派代表人物萨维尼的著名观点），那么，笔者的上述判断就是正确的。关于创造精神从诗歌本身发展的事实就充分说明了这一点，而有关法律精神说留待下文详细阐述。

---

① 《管子·牧民》。

三 礼法文化的诗语解义

"在西周礼治时代，法悉归于礼、礼外无法；同时，道德也均纳之于礼，不在礼外。"① 该时代特征一直持续到春秋中叶，《诗经》的编纂也大致在这一时段。学界认为，中国最早公布成文法是在春秋后期，以公元前536年郑国子产铸刑书于鼎为标志，也即说铸刑书是《诗经》中的作品问世之后的事。叔向以三代逢乱世才作刑为由，反对铸刑书，他引《诗》论道："《诗》曰：'仪式刑文王之德，日靖四方。'又曰：'仪刑文王，万邦作孚。'如是，何辟之有？"② 从叔向的话语不难得出乱世用刑、治世用典的结论。而周代之典由周文王创始至周公集大成，是一套德、礼教化的制度和治理模式；出礼则入刑，刑法在社会规范中的位次低于德、礼。孔子说："郁郁乎文哉！吾从周。"③ 可见，文王之德、周公的礼乐均是孔子所推崇的治世法宝，但相关资料大都散失。然而《诗经》却完整地保留下来，它为我们研究周代的礼法文化提供了丰富的材料。《诗经》的义理一直被儒学者解释为理想法的规范和用以劝善、惩恶的准绳。因此，《诗经》和经学包含了丰富的礼法思想。无论是"礼外无法"的观点，还是"乱世用刑、治世用典"的结论，都说明了周代礼治社会的主要规范是礼，礼起到了今天的法的作用。故本文礼法并提，但在论述时将礼中可归为法思想、法制度的内容作具体阐述。前文已对《诗经》所反映的西周、春秋法律思想和制度进行了阐述，在此不必赘言，以下是将从某个侧面反映礼法文化的部分诗语作一定的解读。

---

① 俞荣根：《儒家法思想通论》（修订本），广西人民出版社1998年版，第112页。
② 《左传·昭公六年》。
③ 《论语·八佾》。

1. 追求良法之治

《诗经》中有"仪刑文王,万邦作孚"(大雅·文王),"济济多士,秉文之德"(周颂·清庙),"维清缉熙,文王之典"(周颂·维清)。由此可见,《诗经》中反映的西周的良法之治包括两个层次:一是文王之典,即周文王及其继承人(武王、成王、周公)所确立的礼仪典章制度。文、武、周公制定良法,类似现代社会的立法、立宪等。前文已谈到文王治国的特点是:为政以德,政象清明,有典可循,四方安定。二是仪刑文王,即效法文王,以赢得万邦德臣服。这就类似现代的法律的实施、行宪等。

孟子说:"'徒善不足以为政,徒法不能以自行'。诗云:'不愆不忘,率由旧章。'遵先王之法而过者,未之有也。"① 徒善是指只有善心,而无具体的善政;徒法指只有善法,而没有善人运用法制。孟子认为单纯的人治或法治都不可靠,其观点比荀子的还要全面而深刻。因为荀子单方面强调"有治人,无治法"②的人治模式,而孟子观点的引申义是有治人,还需有治法,反之亦然,只有这样王道政治才是可期的。孔子崇敬文、武、周公,而孟子更推崇尧舜,这些古代明君圣主治国的共同特点是:善人执善法。而现代法治是以人为本的良法之治,然而是不是无论人员如何更替,只要有制度保障,就一定能实现法治呢?人的性情、道德对法治有着怎样的影响?这些问题都值得我们深思。

2. 君王和官吏对民施仁爱、做民之表率

"仁"字在《诗经》中两度出现:"洵美且仁。"(郑风·叔于田)"其人美且仁。"(齐风·卢令)"仁""美"二字连用,说明"仁"是用来形容具有内在美德与外在美仪的君子风范。受此观念的影响,孔子最终创立"仁学",将"仁"视为众德之总和调节人际关系的规范,以仁率礼,以寻求良法之治。

---

① 《孟子·离娄篇》。
② 《荀子·君道篇》。

《大雅·泂酌》："岂弟君子，民之父母。"《诗经》中出现"君子"二字计179次。何谓君子？《泂酌》中的"君子"应指贤明的君王。一般而言，君子是指贵族中道德高尚者，在执掌权力后能为民做主，成为有仁爱之心的"民之父母"。《诗经》中对君子一般持赞赏的态度，但少数地方也用作暗喻，如《伐檀》中的"君子"系讽刺那些贪婪横暴、尸位素餐的贵族老爷。那么，孔子是如何解释"岂弟君子，民之父母"的呢？子夏问孔子：《诗》云"岂弟君子，民之父母"，何谓"民之父母"？孔子答道："夫民之父母乎，必达于礼乐之原，以致'五至'而行'三无'……志之所至，诗亦至焉；诗之所至，礼亦至焉；礼之所至，乐亦至焉；乐之所至，哀亦至焉，哀乐相生。是故正明目而视之，不可得而见也；倾耳而听之，不可得而闻也，志气塞乎天地。此之谓'五至'……无声之乐，无体之礼，无服之丧，此之谓'三无'……'夙夜其命宥密'，无声之乐也。'威仪逮逮，不可选也'，无体之礼也。'凡民有丧，匍匐救之'，无服之丧也。"①

孔子讲的"五至"的逻辑关系是：心志可用诗歌表达；诗歌可用礼规体现；礼规可用音乐表现；音乐可用哀情传达，因为哀、乐相依而生。在志、诗、礼、乐、哀五者中，志为志意、思想。而诗、礼、乐三位一体，乃宗周文明的核心，诗乐配合成为许多重大典礼仪式（如外交、朝聘、宴享、祭祀等）的主要内容，故三者中礼是核心；孔子谈教育过程是："兴于诗，立于礼，成于乐"②，即开始于学诗，自立于学礼，完成于学乐；诗、礼、乐三者是教化民众的三种手段，必须恰当运用；诗以言志，乐以抒情，情、志又由礼来统摄。《诗经》中出现的"乐"字，主要有两种含义，一是礼乐之"乐"，意为音乐，为周代社会治理的重要方式之一；二是快乐之"乐"，但非指一般的出于情感之快乐，而是经过礼乐文化的教育、熏陶和感化，接近

---

① 《礼记·孔子闲居》。
② 《论语·泰伯》。

或达到"君子"的思想、感情境界的那种发自内心的快乐。乐与哀相联系,言二者并非相克,而是相生,即相辅相成,这是儒家对人的性情的义理阐发,与《论语》关于"《关雎》,乐而不淫,哀而不伤"[①]的观点并无二致。"三无"即无声音的乐、无仪节的礼、无服饰的丧。孔子还引《诗》阐发,"夙夜其命宥密"(周颂·昊天有成命),言早晚谋政教以安民,这是无声音的乐;"威仪逮逮,不可选也"(邶风·柏舟),意为庄严娴雅的容止,无可挑剔,即无仪节的礼;"凡民有丧,匍匐救之"(邶风·谷风),意即凡是人家有丧亡,便努力去救助,此即无服饰的丧。

礼法社会要求政府官员以身作则,树立勤政、廉洁、守法的思想。《召南·采蘩》:"被之僮僮,夙夜在公。"《郑笺》:"不失职者,夙夜在公也。"《小雅·庭燎》:"夜未央,庭燎之光。君子至止,鸾声将将。"这是赞美周宣王勤政的诗句,此类赞美君王或官吏勤政的诗章在《诗经》里有很多。

3. 忠、孝、报

"陟彼岵兮,瞻望父兮。父曰:'嗟!予子行役,夙夜无已。上慎旃哉,犹来无止!'"(魏风·陟岵)诗中的瞻望者为人子、为人弟,瞻望的动作反映其思亲之情甚切,而父、母、兄长虽有叹息,但仍衷心希望亲人役毕时,不要在外滞留、勿厌弃生活、勿客死他乡。诗中反映出家人和行役者双方均能顾全大局,懂得忠、孝难两全的道理,是"怨而不怒"的生动例子。"哀哀父母,生我劬劳。""无父何怙?无母何恃?""欲报之德。昊天罔极!"(小雅·蓼莪)这首诗实乃孝思绝作,与《陟岵》相比,《蓼莪》一诗的感情色彩要强烈得多,因为后者写出了行役者役未毕,而父母已死去的惨痛心境。"假哉皇考,绥予孝子。"(周南·雍)《集传》:"皇考,文王也。……孝子,武王自称也。"这首诗反映了武王祭祀文王、诸侯助祭的情况。而《大雅·下武》中的"永言孝思,孝思维则""永言孝思,昭哉嗣服"言

[①] 《论语·八佾》。

不仅永远要秉承孝思这一大法，而且也要昭示后人继承。可见，《诗经》中明确提出了"以孝为法"的思想，这是亲其亲者的礼制原则的诗语表达。

《诗经》以诗的语言阐述了孝思的义理，人为什么要讲"忠"和"孝"？尤其是后者。因为父母与子女血脉相连，在生养过程中，父母与子女的感情真挚而强烈、难以割舍。"谁言寸草心，报得三春晖！"这个"报"字，生动地说明了当父母含辛茹苦地将子女养大后，子女对父母应尽之责。因此，在中国古代孝被看作众德之首；《孝经》说："五刑之属三千，罪莫大于不孝。"可见不孝不仅违背道德规范，而且也是严重的犯罪行为。自周代建立起家国一体的政权体制后，君王被看成民之父母，各级官吏也被看作当地的父母官，治家原则引入治国领域。这有利于加强社会的亲和力和凝聚力，使人们自觉或不自觉地在孝——这一以血缘关系为基础的原始思维意识之上，强化"后天"才灌输的忠君观念。既然君王乃民之父母，老百姓除了孝敬自己的父母外，更要忠于君父，所以忠高于孝，国大于家。许多王朝也高扬"以孝治天下"，因为随着王朝的更替，新朝国君对前朝国君是否忠诚是难以作出合理解释的，所以"以孝治天下"最能打动人心，其深层含义也是希望百姓能忠君、守法。

忠、孝均含有报恩的思想，而报恩的对象是特定的，即君王、父母。然而对有恩于己的其他人，古人亦强调报恩。如"投我以桃，报之以李"（大雅·抑）、"投我以木桃，报之以琼瑶"（卫风·木瓜）。从中国古代的"忠""孝""报"等思想遗产中，我们不难发现实施这些义务的一方，都不是单纯的义务主体，而是与享有某种权利的另一方之间具有某种权利义务上的对等关系；但不一定是数量上的对等，而是法理上的对等。如要求臣"忠"，首先君要"仁"；要求子"孝"，首先父要"慈"；完成"报"的义务，系因他人曾经给过自己恩惠或利益。正如杨鸿烈先生在解读《尚书·康诰》时所言："不惟说刑罚是以助成伦理的义务之实践为目的，且其所谓伦理是对等的而非片面的，所以说尊长的父兄所负的道德责任一如卑幼的子弟对于父兄一样，这是法律平等思想的开端。"①

4. 天人观、阴阳观的形成

"十月之交，朔月辛卯。日有食之，亦孔之丑。彼月而微，此日而微。今此下民，亦孔之哀。日月告凶，不用其行。四国无政，不用其良。彼月而食，则维其常，此日而食，于何不臧。"（小雅·十月之交）这首诗作作于周幽王时期，较早提出了天人感应说。当时出现日食，引起人们恐慌。日月现凶相，天道运行不正常。系因四国无善政，不用贤良之士。

5. 人要有敬法之心

《韩诗外传》阐发了礼之义："传曰：诚恶恶，知刑之本。诚善善，知敬之本。惟诚感神。达乎民心，知刑敬之本，则不怒而威，不言而信。诚德之主也，言之所聚也。诗曰：'鼓钟于宫，声闻于外。'"②这段话使我们理解了明礼义的人最懂得"敬"，而"敬"的含义非常丰富，几乎包含众多美德。只有真诚地以善心去感受、理解"善"，才能做到知敬之本。对罪恶与刑罚关系的理解也可照此推理。那么知道刑敬之本的人，才是道德高尚的人。击鼓钟于宫内，其声传于宫外，是借诗明义，以此说明人内心的善恶最终会通过他外在的举止、行为表现出来。

6. 婚姻中的感情忠贞

"采采芣苢，薄言采之。采采芣苢，薄言有之"（周南·芣苢），这是叙述宋人之女嫁到蔡国，而丈夫有恶疾，但妻子不愿改嫁，决定从一而终，因而受到君子的歌赞。"死生契阔，与子成说。执子之手，与子偕老"（邶风·鲍有苦叶），描写了征夫对爱情的忠诚。"谷则异室，死则同穴。谓予不信，有如皎日"（王风·大车），这是叙述亡国的君夫人不事征服其国的楚君，殉节后，其夫看到夫人生前作的这首诗后亦自杀，楚王贤其夫人守节有义，就以诸侯之礼合葬这对夫妇。

---

① 杨鸿烈：《中国法律思想史》（上册），商务印书馆1998年版，第31页。
② （汉）韩婴撰：《韩诗外传集释》，中华书局1980年版，第160页。

古人推崇感情忠贞、白头偕老的婚姻。但因法定事由也允许离婚，但离婚主动权操在男方手中。

7. 天人合一

（1）人与自然和谐

"麟之趾，振振公子，于嗟麟兮。"（周南·麟之趾）这是用不踏生物的麒麟脚趾，来比喻仁厚君子的高贵仪态和举止。该诗不仅可以阐释仁爱的观念，而且也可以解读出人与自然和谐的思想。夏、商、周三代时的自然风貌较中古和近代更接近原始自然。尽管麒麟是传说中的神兽，但从该诗对麒麟的描述中，我们可以感受到，先民们亲近和爱护自然并用自己的身心去感受原始自然的神奇和灵动，从中生发出人与自然和谐的理念。这一理念从历史角度看有着借鉴意义；从当代价值来看，人类与自然关系的一切立法均应以人与自然和谐的观念为基石。人对自然不能无限制地开发和索取；人对自然要有敬畏之心，要以自然为法，而不能片面强调人为自然立法。

据统计，《诗经》记载的花草树木有140多种，鸟兽59种，虫鱼类20种。① 可见上古时接近原始状态的自然界充满了生机勃勃的景象。诗人借诗表达了人与自然相互依存、和谐相处的亲密关系。人们重视保护自然环境，并将生态法制的观念建立在民族习惯的基础上，如《郑风·溱洧》所描绘的："溱与洧，方涣涣兮。士与女，方秉蕳兮。……维士与女，伊其相谑，赠之以勺药。"该诗记载了周代郑国人逢上巳佳节（农历三月三），来到溱水与洧水之滨，踏春交游的生动情景，通过对地广、水丰、花美、人丁茂盛等情况的描述，为我们展现了一幅天人合一的图景。人们通过对自然美的欣赏，又激发了对生命和异性的爱恋，于是将人与自然和谐的观念更进一步深化为人际和谐的理念。人们最终将民族习俗固化为节日，以便每隔一定时间又将这些习俗和尚美观念重温一次。现代某些少数民族地区还保留了类

---

① 参见郑州市社科联、郑州市社科院编《溱洧之歌——〈郑风〉与〈桧风〉》，河南人民出版社2008年版，第87页。

似上巳节这类习俗，如笔者曾走访的苗族地区，贵州锦屏文斗寨每逢三月三、六月六、九月九都有大型的户外民族活动，如集体歌舞、赶场、男女交游、对歌，等等。

（2）人际和谐

《小雅·鹿鸣》描写的"呦呦鹿鸣，食野之苹。我有嘉宾，鼓瑟吹笙"，是说诸侯宴请群臣宾客，得其尽心。《小雅·常棣》之"兄弟既具，和乐且孺。妻子好合，如鼓瑟琴"，言兄弟、夫妻关系的和顺。《小雅·伐木》有"嘤其鸣矣，求其友声"，言朋友之道尽善尽美。

《诗经》赞颂家国一体、君臣执礼、兄弟合乐、夫妻和谐、朋友友爱，等等，全面反映了周代礼乐文明中人际和谐的社会生活场景。人际和谐是礼乐文化的精神体现，其最高层次的追求是建立一个平等、自由、充满仁爱的大同世界；当这一理想暂且不能实现时，退而求其次应建立一个小康式的亲亲、尊尊的礼治和谐社会。儒家礼治和谐的理想在两千多年的封建社会中基本得以实现。

《诗经》在体现人民的情感和道德理念方面有很深的法意，儒家是通过引《诗》、用《诗》以及《诗》的儒学化过程，使这部成书于春秋中后期的文学经典成为六经之首。《诗经》——不仅以其优美动人的文字打动了无数古今中外的士子学人，并给他们的心灵造成震撼；同时儒家是把它当作一部大法来加以运用的，这就使得它实际也成为后世两千多年来知识分子共同价值观念和道德信仰的源头活水。

"以《诗》论法"与"情"、"理"、"法"

《诗经》是中国的文化元典,又称《诗三百》或《诗》。在先秦典籍和上海博物馆藏战国竹简(以下简称"上博简")中,孔子在论《诗》时,认为诗歌的本质特征是抒发情志,其社会功能是垂范后世、教化万民。由此,《诗经》的法意凸显出来,汉以后经学阐发的《诗》的义理包含了丰富的法律思想,即法的精神。这些诗歌的作者也许没有意识到,他们是与诗的阐发者一样都在做同一件事,即为当时和后世立法的工作。一部《诗经》吟咏的是"情"和"理",但经学引诗却深入到"法"的深层次来谈社会治理问题。

一 "以《诗》论法"

孔子说:"《诗》三百,一言以蔽之,曰:'思无邪。'"① "思无邪"一语,最早出自《鲁颂·驷》,原意为思虑没有邪念。朱熹认为孔子用这句诗来概括诗三百篇之意,并说"学者诚能深味其言,而审于念虑之间,必使无所思而不出于正,则日用云为,莫非天理之流行矣。"② 可见,孔子不仅从《诗》的创作者的角度,而且更注重从接受者的角度对《诗》的内在精神进行哲学提炼,并以"思无邪"概

---

① 《论语·为政》。
② 朱熹:《诗集传》,中华书局2011年版,第318页。

总，意为志善且符合理性。故孔子所言的"思"，包含"志""理"等义。另外，在上博简《诗论》中，孔子还表达了"诗亡隐志"（上博简第1简）①的重要观点，这是说诗没有隐藏志意或思想的。"诗亡隐志"是否定句式，既包含"诗言志"命题的内涵，即诗表达了作者真实的情志，又含有读者可以从诗歌欣赏中感发意兴、获得教益之意。故"诗亡隐志"与"思无邪"一样应该是一种诗歌的创作兼欣赏理论。

上博简《诗论》中有孔子对《诗经》里的三首诗《葛覃》《甘棠》《木瓜》的评论，孔子认为三首诗分别表达了归宁父母、睹物思人、投瓜报玉等思想感情，皆系诗的作者在对生活的真切感悟中抒发出来的；孔子认为这是"民性固然"（上博简第16、20、24简）。②因此，孔子明确阐发了诗歌创作系以人性、人情为基础。笔者认为《葛覃》中的归宁父母，体现了出嫁后的女儿对父母的孝心。《木瓜》表达了报恩的思想。而"忠""孝""报"是礼治思想的核心，自古以来违反者皆要受到国法或道德之严惩。而《甘棠》一诗含有"贤人执善法"之意。《召南·甘棠》说："蔽芾甘棠，勿剪勿伐，召伯所芨。"召伯乃武王之弟，有司请他断案。召伯暴处田野，庐于树下以调节民间纠纷，受到百姓的爱戴。百姓因此勤于耕桑，于是赢得岁末丰收，生活富足。其后在位者骄奢，不体恤百姓，税赋繁重，因而百姓困乏，耕桑失时。于是诗人见召伯曾经栖息之树下，赞美而歌之。《诗经》的义理一直都被儒学者引为理想规范和用以劝善、惩恶的准绳。这是因为《诗经》包含丰富的礼法思想和制度的内容。而"在西周礼治时代，法悉归于礼、礼外无法；同时，道德也均纳之于礼，不在礼外"。③

孔子论诗的理论，与中国古代诗歌理论中的"诗言志""诗缘情"

---

① 黄怀信：《上海博物馆藏战国楚竹书〈诗论〉解义》，社会科学文献出版社2004年版，第22页。

② 同上书，第6、7页。

③ 俞荣根：《儒家法思想通论》（修订本），广西人民出版社1998年版，第112页。

两大命题有异曲同工之妙。《尚书·舜典》说："诗言志。"意为诗表达了人的志意或思想。西晋文学家陆机在《文赋》一文中说："诗缘情而绮靡。"① 意指诗是抒发人内心情感的，故要绮丽细腻。从法文化角度来看，《诗》之"志"，不仅表达了作者的礼乐精神，而且读者也能从中受到启发，通过读诗、诵诗而逐步培养起理性的、无违天理的道德精神，并使自己的精神境界提升到与诗的作者同等的高度。诗乐歌舞内含道德规范，其作用在于以其中的道德规范来教化人的情志，由此角度来看，"志"可以解读为"理"，即诗所包含的礼乐之义理。而诗之"情"，乃作者之情与读者之情在读者内心的交流和碰撞，诗歌的情韵中自然含纳人情的冷暖和人类的良知，与法域视线下的"情"字是相通的。因此诗所蕴含的情志能够感化、启发古人，这不仅在教育方面成效显著，而且在治国方面的作用也不可低估。诗可美心，化俗善政。诗中有德音、含法意，需要读者细心领会；常读诗，可以起到净化、美化心灵的作用；常思诗，诗是如画、有韵的哲学，能够美习俗、清政风。孔子说："君子怀德，小人怀土；君子怀刑，小人怀惠。"② 怀德怀刑，乃以德去刑之意。从这个意义上，孔子特别重视诗教，认为诗教在培养君子人格方面有着极其重要的作用。汉代的《韩诗外传》中有一案例：

> 楚昭王有士曰石奢，其为人也，公而好直。王使为理。于是道有杀人者，石奢追之，则父也。还返于廷曰："杀人者，臣之父也。以父成政，非孝也。不行君法，非忠也。弛罪废法，而伏其辜，臣之所守也。"遂伏斧锧，曰："命在君。"君曰："追而不及，庸有罪乎？子其治事矣。"石奢曰："不然。不私其父，非孝也。不行君法，非忠也。以死罪生，不廉也。君欲赦之，上之惠也。臣不能失法，下之义也。"遂不去铁锧，刎颈而死乎廷。君子闻之曰："贞夫法哉！石先生乎！"孔子曰："子为父隐，父

---

① 《中华活页文选合订本》（五），中华书局1962年版，第40页。
② 《论语·里仁》。

为子隐,直在其中矣。"诗曰:"彼其之子,邦之司直。"石先生之谓也。①

该案中石奢是一位司法官员,杀人者为其父,在"情、理、法"之间,石奢既希望成就一个孝子的报恩之情(不忍看到父亲被判极刑),又不愿废国法而忘公义,故选择了自己刎颈于廷、代父受罚这条路。根据案情,这样做的法律后果和社会后果可能是,其一,国君爱忠臣,可能依石奢生前话中的隐义而赦免其父之罪,因为忠君守法、代父受罚等行为在以忠、孝为法的古代最能彰显政教的意义;其二,石奢的自刎也必定会使被石奢父亲所杀者的亲属的心灵受到震撼,如果他们再执意要石奢父亲偿命,于情于理说不过去;其三,石奢之父必然会为自己的杀人行为追悔不已,儿子的自杀也会震撼其父之心,使其今后不再或畏于为非作恶。这样,杀人者本人虽未偿命,即该案的结果并非执行国法的直接结果,但其可能产生的社会效果较好,既能产生政治之教化意义和法律之典型案例,又能恰当地平衡"情、理、法"之间的关系。石奢的孝思与被杀者亲属的复仇心理皆为人情,"子为父隐"之理可由孝思之情推出,"杀人偿命"之理亦可由复仇之情推出,而"杀人偿命"不也是国法的要求吗?这正是法律出自情理的一个明显例证。石奢刎颈而死的行为同时满足了人情的旨归和国法的要求,应当视为法律行为,在执法原情的古代将有可能产生死刑案件终结的后果。《韩诗外传》对该案最后的总结,显示天理昭昭:"贞夫法哉",是赞扬石奢的尚法精神;"子为父隐",系借《论语·子路》中孔子的话阐明孝道和传统法中"执法原情"的义理;"彼其之子,邦之司直"两句诗出自《郑风·羔裘》,本意赞扬大夫乃邦国主持公道之人,这是用《诗》阐明法意,意在赞颂石奢忠义守法的精神。

汉代经学对人的心志的考察无疑继承了孔子论诗的传统,经学的发展又促进了儒家法律思想的完善。因此,儒家法律思想在指导司法

---

① (汉)韩婴撰:《韩诗外传集释》,中华书局1980年版,第48—49页。

实践时，特别注重考察犯罪嫌疑人的"志"是否善，如汉代《盐铁论》谈到春秋决狱的核心是"论心定罪"，强调"志善而违于法者免""志恶而合于法者诛"。西汉时促使文帝改革刑制的著名案例是"缇萦上书"，如果说董仲舒曾以《春秋》来决狱，而汉文帝判案的依据却是《诗经》。也就是说"《春秋》决狱"和"以《诗》论法"是汉代法制的两大特色，二者都是汉代法律儒家化的重要表现。笔者认为，"以《诗》论法"（或谓"以《诗》释案"）是古人用《诗经》中原有诗句及其所蕴含的礼法之义理来论说或阐释相关的政事或法律案例，以期得到解决问题的圆满方案或案件处理的合法性之证明。"以《诗》论法"在《汉书》《韩诗外传》等汉代典籍，甚至更早的《左传》《国语》《礼记》等典籍中有很多例子，如西汉的"缇萦上书"案：

> 齐太仓令淳于公有罪当刑，诏狱逮系长安。……其少女缇萦……上书曰："妾父为吏，齐中皆称其廉平，今坐法当刑。妾伤夫死者不可复生，刑者不可复属，虽后欲改过自新，其道亡繇也。妾愿没入为官婢，以赎父刑罪，使得自新。"书奏天子，天子怜悲其意，遂下令曰："制诏御史：盖闻有虞氏之时，画衣冠、异章服以为僇，而民弗犯，何治之至也！今法有肉刑三，而奸不止，其咎安在？非乃朕德之薄而教不明与？吾甚自愧。故夫训道不纯而愚民陷焉，《诗》曰：'恺弟君子，民之父母。'今人有过，教未施而刑已加焉，或欲改行为善，而道亡繇至，朕甚怜之。夫刑至断支体，刻肌肤，终身不息，何其刑之痛而不德也！岂为民父母之意哉！其除肉刑，有以易之；及令罪人各以轻重，不亡逃，有年而免。具为令。"①

从以上案子可以看出，诗教的对象不仅是广大百姓，而且也包括贵族官僚和帝王。文帝从《诗经》的名句而感发意兴，终于下决心废

---

① 《汉书·刑法志》。

肉刑、改刑制，成为一代有道明君。自古"得民心者得天下"，"民心"现代也称"人心"。民心可以分两个层面：民意（体现人民的理性）、民情（体现人民的情感）。"诗言志"和"诗缘情"两命题正是谈论人的志向（理性的重要方面）和情感问题。任何时代民心问题都是执政的首要问题，构成一个国家政治法律制度的基础。既然民心中含有情和理，本书的阐述自然就转到法学界有关情、理、法的关系这一重要论题上来。

二 法学视域下的"情"

笔者认为，法学视域下的"情"有四层含义：一是个人情感，包括个人的情感、性情、情绪等，即常言说的人之七情，它们属于人的感性心理因素或掺杂部分理性因素的感性心理状态。二是人民的情感，即与每个人的情感密切相关的民情、风俗、习惯，它们体现了一定地域和一定时期的大多数人的情感，所以笔者称之为人民的情感，如前文所述，民情与民意结合起来可统称为民心。三是具体案件中的交际情感，是指具体案件中一方或双方当事人及其近亲属或者利益相关者，与审判机构及其工作人员或者能够对案件的审判产生直接影响的其他机构或个人之间所建立起来的交往情感。例如，因当事人与法官之间存在亲朋故旧关系，或当事人向法官行贿等缘由，而在当事人与法官之间建立起来的交际情感。这里面有所谓的情感因素，即通常所说的办人情案，但也包含许多复杂的利害关系。当代司法所要肯定的人情因素非但不是第三种情况，相反第三种人情因素恰恰是应当禁止的。虽然法律规定了相关的制裁制度，但人情案件仍时有发生。人们对情、理、法关系的理解依然模糊不清，认为情就是指人情，即上述交际情感。这是对情、理、法关系的误读。四是法律工作者基于对人情世故的理解而积累的生活经验和良知良能。对于立法者、司法者等法律人来说，缺少生活经验和良知良能就是不称职的法律工作者。

在实际生活中，"情"的一、二、四层含义常常被忽略，但它们却又是人情因素中值得充分肯定的。第一层含义中，个人的情感通常表现为当事人的情感、情绪等，如一方因对方的侵害或法官的误判而产生的激愤之情等。作为法官应当在庭审中察言观色，充分关注当事人感性心理的种种表现。西周时有"五听"制度，司法官分别从当事人的言辞（辞听）、神情（色听）、呼吸（气听）、听觉（耳听）、目光（目听）五个方面，了解当事人的心理活动，以辨真伪，然后进行判决。如果像窦娥那样的当事人在判决后能说出"天，你枉法裁判枉作天"一类的话，而司法官面对这样的旷世悲情都置若罔闻，那么这样的法官若不是真正地枉法裁判，也会因内心的极度冷漠或对人的权利和尊严的公然漠视而导致误判。如果法律一味地注重理性，而不考虑人的情感因素，那么这类冷冰冰的法律又怎能体现以人为本、公平、正义等价值理念呢？第二层含义中，将案件公开审理和及时发布，使司法接受人民的监督，即让人民的理性和情感成为司法是否公正的试金石，这是现代法治的基本要求。第四层含义中，法官或陪审人员的良知良能对案件的审判也起着相当重要的作用。从夏商周三代起，中国司法制度中就要求司法官要有同情心、怜悯心，如夏朝有"与其杀不辜，宁失不经"，西周《吕刑》要求司法官"哀敬折狱"。只有在国法中注入人性因素，才能得到人民的尊重和信仰。西方诉讼中也赋予法官一定自由裁量权或建立自由心证制度，法官的经验、良心运用得恰当与否不也能检验司法是否公正吗？

有学者呼吁司法公正意义上的"良心入宪"，笔者认为"人民的情感"（即民心）也应入宪。《尚书》《孟子》皆云："天听自我民听，天视自我民视。"《诗经·小雅·巧言》诗云："悠悠昊天，曰父母且。无罪无辜，乱如此幠。昊天已威，予慎无罪。昊天泰幠，予慎无辜。"如果西周的执政者能够及时听到这些话，恐怕褒姒一个人也灭不了"赫赫宗周"！在中国文化语境中，"尚情也确实使中国社会呈现出一种情趣与生气。情与法的结合，使人们严于律己，克己谦让，以和睦为荣，争斗为耻。……人们在接受法律制裁时，良心的谴责往往甚于刑罚的惩处。这样做，不仅有助于预防犯罪，而且有助于改造罪犯。法律的最终目的在于使人良心发现。"①

三 经学视野下的"理"

"理"主要有两层含义：

首先，"理"作"礼"解，包括礼仪和礼义，礼仪是社会规范外在的形式，而礼义则是社会规范内在的精神。《礼记》云："礼者，理也。"②周代尊尊、亲亲的礼制原则，在当时的社会条件下充满了道德的力量和人情味，而出礼则入刑，又使得伦理原则转化为法律原则。在儒家法律思想体系中，"'理'有各种不同的名称，如'道'、'仁'、'仁义'、'礼义'、'天理'，等等，它们是中国传统法律中所蕴含的义理。相对于现实法，它们是理想法；相对于具体法，它们属于根本法、最高法。"③那么，礼自何处而来的呢？荀子在论及规范和人性的关系时说："礼起于何也？曰：人生而有欲，欲而不得，则不能无求。求而无度量分界，则不能不争。争则乱，乱则穷。先王恶其乱也，故制礼义以分之，以养人之欲，给人之求，使欲必不穷于物，物必不屈于欲，两者相持而长，是礼之所起也。"④可见，荀子认为礼法制度的兴起完全是为了节制人的过分的欲望，而欲望却是人情的一部分；荀子强调只有定分才能止争，同时礼制要靠"养"（强大的物质基础和保障）才能实现。司马迁说："缘人情而制礼，依人性而作仪，其所由来尚矣。"⑤司马迁的结论是，礼——这样一部大法是缘人情、依人性制定的。"诗书礼乐，其

---

① 马小红：《礼与法：法的历史连接》，北京大学出版社2004年版，第252、253页。
② 《礼记·仲尼燕居》。
③ 俞荣根：《儒家法思想通论》（修订本），广西人民出版社1998年版，第4页。
④ 《荀子·礼论》。
⑤ 《史记·礼书》。

始出皆生于人。……礼作于情"①,说的是诗书礼乐皆出自人的自然性情,它们是为了制约人的情感欲望的膨胀而由人制定的制度规范。显然,"礼作于情"是一个理性的判断。这里的"礼"应作广义理解,即儒家所讲的礼、乐、政、刑。而"情",如果指的是人的感情,感情却是主观的心理过程,礼、乐、政、刑等客观制度怎么会产生属于主观心理过程的"情"呢?但如果将"情"作广义的理解,它既包含属于人的主观心理过程的情感因素,也涵盖基于人的情感、习性和偏好而产生并外化于实际生活中的民意、民情、风俗、习惯等具有客观性的因素,那就迎刃而解了。从"情"的主观方面来说,人的情感、欲望等需要节制和规范,在古代一则靠教化,二则靠法律,即靠礼、乐、政、刑等综合治理手段才能完成,而"礼"正是因节制和规范个人过分的情感欲望的需要而产生的。从"情"的客观方面来说,中国传统的制度文化最早起源于原始社会的习惯,而习惯是民意、民情等"情"的客观性因素固化的结果。最终,原始习惯在夏、商、周逐步演变为礼、乐、政、刑等制度,从这个意义上来说,"礼作于情"亦能成立。西周礼乐制度是相对完美的,它能通过礼、乐、政、刑等规范将家国天下的制度安排提升到艺术境界,最大限度地实现了人与自然和谐以及人际和谐。为什么礼崩乐坏后礼法制度仍能长久地影响后世呢?孔子在其间起着承上启下的作用。汉以后重建的政治礼法制度,虽然并非西周制度的翻版,但汉代确立的"德主刑辅、礼法结合"的模式不仅继承、弘扬了西周"明德慎罚、出礼入刑"的礼法精神,而且将周、秦之际最大的制度创新——制定成文法并公布于世的做法完整地继承下来,使得道德和法律相互依存、道德为法律的旨归、法律为道德的器械的法律控制模式最终确定下来。后世两千年的制度系秦制的说法或许不太准确,而较为确切地说应是汉代之制的延展。而汉制是继承周秦之制而综合之,有扬弃而没有偏废,故能影响深远。

---

① 《郭店楚墓竹简·性自命出》,文物出版社2002年版,第15—18页。

其次,"理"可以解释为天理。天理自然也包含儒家的义理。朱熹在解释《大雅·文王》中"无念尔祖,聿修厥德。永言配命,自求多福"时说:"命,天理也。"① 天理,宋儒常将其解释为"天道""三纲五常"一类的伦理规范。然而,在现代社会"法"字上头不也仍然顶着一个"理"字吗?

四 "法"与"情""理"的关系

我认为法律与道德二分之"法"不可取,我赞成法律与道德适当联系之"法"。一些重要的道德理念可以成为支撑法律大厦的基石,如孝道。台湾刑法至今仍有侵犯直系尊亲属的违法犯罪比侵犯非直系尊亲属的其他人的犯罪加重处罚的规定。法律不是僵死的教条,它存在于生机勃勃的人类社会中,它应当是活法,是理性和感性因素叠加的产物。但在实际的立法和司法过程中,情感和道德(主要指民心、良心等)因素常常被忽略。如果情感和道德因素不在立法时充分考虑进去,就会使司法的正义性和能动性缺少前提条件。另外,法律在人类的规范体系中究竟处于什么位置?情、理、法三者之间的关系应当怎样排序?关于第一个问题,笔者赞同台湾张伟仁先生的主张:"依照儒家的理想,制订规范之人应该是像尧舜一样的圣贤,但是事实上并非如此,很多贤愚善恶不等的人都曾参与规范的制订。人既有贤愚善恶,所订的规范当然也有好坏。怎样判断好坏?儒家说因为人有相同或相近的'性情',可以认识同一的'理',合乎此情此理的规范便是好的,违背此情此理的便是坏的。基于此一认识,他们将各种规范排出一个层次(张先生认为是道德、礼仪、法律和政令四类)——道德最高,法令最低。为什么?在他们的著述里可以见到这样一个推理:因为道德最接近理性、人情,最容易被人接受,所以它是一套最广泛的准则;法令也可以合乎理性和人情,但是并非必然,因为它是

---

① 朱熹:《诗集传》,中华书局2011年版,第235页。

权威者制定的，这些人未必公正、明智，而常常为了自己的利益立法，所以人为法没有证实自身正当性的能力，需要靠道德去判断它，这是法的第一个缺点。法的第二个缺点是它必然挂一漏万，因为立法者没有能力把社会上可能发生的一切问题都考虑周到，一一制定法令加以规范。要弥补这些疏漏，也要依靠道德。此外荀子更具体地指出：因为法律不像道德那样容易为人们接受，要靠权威者用强制的手段才能施行，权威者用来强制人民的手段不外行赏、施罚，诉诸人们趋利避害之心，但是利害是相对的，人们在决定是否要做法令所要求或禁止之事的时候，就会计算一番，如果所得的奖赏比付出的代偿低，便不会去遵守法令，所以荀子将依赖'赏庆刑罚'来施行法令的手段称为'佣徒粥卖之道'，因此以法或依法为治'不足以合大众，美国家'，这是法的第三个缺点。因为法律有这些缺点，所以它在规范体系里的层次比道德低。"①

台湾林端先生认为由"情、理、法"到"法、理、情"，体现了法律意识的变迁。传统的"情、理、法"意识是"礼先法后"的法律观，注重以调解手段解决纠纷，将法律视为活法，两造冲突的解决大都诉诸和解、调解、自力救济等手段，居中裁断的第三者一般也是两造熟悉的族长、寨老等民间精英人士。民间调解组织所作的调解，尽管调解过程和解决方式尚属合法范围之内，但有可能与正式的司法解决的过程和结果有很大的不同。而"法、理、情"则是力求区分法律与伦理道德的西方法律观（法先礼后），法律位阶提升，其社会控制功能上的正当性得以强化。②"情、理、法"的顺序是否一定要转为"法、理、情"，笔者认为尚需研究。如果"情"体现为民意、民情、人心、良心等因素，则是指法之理念或法律背后的道德，在"以

---

① 这是张伟仁先生于2010—2011学年第一学期在清华大学法学院讲授"中国法律文化"课时所发讲义《中国法文化的起源发展和特点》中的一段话。笔者于2006年在西南政法大学和2010年在清华大学曾两次聆听张先生讲授先秦政法理论，受益良多。

② 参见林端《儒家伦理与法律文化社会学观点的探索》，中国政法大学出版社2002年版，第389页。

人为本"的社会乃是法的原则和基础,舍此,法便无所依归,毫无目的。故"情"在法域仍需高扬,而不能有丝毫的贬低。"理",可以作为"情"与"法"的中介。情通民心,法乃国器,法律要为老百姓所信仰,得向百姓说出个"理"来。尽管人情乃礼(理)法制度的渊源和起点,但理与法也是矫治人情偏私的手段,尤其是"理"体现的是法的理念和价值。结合中国礼法文化五千年历史和近代以来西法东移的事实,这个"理"字不仅应包含中国文化中诸多有价值的因素,如仁义、民本、和谐等,而且也应包括西方自启蒙运动以来一切有价值的理念,如正义、平等、自由等。《尚书·泰誓上》云:"民之所欲,天命从之。"这是武王伐纣前说的(也有可能是后人假托武王之言而发的议论),意思是人民的愿望,上天一定会依从的。笔者感佩三千多年前的一代圣王,能有如此的远见卓识和深刻的思想。在当代提倡法治的社会,法治的要义是什么?是以法为治吗?抑或是以法为本吗?不是。笔者认为仍然是以人为本。我们也可以说"民心所向,法必从之"。作为立法者、司法者等法律人应是情、理、法三方面都通晓的法律工作者和艺术家。试想一个不谙人情世故、民意、民情,不理会天理、良心,不懂得法的精神和致用艺术的人,怎样去制定一部老百姓能够接受和信奉的良法呢?这样的人又怎能成为一个称职的司法官呢?情、理、法三方面都通晓,并非指法律应顾及私情而损公益,相反立法或司法不仅应兼顾各方情感,更应遵奉天下之公理。天理是评价国法好坏的尺度,违背天理的国法将被视为恶法。故"情、理、法"的关系应当是:理自情出,法自理出,理为法盾,法、理制情。文帝在"缇萦上书"一案中对"恺弟君子,民之父母"这两句诗,从人情、天理与国法三者的合理关系的角度作了综合解读,才得出了必须进行刑制改革这一符合人类法制文明方向的重大决定。《诗经》为我们打开了一扇"情"的世界的窗户,教我们如何去认识中国古人的情感世界,我们据此可以较为准确地捕捉古人真实的情感状态、内心世界以及民情风俗,等等。而后世代表儒家文化的经学、理学、心学等,则是思想家们基于人情(或以人情、人性为基点)去阐发义理，并竭力将这种义理或理学纳入封建国家政治、法律框架之内。

总之，中国古人认为礼生于情、法出于礼，也就是情生礼，礼生法；礼法的产生是为了制约人不良的情感和欲望，并通过道德教化使人们明礼守法，实现所谓"德礼为政教之本，刑罚为政教之用"。尽管中国古代有很多冤案，但除此之外法官大都能够援法裁判，并且还能综合考虑法与情、理的关系作出相对公平的判决。对此，现代立法、司法应多借鉴，并能扬弃。情，我们可以理解为人本主义的一个重要方面。理，即理想法的理念（如正义、和谐、大同等）和日常的道德因素（如孝道、感恩等）。而法不是"道德的器械"，"人情的工具"，而是因人情和道德因素的加盟，而增强其外在的张力和内在的活力，使其成为法治社会中人们的信仰。

以下是上面三篇所附四个表格：《诗经》中的"礼仪、礼义"一览表，《诗经》中的"礼、乐、政、刑"一览表，《诗经》中"天命、鬼神、祭祀、占卜"一览表和上博简《诗论》整理表格。

第一编　中国传统法律文化

神／天命天罚	礼乐之仪	礼乐之义／德	政	刑／法
天命不又（小雅·小宛）；帝命维新、其命维新，在帝左右，假哉天命，上帝既命，克配上帝，骏命不易，昭事上帝，天位殷适，有命自天，无监在下，文王在上（大雅·大明）；皇矣，生民，受禄于天，保右命之，自天申之（大雅·假乐）；维江汉，命此文命，维天之命，永言配命（大雅·下武）；覆帝武敏（大雅·生民）；昭假于天（周颂·噫嘻）；配彼天（周颂·思文）；执竞（周颂·执竞）；维天之命（周颂·维天之命）；昊天有成命（周颂·昊天有成命）；上帝昭临（鲁颂·閟宫）；致天之届（鲁颂·閟宫）；格尔众庶，上帝不顺，帝命式于九围，武王载旆，有虔秉钺，帝命不违（商颂·长发）；天命玄鸟（商颂·玄鸟）	人而无仪，人而无止，人而无礼（鄘风·相鼠）；其仪一兮（曹风·鸤鸠）；猗嗟（齐风·猗嗟）；秩秩德音（秦风·小戎）；鼓钟（小雅·鼓钟）；其仪不忒（小雅·鸤鸠）；九夷其仪（大雅·棫朴）；乐且有仪，各敬尔仪，礼仪卒度，礼仪备（小雅·楚茨）；礼仪既备（小雅·宾之初筵）；饮酒孔嘉，百礼既至，威仪抑抑，威仪秩秩，温温恭恭（小雅·宾之初筵）；令仪令色（大雅·烝民）；文王嘉止（大雅·大明）；济济辟王（大雅·棫朴）；威仪孔时，威仪反反，威仪幡幡，威仪抑抑，敬慎威仪，抑抑威仪，敬尔威仪，不愆于仪（大雅·抑）；荡荡（大雅·荡）；威仪反反（大雅·民既醉）；以治百礼（周颂·丰年）；天子穆穆（周颂·雝）；敬慎威仪（鲁颂·泮水）；恭敬夕（商颂·那）	德音无良（邶风·日月）；不知德行（卫风·氓）；德音不忘（郑风·有女同车）；莫我肯德（魏风·硕鼠）；秉秋德音（秦风·小戎）；德音孔昭（小雅·鹿鸣）；民之失德（小雅·伐木）；遹尔德音（小雅·天保）；德音是茂（小雅·南山有台）；莫不令德（小雅·蓼萧）；其德不爽（小雅·蓼苕）；令德寿岂（小雅·车辖）；忘我大德（小雅·谷风）；其德不回（小雅·鼓钟）；高山仰止（小雅·车辖）；是用大介（小雅·楚茨）；王之荩臣（小雅·白华）；帝谓文王，帝作邦作对（大雅·皇矣）；子怀明德，其德克明（大雅·大明）；累行不止（大雅·下武）；宗之则（大雅·文王）；欲报之德（小雅·蓼莪）；其德不疏，其德靡懈（大雅·卷阿）；虽无德与女（小雅·白华）；帝谓文王（大雅·皇矣）；济事作求（大雅·假乐）；世德作求（大雅·假乐）；有孝有德（大雅·民劳）；杯德以绥（大雅·泂酌）；天降匪明（大雅·烝民）；颠覆厥德，无德不报（大雅·抑）；好是懿德（大雅·烝民）；申伯德德（大雅·烝民）；不显其德（大雅·假乐）；永言配命（大雅·假乐）；亦有和美，永戒此德（周颂·清庙）；文王之德之纯（周颂·维天之命）；示我显德，溯其德（周颂·敬之）；敬明其德（鲁颂·泮水）；克开（鲁颂·閟宫）；其德不愆（商颂·那）	王事适我，政事一埤益我（邶风·北门）；四国有王，政事有王（曹风·下泉）；以佐天子（小雅·六月）；宣家维王，莱国有成（准家王之什·采芑）；国既卒斩（小雅·节南山）；以敷万邦（大雅·文王）；赫赫宗周（小雅·正月）；哀今之人（小雅·正月）；四国无政（小雅·节南山）；天非我主（小雅·节山）；民莫不识（大雅·生民）；莫非王土，率土之滨（小雅·北山）；之哀哉，王事靡盬，召伯劳之（小雅·小明）；效矣（小雅·角弓）；勖哉（小雅·鱼丽）；世有哲王（大雅·文王有声）；当辞子子（大雅·棫朴）；民之秉彝（大雅·烝民）；民劳矣（大雅·民劳）；是用大谏，民之方殷（大雅·板）；迄用康年（大雅·汤）；敬爱我者（大雅·板）；秉心塞渊（大雅·抑）；戒之戒之，其仪不忒（大雅·抑）；天监其昭（大雅·大明）；夙夜匪懈，时事维其（大雅·烝民）；其匪载酤，维家继熙（大雅·江汉）；王犹允塞（大雅·常武）；敬之敬之（周颂·敬之）；肃雝（周颂·清庙）；时迈（周颂·时迈）；嗟嗟（周颂·臣工）；江汉（大雅·江汉）；文王既勤，日求厥章（周颂·赍）；不显不承（周颂·清庙）；敬慎威仪（鲁颂·泮水）；匪教匪诲（商颂·长发）；莫敢不来享，莫敢不来王（商颂·殷武）	闲之维则，万邦为宪（小雅·六月）；匪先民是程（小雅·小旻）；四方有羡（小雅·十月之交）；以谨无良（大雅·民劳）；俾民不迷（大雅·桑柔）；仪刑文王，万邦作孚（大雅·文王）；威仪（大雅·抑）；不周亦式（大雅·思齐）；永锡祚（大雅·既醉）；孝思维则（大雅·下武）；皇家之壶（大雅·既醉）；四方为纲（大雅·四牡）；永锡尔类（大雅·既醉）；革由旧章（大雅·假乐）；岂弟君子，四方为则（大雅·卷阿）；无自立辟，四方（大雅·板）；殷不用旧，尚书无刑（大雅·荡）；谨尔侯度，古训是式（大雅·烝民）；肃肃王命（大雅·烝民）；戎威明武（大雅·常武）；南国是式，武王载旆（大雅·常武）；王锡申伯，王命傅御，文武是宪（大雅·崧高）；率礼不越（大雅·韩奕）；仪式刑文王之典（周颂·我将）；孝之敬之（周颂·敬之）；敬之（周颂·敬之）；维民之则（鲁颂·閟宫）；率履不越（商颂·长发）

续表

神	礼乐之仪	礼乐之义	政	刑
神之听之（小雅·伐木）；神之听之，神之听之，终和且平（小雅·小明）；神嗜饮食，神保是飨，神具醉止，神保聿归，神嗜饮食（小雅·楚茨）；田祖有神（小雅·大田）；神所劳矣（大雅·旱麓）；神罔时怨，神罔时恫（大雅·思齐）；公尸嘉告（大雅·既醉）；公尸来燕来宁，公尸来燕来处，公尸来止熏熏，公尸燕饮（大雅·凫鹥）；昊天上帝（大雅·云汉）；敬恭明神，昊天上帝（大雅·云汉）；维岳降神（大雅·崧高）；怀柔百神（周颂·时迈）；既右飨之（周颂·丰年）；皇祖后稷！皇皇后帝！（鲁颂·閟宫）；来假来飨（商颂·烈祖）；天命玄鸟，降而生商（商颂·玄鸟）；受命咸宜（商颂·长发）；帝立子生商	琴瑟友之，钟鼓乐之（周南·关雎）；方将万舞，公庭万舞，左手执籥，右手秉翟（邶风·简兮）；坎其击鼓，坎其击缶（陈风·宛丘）；舞则选兮（齐风·猗嗟）；坎其击鼓，坎其击缶，宛丘之下，无冬无夏，值其鹭羽（陈风·宛丘）；东门之枌，婆娑其下（陈风·东门之枌）；吹笙鼓簧（小雅·鹿鸣）；我有嘉宾，鼓瑟鼓琴（小雅·鹿鸣）；君子有酒，鼓瑟吹笙（小雅·彤弓）；鼓瑟鼓琴（小雅·甫田）；以雅以南，以龠不僭（小雅·鼓钟）；钟鼓既设（小雅·彤弓）；鼓钟钦钦，鼓瑟鼓琴，笙磬同音，以雅以南，以龠不僭（小雅·鼓钟）；乐既和奏，烝畀祖妣（小雅·宾之初筵）；籥舞笙鼓（小雅·宾之初筵）；鼓钟于宫，声闻于外（大雅·行苇）；或歌或号（大雅·卷阿）；鼗磬柷圉（周颂·有瞽）；有瞽有瞽，在周之庭，应田县鼓，箫管备举（周颂·有瞽）	人而无礼，不死何为？人而无止，不死何俟？（鄘风·相鼠）；礼则然矣（小雅·十月之交）；思无邪（鲁颂·駉）		民之无辜（小雅·正月）；无罪无辜（小雅·十月之交）；舍彼有罪，既伏其辜，若此无罪（小雅·雨无正）；何辜于天，我罪伊何（小雅·小弁）；无罪无辜（小雅·巧言）；畏此罪罟（小雅·小明）；庶此罪悔（大雅·荡）；君子信盗，乱是用暴（小雅·巧言）；亦孔之哀，不愆不忘（大雅·民劳）；寇攘式内（大雅·抑）；贪人败类（大雅·桑柔）；罪罟不收，职盗为寇（大雅·瞻卬）；何辜今之人（大雅·云汉）；此宜无罪，女反收之（大雅·瞻卬）；罪罟说之，蟊贼内讧（大雅·召旻）；天降罪罟（大雅·瞻卬）；无封靡于尔邦（周颂·烈文）
		礼之义		犯罪

续表

祭祀神	礼乐之仪	礼乐之义	政	刑
公侯之事,公侯之宫,屏哉在(召南·采蘩);禴祠蒸尝,以享以祀(小雅·天保);祝祭于祊,祀事孔明,先祖是皇,苾芬孝祀(小雅·楚茨);男巫男觋,享祀不忒,先祖是皇(小雅·信南山);以享以祀,以介景福,以御田祖(小雅·甫田);蒸畀祖妣(小雅·甫田);左右烈祖(大雅·皇矣);祀事孔明(大雅·云汉);相予祖妣(周颂·雝);肃雍显相(周颂·雝);龙旂阳阳(周颂·载见);殷荐之上帝,以配祖考(大雅·大明);承祀,春秋匪懈,享祀不忒,皇皇后帝,皇祖后稷(鲁颂·閟宫);顾予烝尝(商颂·烈祖)	击鼓其镗,踊跃用兵(邶风·简兮);琴瑟在御,莫不静好(郑风·女曰鸡鸣);山有栲,隰有杻(唐风·山有枢);并坐鼓瑟(秦风·车邻);我有嘉宾,鼓瑟鼓琴(小雅·鹿鸣);妻子好合,如鼓瑟琴(小雅·常棣);万舞无斁(鲁颂·閟宫);乐只君子,万方无疆(小雅·南山有台);乐只君子,邦家之基(小雅·南山有台);乐只君子,民之父母(小雅·南山有台);乐只君子,福禄攸降(小雅·南山有台);钟鼓既设,一朝飨之(小雅·彤弓);钟鼓既戒,孝孙徂位(小雅·楚茨);以御田祖,以祈甘雨(小雅·甫田);乐只君子,天子命之(小雅·采菽);既饮旨酒,福禄来反(小雅·鱼藻);羹簋殽旨(小雅·楚茨);君子有酒,旨且多(小雅·鱼丽);以雅以南,以籥不僭(小雅·鼓钟);鼓钟将将,淮水汤汤(小雅·鼓钟);凤皇鸣矣,于彼高冈(大雅·卷阿);皋皋訿訿(大雅·召旻);奏鼓简简,衎我烈祖,汤孙奏假(商颂·那);依我磬声(商颂·那);嘒嘒管声,既和且平,依我磬声,万舞有奕(商颂·那)		人而无仪,不死何为?人而无礼,胡不遄死?(鄘风·相鼠);奸宄寇攘(秦风·无衣);修我甲兵(秦风·无衣);如可赎兮,人百其身(秦风·黄鸟);执讯获丑(小雅·出车);王于出征(小雅·六月);执讯获丑(小雅·采芑);折我斧斨(小雅·采芑);薄伐猃狁(小雅·雨无正);后予极焉,后予迈焉(小雅·菀柳);武人东征(大雅·常武);皇矣上帝(大雅·皇矣);执讯连连(大雅·皇矣);是伐是肆,是绝是忽(大雅·皇矣);肆戎疾不殄(大雅·思齐);浸讯咬咬(大雅·公刘);文王受命,有此武功(周颂·武);在泮献馘(鲁颂·泮水);不愆不忘(商颂·殷武);奄有九有(商颂·玄鸟);肇域彼四海,四海来假(商颂·玄鸟);封建厥福(商颂·殷武)

续表

神	礼乐之仪	礼乐之义		政	刑
卜云其吉（鄘风·定之方中）；君曰卜尔（卫风·氓）；君曰卜尔（小雅·天保）；卜筮偕止（小雅·杕杜）；乃占我梦，大人占之（小雅·斯干）；讯之占梦（小雅·正月）；握粟出卜（小雅·小宛）；爰契我龟（小雅·绵）；维龟正之（大雅·文王有声）		猗美且仁（郑风·叔于田）；其人美且仁（齐风·卢令）	仁		何以速我狱，虽速我讼（召南·行露）；执讯获丑（小雅·出车）；宜岸宜狱；执讯获丑（小雅·采芑）；讯予登岸，执讯连连，在泮献囚（大雅·皇矣）；淑问如皋陶（鲁颂·泮水）
		是用孝享（小雅·天保）；孝孙有庆，俎豆孝孙（小雅·楚茨）；永言孝思，孝思维则（大雅·下武）；君子有孝子，孝子不匮（大雅·既醉）；有孝有德，以孝以享（周颂·雍）；绥予孝子（周颂·载见）；靡有不孝，克昌克孝（鲁颂·泮水）；孝孙有庆（鲁颂·闷宫）	孝、悌		
		宁不我报，报我不述（邶风·日月）；欲报之德（小雅·蓼莪）；投我以桃，报之以李（大雅·抑）	报		
占、筮					司法

续表

神	礼乐之仪	礼乐之义	政	刑
		信	不我信兮（邶风·击鼓）；大无信也（鄘风·蝃蝀）；信誓旦旦（卫风·氓）；报之以琼琚、匪报也，报之以琼瑶、木瓜）；报之以琼玖、匪报也（卫风·木瓜）；谓不信（王风·大车）；无信人之言，无信人之言，人实不信（郑风·扬之水）；苟亦无信（唐风·采苓）；莫信人言（小雅·青蝇）；君子屡盟（小雅·巧言）；谓尔不信（小雅·巷伯）；无信谗言（小雅·青蝇）		

注：以上是《诗经》中的"礼仪、礼义"一览表。统计的大都是该字直接出现在诗里的情况，如"德"；但有的字如"政"在诗里很少出现，故也将类似意思的诗句统计入内。

	礼乐之仪	礼乐之义	政	刑
礼乐之仪式	人而无仪，人而无止，人而无礼（鄘风·相鼠）；威仪棣棣（邶风·柏舟）；既醉止，威仪幡幡，舍其坐迁，屡舞仙仙（小雅·宾之初筵）；威仪抑抑（大雅·假乐）；抑抑威仪（大雅·抑）；敬慎威仪（大雅·抑）；敬尔威仪（大雅·抑）；敬慎威仪（大雅·民劳）；威仪孔时（大雅·既醉）；抑抑威仪（大雅·抑）；淑慎尔止，不愆于仪，不僭不贼（大雅·抑）；令仪令色（大雅·烝民）；威仪是力（接下页）	德音无良（邶风·日月）；不知德行，既阻我德（邶风·谷风）；二三其德（卫风·氓）；德音不忘（郑风·有女同车）；莫肯肯德（魏风·硕鼠）；秋秩其德（秦风·小戎）；德音不瑕（豳风·狼跋）；德音孔昭（小雅·鹿鸣）；失德（小雅·伐木）；遍求尔德（小雅·天保）；德音是茂（小雅·南山有台）；其德寿岂（小雅·蓼萧）；令德寿岂（小雅·湛露）；莫不令德（小雅·蓼萧）；各敬尔仪（小雅·菀柳）；礼仪既备，乐且有度（小雅·车舝）；礼仪卒度（小雅·楚茨）；敬报之德（小雅·谷风）；欲报之德（小雅·蓼莪）；高山仰止，景行行止（小雅·车舝）；德音来括（小雅·车舝）；忘我大德（小雅·谷风）；雨无正；其德不忧（小雅·十月之交）；是谓伐艺（小雅·雨无正）；丰德克明，肆其靖之，子怀明德（大雅·皇矣）；世德作求，其德克明，应侯顺德（大雅·下武）；维修厥德（大雅·文王）；聿修厥德，昭显德音（大雅·文王）；维此二人，文王蒸哉！济济辟王（大雅·文王）；宗子维城（大雅·板）；既醉以酒，既饱以德（大雅·既醉）；杯酒秩秩（大雅·民劳）；德辅如毛，民鲜克举之（大雅·烝民）；敛怨以为德（大雅·荡）；以近有德（大雅·板）；天降滔德（大雅·荡）；维德之基（大雅·抑）；文王既勤止（大雅·赉）；申伯之德（大雅·崧高）；矢其文德（大雅·江汉）；不显维德（大雅·抑）；文王之德（大雅·抑）；文王之德（周颂·清庙）；秉文之德（周颂·清庙）；其德不爽，昊天其子（周颂·烈文）；不显维德（周颂·烈文）；不显其德（周颂·烈文）；敬之（周颂·敬之）；我求懿德（周颂·时迈）；敬明其德（周颂·闵予小子）；兢明其德（鲁颂·泮水）；不显其德（鲁颂·泮水）	王事适我，政事一埤益我（邶风·北门）；四国有王（曹风·下泉）；以匡王国（小雅·六月）；以佐天子，以定王国（小雅·六月）；矢家君王（大雅·斯干）；国既卒斩，不自有政之纪，维秉国成，不自为政（小雅·节南山）；以畜万邦（小雅·节南山）；念国之为虐（小雅·正月）；赫赫宗周，褒姒灭之（小雅·正月）；四国无政（小雅·十月之交）；薄言之（小雅·小明）；莫非王土，率土之滨，莫非王臣（小雅·北山）；教悠不易，无自教恋（小雅·小明）；民胥效矣，王心则宁（小雅·角弓）；伯育有成，柔嘉维则（大雅·卷阿）；尔土之蔡，教之海之（小雅·绵蛮）；（接下页）	闲之维则，万邦为宪（小雅·六月）；匪先民是程，百辟为宪（大雅·板）；仪刑文王，万邦作孚（大雅·文思齐）；不闻亦式，不谏亦入（大雅·思齐）；孝思维则（大雅·下武）；永锡尔类（大雅·既醉）；其类维何？室家之壶（大雅·假乐）；岂弟君子，四方为纪（大雅·假乐）；岂弟君子，四方为则（大雅·卷阿）；殷不用旧，尚有典刑，无日共刑（大雅·荡）；南国是式，王锡申伯，王锡韩侯（大雅·崧高）；王命召伯（大雅·江汉）；有物有则，民之秉彝，柔嘉维则，古训是式，威仪是力（大雅·烝民）；韩侯受命，王亲命之（大雅·韩奕）；王命卿士（大雅·常武）；百辟其刑之（周颂·烈文）；王命召虎，式辟四方，彻我疆土（大雅·江汉）；骏惠我文王（周颂·维清）；维天之命（周颂·维天之命）；敬之（周颂·敬之）；维尔允师（周颂·酌）；实始剪商（鲁颂·閟宫）；曰求厥宁（周颂·赉）；敬之（周颂·敬之）；无竞维烈（周颂·烈文）；仪式刑文王之典（周颂·我将）；天子是若（鲁颂·閟宫）；戎狄是膺，荆舒是惩（鲁颂·閟宫）；鲁邦是常（鲁颂·閟宫）；率履不越（商颂·长发）

续表

礼乐之仪	礼乐之义	政	刑
（接上页）威仪反反（周颂·执竞）；亦有斯容（周颂·振鹭）；以洽百礼（周颂·丰年）；天子穆穆（周颂·雍）；以洽百礼（鲁颂·閟宫）；敬慎威仪（鲁颂·泮水）；温恭朝夕（商颂·那）	人而无礼，不死何为？人而无止，不死何俟？人而无礼，胡不遄死？（鄘风·相鼠）；礼则然矣（小雅·十月之交）；思无邪（鲁颂·駉）	（接上页）其政不获（大雅·皇矣）；世有哲王（大雅·下武）；文王有声，文王烝哉，武王烝哉（大雅·文王有声）；岂弟君子，民之父母；岂弟君子，民之攸归；岂弟君子，民之攸塈（大雅·泂酌）；无俾正败，是用大谏（大雅·民劳）；薛之择矣，民之莫矣（大雅·板）；殷鉴不远（大雅·荡）；兴迷乱于政，匪用为教（大雅·抑）；其诗孔硕，其风肆好（大雅·崧高）；夙夜匪解，以事一人（大雅·烝民）；王心载宁，时靡有争（大雅·江汉）；维清缉熙，敬尔在公（周颂·臣工）；嗟嗟臣工；敷政优优（商颂·长发）；莫敢不来享，莫敢不来王（商颂·殷武）	民之无辜（小雅·正月）；无罪无辜（小雅·十月之交）；舍彼有罪，若彼无罪（小雅·雨无正）；何辜于天，我罪伊何，舍彼有罪，予慎无罪（小雅·小弁）；无罪无辜，谗口嚣嚣；君子信盗（小雅·巧言）；畏此罪罟（小雅·小明）；庶无罪悔（大雅·生民）；式遏寇虐，重复三次（大雅·民劳）；寇攘式内（大雅·荡）；亦维斯戾，不愆不贼（大雅·抑）；职盗为寇（大雅·桑柔）；何辜今之人（大雅·瞻卬）；天降罪罟，罪罟不收，贪人败类（大雅·瞻卬）；罪罟不收，蟊贼内讧（大雅·召旻）；无封靡于尔邦（周颂·烈文）
礼之仪式	礼之义		犯罪

续表

礼乐之仪	礼乐之义	政	刑
乐歌舞仪式：琴瑟友之，钟鼓乐之（周南·关雎）；方将万舞，左手执籥，右手秉翟（邶风·简兮）；定之方中……爰伐琴瑟（鄘风·定之方中）；左手执籥（王风·君子阳阳）；坎其击鼓，宛丘之下……坎其击缶（陈风·宛丘）；子之汤兮，宛丘之上兮（陈风·宛丘）；坎其击鼓，婆娑其下（陈风·东门之枌）；彼美淑姬，可与晤歌（陈风·东门之池）；我有嘉宾，鼓瑟吹笙。吹笙鼓簧（小雅·鹿鸣）；鼓瑟鼓琴（小雅·鹿鸣）；或歌或咢（大雅·行苇）；籥舞笙鼓（小雅·宾之初筵）；钟鼓将将，鼓钟喈喈，鼓钟钦钦（小雅·鼓钟）；以钥不僭，以管如琴，六管如琴（小雅·车舝）；钟鼓既设，乐既和奏，婆舞僊僊，婆舞傞傞（小雅·宾之初筵）；声闻于外（小雅·白华）；鼗鼓或鸣（大雅·行苇）	礼乐之义：击鼓其镗，踊跃用兵，琴瑟在御，莫不静好（郑风·女曰鸡鸣），他人是保（唐风·山有枢）；何不日鼓瑟？且以喜乐，今者不乐，逝者其耋。并坐鼓瑟、并坐鼓簧（秦风·车邻）；天地不良，歌以讯之（陈风·墓门）；是用作歌，将母来谂（小雅·四牡）；乐只君子，邦家之基。乐只君子，万寿无疆。乐只君子，民之父母。乐只君子，德音不已。乐只君子，保艾尔后（小雅·南山有台）；钟鼓乐之（小雅·彤弓）；钲人伐鼓（小雅·采芑）；钟鼓既戒，伐鼓渊渊（小雅·采芑）；保其家室。乐只人斯，以燕乐嘉宾（小雅·楚茨）；式歌且舞（小雅·车舝）；天子命之，福禄申之。乐只命之，万福攸同（小雅·采菽）；福禄攸降，唾嗟仿怀，念彼辟王，于论鼓钟，于乐辟廱，以奏其音，以失其音（大雅·灵台）；未游未歌（大雅·桑柔）；凤凰鸣矣，于彼朝阳（大雅·卷阿）；肃雝和鸣，先祖相生，既和且平，依我磬声（鲁颂·有駜）；万舞洋洋，孝孙有庆（鲁颂·閟宫）；奏鼓简简，既和且平（商颂·那）；曹言曹声，万舞有奕（商颂·那）；鼗磬柷圉，既备乃奏，箫管备举，喤喤厥声，肃雝和鸣（商颂·那）		刑罚：人而无仪，不死何为？人而无礼，胡不遄死？（鄘风·相鼠）；狩我良人（秦风·黄鸟）；如可赎兮（秦风·黄鸟）；修我甲兵（秦风·无衣）；执讯获丑（小雅·出车）；王于出征（小雅·六月）；执讯获丑（小雅·采芑）；征伐玁狁（小雅·雨无正）；方叔莅止，其车三千，师干之试（小雅·采芑）；伐四国（小雅·大明）；后予极焉，后予迈焉（小雅·菀柳）；斩伐四国（大雅·皇矣）；是伐是肆（大雅·皇矣）；女反收之，覆怨其正，无竟武克（大雅·瞻卬）；烈烈征师（周颂·武）；执敢遏刘，耆定尔功，不显成康，在洋献馘（鲁颂·泮水）；王旅嘽嘽（大雅·执竞）；不殄心忧（周颂·闵予小子）；不敢怠遑，命于下国，封建厥福（商颂·殷武）

续表

礼乐之仪		礼乐之义		政	刑
乐歌舞仪式	(接上页) 矢诗不多，维以遂歌（大雅·卷阿）；钟鼓喤喤（周颂·执竞）；有瞽有瞽，在周之庭，应田县鼓，鞉磬柷圉，既备乃奏，箫管备举（周颂·有瞽）	仁	洵美且仁（郑风·叔于田）；其人美且仁（齐风·卢令）		何以速我狱，良速我狱，何以速我讼（召南·行露）；执讯获丑（小雅·来已）；宜岸宜狱（小雅·小宛）；执讯获丑（大雅·皇矣）；迺同如荼陶，在洋洋献囚（鲁颂·泮水）；执讯连连，攸馘安安（大雅·皇矣）；攸馘安安，在泮献囚（鲁颂·泮水）
		孝、悌	是用孝享（小雅·天保）；张仲孝友（小雅·六月）；孝孙有庆（大雅·既醉）；因心则友，则友其见（大雅·皇矣）；永言孝思（小雅·楚茨）；永言孝思，孝思维则（大雅·下武）；遹追来孝（大雅·文王有声）；君子有孝子，孝子不匮（大雅·既醉）；绥予孝子（周颂·雍）；以孝以享（鲁颂·閟宫）；孝孙有庆（周颂·载见）；永世克孝（周颂·闵予小子）；靡有不孝，孝孙有庆（鲁颂·泮水）		
		报	宁不我报，报我不述（邶风·日月）；欲报之德（小雅·蓼莪）；投我以桃，报之以李（大雅·抑）		
		信	不我信兮（邶风·击鼓）；信誓旦旦（卫风·氓）；报之以琼瑶，匪报也，报之以琼玖（王风·大车）；谓予不信（鄘风·扬之水）；苟亦无信，人实不信（郑风·扬之水）；君子信盗（小雅·巧言）；君子信谗（小雅·青蝇）；无信人之言（唐风·采苓）；君子信盗（小雅·巧言）；谓尔不信，巷伯（小雅·巷伯）		

注：以上是《诗经》中的"礼、乐、政、刑"一览表。统计的大都是该字直接出现在诗里的情况，如"德"；但有的字如"政"在诗里很少出现，故也将类似意思的诗句统计入内。

天命、天罚	神	祭祀	占卜、筮
天命不又（小雅·小宛）；其命维新，帝命不时，在帝左右（大雅·文王）；假哉天命，上帝既命，天命靡常，永言配命（大雅·文王）；骏命不易，命之不易，上天之载（大雅·文王）；天位殷适，昭事上帝，天监在下，有命既集（大雅·大明）；天作之合，天命之合，受命既固（大雅·大明）；皇矣上帝，履帝武敏歆（大雅·下武）；受禄于天，保右命之（大雅·假乐）；维天之命（周颂·维天之命）；昊天有成命，二后受之（周颂·昊天有成命）；畏天之威（周颂·我将）；上帝是皇（周颂·执竞）；思文后稷，克配彼天（周颂·思文）；帝命率育（周颂·思文）；天命匪解，明昭上帝（周颂·臣工）；上帝是依，实始翦商，于周之牧，实始剪商（周颂·桓）；上帝是祗，致天之届，我受命溥将（商颂·烈祖）；帝命不违，受命不殆（商颂·玄鸟）；帝命玄鸟（商颂·玄鸟）；帝命式于九围，武王载旆，有虔秉钺（商颂·长发、长发）	神之听之（小雅·伐木）；神之听之，神之听之（小雅·小明）；神保是飨，神保是格，神保聿归，神保共醉，神保聿归（小雅·楚茨）；田祖有神（小雅·大田）；神所劳矣，神罔时恫（大雅·思齐）；公尸嘉告（大雅·既醉）；公尸在燕来宁，公尸在燕来宗，公尸来止熏熏，公尸在燕来处，公尸燕饮（重复五次）（大雅·凫鹥）；百神尔主矣（大雅·卷阿）；靡神不举，上帝不临，上帝不宁（大雅·云汉）；神罔时恫，敬恭明神（大雅·云汉）；昊天上帝（重复三次）（大雅·云汉）；嶷嶷下帝，岳降神（大雅·崧高）；蒸畀祖妣（周颂·丰年）；既右烈考，亦右文母（周颂·雝）；皇皇后帝！皇祖后稷（鲁颂·闷宫）；天命玄鸟，降而生商，殷受命咸宜（商颂·玄鸟、玄鸟、长发）	公侯之事，公侯之宫，夙夜在公（召南·采蘩）；献羔祭韭（豳风·七月）；禴祠烝尝（小雅·天保）；以享以祀，以祭以享，祝祭于祊，苾芬孝祀（小雅·楚茨）；祭事孔明，先祖是皇，祭以清酒，享于祖考，是烝是享，祀事孔明，先祖是皇（小雅·甸田祖）；以社以方，以御田祖（小雅·甫田）；来方禋祀，蒸衎烈祖（小雅·大田）；蒸衎烈祖（小雅·宾之初筵）；左右奉璋（大雅·棫朴）；以享以祀（大雅·旱麓）；克禋克祀（大雅·思齐）；诞我祀如何，取羝以軷，载燔载烈印盛于豆，取萧祭脂，取羝以軷，载燔载烈以兴嗣岁，上帝居歆，不殄禋祀（大雅·生民）；不殄禋祀，上下奠瘗（大雅·云汉）；肆戎疆，方祀不莫，肇禋肆祀（大雅·云汉）；肇禋（周颂·维清）；肃雝显相（周颂·清庙）；继犹肆（周颂·载芟）；春秋匪解，享祀不忒，龙旂承祀（周颂·良耜）；享祀不忒（鲁颂·闷宫）；顾予烝尝（商颂·那）；秋而载尝，是烝是享，顾予烝尝（商颂·烈祖）	卜云其吉（鄘风·定之方中）；尔卜尔筮，筮短龟长（卫风·氓）；君曰卜尔（小雅·天保）；乃占我梦，大人占之（小雅·杜）；大人占之（小雅·无羊）；斯干）；大人占之（小雅·正月）；考讯之占梦（小雅·小宛）；尔卜尔筮（小雅·小旻）；握粟出卜楚茨）；卜尔百福（大雅·绵）；爰契我龟（大雅·绵）；考卜维王，维龟正之（大雅·文王有声）

注：以上是《诗经》中"天命、鬼神、祭祀、占卜"一览表。

天、命（天命论）	礼、乐（礼仪论）	仁、爱、德、忠、孝、报（保）（义理论）	思、智、知、志（诗言志论）	性、情、善、恶（诗的性情论）
既曰"天也"，犹有怨言（第18简）	《关雎》以色喻于礼（第10简）	《小宛》其言不恶，少有仁焉（第8简）	《绿衣》之思（第10简）	民性固然（第16简）
昊天有成命（第6简）	反纳于礼（第12简）	[思]及其人，敬爱其树（第15简）	《绿衣》之忧，则其思瞌（益）矣（第11简）	民性固然（第24简）
有命自天（第2简）	《大田》之卒章，知言而有礼（第25简）	甘棠之爱（第15简）	《绿衣》之忧，思古人也（故）人也（第16简）	民性固然（第20简）
命此文王（第2简）	敬宗庙之礼，以为其本（第5简）	情，爱也（第11简）	其思深而远（第2简）	《燕燕》之情（第10简）
诚之也（第2简）	以钟鼓之乐（第14简）	离其所爱（第27简）	《汉广》之智（第10简）	情，爱也（第11简）
"此命也夫！"（第2简）	《鹿鸣》以乐司而会以道（第23简）	《扬之水》之爱妇烈（第17简）	《汉广》之智（第11简）	《燕燕》之情（第16简）
文王虽欲也，得乎?此命也夫（第2简）		《采葛》之爱妇，异寡德故也（第24简）	则知不可得也（第11简）	《杍杜》则情，喜其至也（第18简）
文王受命矣（第2简）		则以文《天保》其得禄蒉疆矣（第9简）	《螽蟴》知难（第27简）	诗有情，而亡（无）隐情（第22简）
		[《清庙》曰：'济济多士，秉文之德'，吾敬之（第6简）	《大田》之卒章有礼（第25简）	乐亡（无）隐情（第22简）
		丕显维德（第6简）	《墙有茨》慎密而不知言（第28简）	交见善而学，终乎不厌人（第23简）
		怀尔明德（第7简）	《青蝇》智（第28简）	《宛丘》吾善之（第21简）
		《颂》，平德也，多言后（第2简）	《卷而》（耳）不知人（第29简）	吾善之（第22简）
			《河水》智（第29简）	其言文，其圣（声）善（第3简）

续表

天、命（天命论）	礼、乐（礼仪论）	仁、爱、德、忠、孝、报（保）（义理论）	思、智、知、志（诗言志论）	性、情、善、恶（诗的性情论）
		大夏（雅），盛德也（第2简）	民性固然：其隐志，必有以俞（抒）也（第20简）	恶其人者亦然（第24简）
		《清庙》，王德也（第5简）	[《柏舟》] 强志（第19简）	[《相鼠》] 言恶而不悯（第28简）
		秉文之德，以为其业（第5简）	《蓼莪》有孝志（第26简）	《小宛》其言不恶（第8简）
		[《节南山》] 忠（第26简）	《小旻》多疑矣，言不中志者也（第2简）	
		《蓼莪》有孝志（第28简）	诗亡（无）隐志（第1简）	
		《甘棠》之保（第10简）		
		其保厚矣（第15简）		
		因《木瓜》之保（第18简）		

注：以上是上博简《诗论》整理表格。

古代和谐社会的法律控制

中国古人提出的"天人合一",既是一种观念形态,又是一种秩序结构。古代中国在综合运用神、道、礼、法的基础上,建立起一个大的法律控制体系;在"天、地、人"之间,王者通三;政治统治的合法性和法律控制的效能建立在自然、历史和文化的基础上,成功地实现了人与自然和谐发展。礼法结合最初表现为习惯法与国家法的结合,它是中国传统法文化精神的凝聚,对于建构一个人际和谐的社会起着至关重要的作用。中国古代和谐社会的法律控制机制给当代社会提供了有益的启示和借鉴。

中国传统法文化源远流长。早在四千年前,在华夏大地上就建立起一个多民族聚居的国家,各民族在特定的历史条件下和不同的自然环境中,形成了多元法律文化格局。古老的中华法系作为世界五大法系之一,曾在人类法制文明的长河中溢彩流光,但它却在近代西方法文化输入后走向解体;同时中国法律的近代化也是在对西法进行移植的过程中得以推进的。历代法典被束之高阁,淹没在卷帙浩繁的古代文献中。而作为中华法系重要分支的民族〔或民间〕习惯法,尽管目前在某些地区仍然作为制度性结构发挥着社会控制的功能,但它们毕竟深藏于远离"现代化"的民族地区和乡土社会,在国家法制建设中早已被边缘化了。总之,在继受西法的基础上产生的国家制定法,不仅与传统法文化相割裂,而且与现代的民族习惯法也存在许多矛盾和冲突,继受法不能很好地体现伟大的民族精神。本篇在阐述了古代中国建立人与自然和谐以及人际和谐的文化背景的基础上,着重分析了古代和谐社会的法律控制机制,进而简要地阐发了它对当代建设和谐社会的现实意义。

一 对传统文化中的"天人合一"观的秩序意义的阐释

古人认为天地开辟之前是一团混沌的元气,这种自然的元气叫作鸿蒙。老子认为:"无,名天地之始;有,名万物之母。"① 老子实际上是把古人想象中的鸿蒙初开的生动景象上升到哲学抽象的高度,认为在天地万物产生以前,就存在一个超越时空的形而上实体——"道",表明"道"生成宇宙万物的过程,是由无形质向有形质转换的过程。这位老先生通过超乎常人的内在的直观体验,洞悉自然与社会发展变化的规律,形成了具有大成智慧的"天道"宇宙观。老子开出的著名公式是:"人法地,地法天,天法道,道法自然。"② 这一观点阐明了"人以自然为法","天道"即自然法则,天即自然,从根本上否定了人格神的存在,在先秦哲学思想领域及中国传统文化中具有开创性意义。它建构了我们民族文化中与世无争、无讼以及寻求人与自然和谐的"无为"思想的法哲学基础。然而,"天道"宇宙观毕竟揭开了上天神秘的面纱,为了解决政治统治的效能问题,老子开出的治国良策是:"为无为,则无不治。"③ "无为"作为老子哲学的又一个特定概念,它并非是指无所作为,而是指统治者要顺应自然之理和客观规律去治理国家,让老百姓休养生息。笔者认为,在战国以后,老子的政治智慧对历代统治者的治国方略所产生的深远影响主要表现在四个方面:一是许多王朝的统治者(尤其是开国之初的)懂得

---

① 《老子·一章》。
② 《老子·二十五章》。
③ 《老子·三章》。

约法省禁，与民休息；二是许多帝王在驾驭臣民方面自觉地运用老子的法术；三是对人与自然和谐发展观的形成起到了非常重要的作用；四是让皇权国家（皇帝——县官）的根基——乡土社会实行一定程度的自治，在天高皇帝远的乡土社会，点缀于其中的每一个由家庭或部落（存在于某些少数民族地区）组成的村落，就像林立的国中之"国"，在社会控制而非国家控制方面一定程度地实现了老子"小国寡民"的社会理想。

与老子"天道"宇宙观相对立的是神权思想。夏、商时代，统治者都假借天命鬼神来进行统治，宣扬"天命""天罚"论，他们把神权加在法权之上，将天视为神意和秩序的化身，为政治统治的神圣合法性提供理论依据。西周统治者以前两朝为鉴，并从民心向背的角度进行换位思考，提出了天命转移的"以德配天"说，把神权和伦理道德结合起来；认为天是伦理道德的化身，只有有德的人方能与之"克配"，成为统治人间的真命天子。这为西周以后的各朝统治政权超越神圣合法性提供了强有力的理论依据。

由此可见，中国古人对"天"的意义的阐释，有道家接近于科学的"天道"宇宙观，但在人分等级的私有制社会中，它并不能为统治政权的合法性建构充分的理论依据，但它所透射出的气象万千的智慧之光对历代乃至今天都有资治的借鉴作用。因此，尽管老子的"天道"宇宙观出现在先秦神学宇宙观之后，笔者仍把它列在最前来加以讨论。此外，"天命""天罚"论，主要解决统治的神圣合法性和对不服统治的行为的法律制裁问题，但对"天"的神秘化并不能掩盖统治残酷和刑罚野蛮的事实，激烈的社会矛盾最终导致强大王朝的覆灭。后来周人不仅递延了神权思想，而且在神秘的皇天身上又披上了道德的外衣，这就使得世间统治者可以借天之名成为道德标准的制定者和裁判者，在西周开始以后的三千年中，王（皇）室垄断象征政治权力的神权，并在国家管理和社会控制方面，综合运用伦理道德和无为而治的理论，实现了儒家"修、齐、治、平"和道家人与自然和谐发展的政治理想。

与天相对应，地在古代从政治意义的角度来看，一般是指家国天下；而从自然的角度来看，则主要是指以土地为主并与之关联的自然资源。而人则是生于天地之间，由"天人合一"的观念和秩序所建构的和谐社会的主体。然而天和地本都是自然物质，统治者只是为了阐明"君权神授"说而将天赋予"神意"；但对于以土地为主的自然资源，在为满足人们生存和发展需要而进行开发、利用以及对物质财富分配过程中，主要是运用法律手段来进行调整。古代中国并不强调人为自然"立法"，而更强调人以自然为"法"，即人在与自然建立某种关系的过程中，必须遵循"天道"自然法则（即自然规律），建构人与自然和谐发展的社会，以达到"天人合一"的境界。"天人合一"涵盖天、地、人三个方面，既包括人与自然的全部关系，又体现"王者通三"的社会架构。中国古代"天人合一"的和谐社会主要是通过教化和法律手段来搭建的。

教化是以自然和伦理为基础的。一方面是教以"天道"自然法则。老子启发人们要以天地为法，以自然为法。他认为"圣人"应当"处无为之事，行不言之教"①，并呼吁人们克服巧智和贪欲，恢复自然的心性。另一方面是教以伦理道德。周孔之教要求人们"敬天""敬德"。有学者认为先祖克配上帝，是宗教的天人合一，而敬德与孝思，是使"先天的"天人合一，延长而为"后天的"天人合一。② 这一观点蕴含了深刻的道理，它揭示了"天人合一"的秩序所体现的两种属性，即神性和德性（指伦理道德和礼）。笔者认为，"天人合一"的秩序还具有其他两种重要属性，即道性（自然本性）和法性（立法建制）。老子的"人以天地自然为法"、庄子的"天地与我并生，而万物与我为一"③的观点，正是"天人合一"秩序意义中的道性之所在。后来自董仲舒开始至宋明理学将"天人合一"理论作了进一步地

---

① 《老子·二章》。

② 侯外庐：《中国思想通史》（第一卷），人民出版社1980年版，第92页。

③ 《庄子·齐物论》。

阐释，强化了它的神性和德性。然而在古代中国尤其是远离北方政治统治中心的南方，受道家思想影响很深，人与自然和谐的观念深入人心，除皇权国家以外，每一个家族或部落甚至个人都可能成为"天人合一"理论的实施者。对于破坏这种和谐的行为，自有国家法和习惯法加以制裁。这是因为"天人合一"理论本身就是为了维护统治秩序而阐发的，其中自然包含了法的观念和制度结构，因此在"天人合一"的秩序意义中还包含有"法性"。

在调整人与自然的关系方面，秦朝以后的历代都非常重视土地方面以及对自然资源的合理利用和保护方面的立法。在土地立法方面，封建国家通过征收赋税以加强对土地的管理，同时也要求土地的所有者自身加强对土地的管理。对于边远地区的官田，历代大都实行屯田制（采取军屯、民屯、商屯等形式），屯田制度一直沿至清朝。秦统一时，国家要求百姓"自实田"即自己主动向国家申报田亩数，以便加强管理。在土地兼并严重的情况下，历代均以立法加以限制，以缓和社会矛盾，如汉武帝时期实行"限民名田"。秦以后的土地所有制形式大致分两种：一种是私田（私有），另一种是官田（国有），管理办法很多。在农业和自然资源管理方面，战国时的李悝就提出"尽地力之教"，即鼓励开垦荒地，并提高单位面积产量。秦汉时期均有《田律》。秦代法律规定农业生产者对农业生产情况（如自然灾害等）须及时向有关部门报告；在春天不许堵塞水道、砍伐林木，但若谁家死人须用木料做棺材的例外（该规定较合乎人情事理）；春天不许捕捉幼鸟、毒杀鱼鳖等，但秋后解禁，等等。秦代这些有关利用和保护土地以及自然资源的立法对后世产生了深远影响，在以后的两千多年中，历代或以国家法的形式，或以民族〔或民间〕习惯法的形式予以传承，甚至当今中国一些少数民族地区仍有类似规定并以习惯法的形式发挥着规范和调控社会的功能，如贵州锦屏县为名副其实的"杉木之乡"，目前森林覆盖率为58.1%[①]，以杉木为主并生长着几十种国

[①] 《锦屏县林业志》，贵州人民出版社2002年版，第2页。

家珍稀树种如银杏、红豆杉等；这里的许多乡村自古及今都是"礼法社会""契约社会"，据该县县志办工作人员介绍，目前全县仍保留着大约十万份清代林业契约，一些较为边远的村落仍靠习惯法维持着人与自然和谐共融的关系。笔者在锦屏县文斗村上寨寨门旁摘抄的"六禁"碑〔立于清乾隆三十八年〕碑文内容如下：

一禁不俱（拘）远近杉木，吾等□靠，不许大人小孩砍削，如违罚艮十两。

一禁各甲之阶分落，日后颓坏者自己修补，不遵禁者罚艮五两，兴众修补，留传后世子孙遵照。

一禁四至油山，不许乱伐乱捡，如违罚艮五两。

一禁今后龙之阶，不许放六畜践踏，如违罚艮三两修补。

一禁不许赶瘟猪牛进寨，恐有不法之徒宰杀，不遵禁者众送官治罪。

一禁逐年放鸭，不许众妇女挖前后左右助膳，如违罚艮三两。

该村习惯法的载体〔契约、碑文等〕是中国传统民族（民间）习惯法的缩影，我们从中可以看出习惯法自古在调整经济运行、保护自然环境、建构和谐社会等方面起着国家法不可替代的重要作用。

总之，天、地、人、神、道、礼、法构成了中国传统法文化的符号体系。中国古代的"天人合一"观给了我们诸多启示。笔者认为，"天人合一"在中国哲学和传统文化中是一个大的范畴，它既是一种原创的观念形态，又是一个具有多种属性的秩序结构，涵盖了政治、经济、文化、人神、人伦、人与自然、人与社会等诸多方面。它体现了古人在国家管理、社会治理和法律控制方面的卓越智慧。神、道、礼、法，综合运用；神为基础，道为本原，礼为支柱，法为保障；教化为先，刑惩在后。这个总的秩序结构对中国传统法观念的凝聚和法律制度的建立起着至关重要的作用。实际上它就是一个大的法律控制体系，我们通常意义上讲的法律（狭义）只是这个体系中的一个环节，并且是最后的屏障。在"天人合一"机制的作用下，古代中国建立了世界上独特的生态政治和礼法社会模式——成功地实现了人与自然和谐以及人际和谐。在"天、地、人"当中，王者通三；统治的合法性和法律控制的效能建立在自然、历史和文化的基础上。在倡导建设政治文明、民主、法治以及和谐社会的今天，古人综合运用教化（育）和法律等调控手段以实现自然与社会有序发展的历史经验极具借鉴价值。

二 "礼法结合"的法文化传统与人际和谐社会的建构

礼和法是"天人合一"这一总的秩序结构中的两个重要方面。之所以再提出来加以讨论，是因为它们在中国传统法文化中占据核心的地位，是建立人际和谐关系的基础，同时传统礼法文化也为研究历史上和当代民族（或民间）习惯法提供了一个重要的参照系。

中华法系的特点之一是国家法与习惯法密切结合。在它的产生时期（夏商周），其渊源主要有二：一是习惯法，二是制定法。习惯法又有三个源流。第一个是华夏族的"礼"。在原始祭祀活动中，礼是祭神拜祖祈福的一种宗教仪式。西周初年在周公的主持下，以周族原有的习惯法为基础，结合现实需要，吸收夏商礼中的有用部分，制定了一套完备而严谨的典章制度和礼节仪式。[①] 后人称之为"周公制礼"。由此可见，礼在漫长的演化过程中，由最初的部落或地方习惯逐步上升为习惯法。周礼后来经儒家继承和改造后成为中国传统儒家法的重要渊源。上古习惯法的第二个源流是苗族的"刑"。《吕刑》记载："苗民弗用灵，制以刑，惟作五虐之刑曰法。"中国奴隶制五刑最早来源于原始时期的苗族。[②] 此外，上古习惯法还有一个源流即"判决"（神明裁判）。在已发掘出土的西周"大盂鼎"和"克鼎"上，"法"字有两种不同的写法。一种写法是一人抱一器皿，下面是

---

① 曾代伟：《中国法制史》，法律出版社2001年版，第7页。
② 蒲坚：《新编中国法制史教程》，高等教育出版社2003年版，第4页。

水,旁边是独角神兽在判案,人位于水(象征公平)上,表明在神判中胜诉;另一种写法,水面高过抱器皿的人的头顶,表明人已下沉,在神判中败诉。在中国传统法文化中,传说中的独角神兽"獬豸"能辨别是非曲直,善于审判。中国文字作为象形和会意文字,从"法"字的两种不同造型,可以推知上古时法的重要起源之一来自判决。除了习惯法之外,中华法的渊源还有制定法。夏商周三代均制定了刑法①,同时确立了礼和刑的关系。"礼之所去,刑之所取,出礼则入刑",强调先礼后刑;"礼不下庶人,刑不上大夫",反映了礼的等级性和刑的特权性。② 周公还提出了"以德配天""明德慎罚"的思想,成为后世"德主刑辅,礼法结合"法制思想的渊源。从中华法的产生和发展过程,我们不难发现,中国"礼法结合"的进程可以上溯到西周,而且在这一进程的初始阶段表现为习惯法和国家法的结合。礼作为一古老的习惯自夏开始递延一千多年不衰,到了西周仍具有强大的生命力。通过"周公制礼"等活动,礼由原始习惯上升到习惯法,并且在统治手段优先适用方面,礼的位阶高于刑(刑是当时的国家法)。这是因为,"尊尊""亲亲"的礼制原则在私有制社会中是使统治秩序稳固和统治者政治利益最大化的根本保证;而且礼器作为沟通人、神的渠道,统治者掌握了它,可以使政权和神权紧密结合起来,有效地解决政权合法性问题。因此,礼是根本,刑是手段。礼后来经儒家改造后被伦理化,去掉了原始的粗鄙,注入了"仁爱""诚信"等更具活力的文明因子。自春秋时期"礼崩乐坏"至汉武帝"罢黜百家,独尊儒术",是儒家重建政治礼法制度的曲折过程。后又经几百年至唐代,中华法系的蓝本——唐律诞生,儒家的精神原则已经完全融入法律之中,实现了"一准乎礼,礼法合一"。

"礼法结合"的法文化传统给我们什么启示呢?笔者认为,"礼法

---

① 《左传·昭公六年》:"夏有乱政,而作禹刑;商有乱政,而作汤刑;周有乱政,而作九刑。"

② 曾代伟:《中国法制史》,法律出版社2001年版,第7页。

结合"既体现中国法律传统的特点，也是传统法文化的精华和糟粕的汇聚点。礼法文化最大的糟粕是否定人格平等，只有君主意识，缺乏民主意识。但它又给我们提供了富有价值的启示和借鉴。它给我们的启示主要有两点：

第一，"礼法结合"是古代皇权至上的"政治中心主义"所建构的"政治中国"的法律控制模式，其价值追求和最终目标是建立人际关系的和谐以及实现国家的长治久安。《论语》说："礼之用，和为贵。"① 儒家视礼为实现社会和谐的途径，同时将社会关系的总和归结为五种伦常关系（五伦），即君臣、父子、兄弟、夫妻、朋友。统治者对民众的教化重在"教以人伦，父子有亲，君臣有义，夫妇有别，长幼有序，朋友有信"②。礼作为实现五伦的手段，核心是倡导"忠"和"孝"，这不仅在"礼法结合"的过程中具有实际的规范意义，而且将中国传统社会的法律控制分为两大块：皇权国家和家族社会（与西方的民主国家和公民社会相对应）。一方面，在皇权国家中，以制定法的形式创立"十恶"制度，把危害皇权和破坏家族宗法伦常关系的十类犯罪，作为刑事打击的重点（这是自西周就确立的"出礼入刑"原则的具体体现），以维护国家和社会的长治久安。在"礼法结合"的同时，也重视"礼仁结合"，建立了一个既有等级但又注重仁爱的人际和谐社会。另一方面，皇权国家的根基是由各个家族或部落组成的社会，这些家族或部落虽然原则上是纳入国家政治礼法制度的总体框架内并按照该模式来塑造的，但因受自然地理条件和人文环境的制约，加之老庄"无为而治"思想的长期影响，皇权国家的政治架构从金銮殿只延伸到帝国疆域的各个县衙，而县以外的乡土社会是实行家族（以乡村为单位的大家族或族群）自治。因此，国有国法，家有家规，实际上形成了两套法律控制体系，即国家法和习惯法，后者包括家法、族规、行规、乡约以及地方风俗习惯、惯例等。笔者并不

---

① 《论语·学而》。
② 《孟子·滕文公上》。

完全赞同"家国一体"说。对于西周，无论从观念形态还是从制度结构都可以论之以"家国一体"；但自"礼崩乐坏"后，历代王朝再也没能有效地搭建起"家国一体"的制度平台，它仅存在于人们的观念结构中。因此，家族社会和皇权国家在制度结构意义上的分离实属必然。而习惯法在观念形态上仍受儒家思想的制约和影响，它是礼法制度和地方习惯相结合的产物，也是在国家法难以渗透和有效运作的乡土社会的一种补充性的法律渊源。以习惯法规范和引导的乡土社会自古就编织着"天人合一"的自然和人文景观：人们生活于其中的自然环境优美，历代山水田园诗文所描绘的优美景色大多是当时自然环境的真实写照；社会秩序井然，英国学者范·德·史布莲克在其《清代法律制度》一书中对清代社会生活中有关争讼方面作了如下描述：乡土社会是个"反诉讼的社会"（anti-litigation-societies），因为一切以和为贵，即使是表面的和谐，也胜过公开实际存在的冲突。在宗族、乡党、行会等这些面对面团体里，个人被紧紧束缚着，而且得到官府的支持。于焉，法律争执一步步先在这些团体里消融解决掉，非至绝路，绝不告官兴讼。①

第二，"礼法结合"是诸子思想的交汇点，给后人的启示是法律只有建立在深厚的历史、文化的根基上，才能为人们所接受和信仰。先秦时代，在"礼崩乐坏"的历史星际中，诸子降生，灿若星辰。道、儒、法等各派理论虽轨辙殊异，道有不同，但对于争讼和刑惩方面的主张却殊途同归。老子一贯倡导"无为""不争"，在其足以与儒家"大同世界"相媲美的"小国寡民"的理想中，只字未提争讼；他认为，"法令滋彰，盗贼多有"。② 儒家主张通过实行"德治"，以达到"以德去刑"，实现"无讼"。而法家认为应当对轻罪施以重刑，使民不敢以身试法，最终达到"以刑去刑"的目的。中华法系深受诸

---

① 转引自林端《儒家伦理与法律文化社会学观点的探索》，中国政法大学出版社2002年版，第9页。

② 《老子·五十七章》。

子智慧的启迪，并在传统文化的沃土中孕育成熟，深具世界影响，独树一帜。但令人遗憾的是具有四千年历史的中华法系竟在不到一百年的时间内从国家制定法的视野中消失了。从"法律移植"运动开始，中国的法律就逐渐摒弃了传统。德国历史法学派代表人物萨维尼说："法律是民族精神的体现。"如果说在"法律移植"过程中我们因抛弃了传统曾造成许多偏误，那么我们就不能再犯同样的错误。在中国历史上曾处于中华法系边缘地带的民族习惯法，至今在一些边远少数民族地区仍然具有一定的影响；如果我们今天在制定《民法典》的时候，不进行大量艰苦的民族〔或民间〕习惯调查，那么制定出来的法典就会有缺陷，并可能产生"水土不服"的现象。

另外，礼法文化也给我们提供了有意义的借鉴：首先，"礼"的等级秩序虽已被摧毁，但其中所包含的一些合理的精神内核（如仁义、诚信等）至今仍可吸取。其次，我们应着重研究在民主时代如何通过民主和法治相结合的手段来建构和谐社会的问题，传统礼法文化是一个重要的参照系。再次，对古代以民族〔或民间〕习惯法为国家法的补充的法文化传统，应予以充分肯定。这样可以为当代实行民族区域自治、村民自治等基本国策移植历史经验；今天我们应努力促进国家法和习惯法之间的互动，不仅要"送法（指国家法）下乡"，而且也要"送法（指习惯法）进城"——使国家法吸收习惯法的合理因素，并具有自然、历史和民族的特性。

现在中国已经由古代皇权专制下的"政治中国"，走进以市场经济和科学技术为主导的"经济中国"。在这种社会转型过程中，由传统文化孕育出来的人与自然和谐以及人际和谐关系被打破了，社会上不可避免地出现了一些异化现象，比如片面追求金钱和物质享受、商业社会贪欲、传统人文精神的凋零，等等。当这些现象走到极端时，它的反面便孕育着一个"文化中国"的诞生。我们有理由相信政治文明、民主、法治以及和谐社会的建设，只有在充分吸收全人类创造的一切优秀成果的基础上，并重新回归我们民族精神的家园才能取得真正的成功。

预备立宪与法律文化

以中国传统政治法律文化为视角，可以探寻历代治乱相循的文化根源。对晚清宪政思想的启蒙和预备立宪的解读，不难找到清末宪政之路举步维艰的根本原因。自上而下的立宪和行宪固然重要，但宪政胚胎的培育是更为重要的社会系统工程；对尚处于宪政发展初级阶段的一些非西方国家，其宪政立法在多元文化背景中应力求汇通和超越。

清朝自 1840 年始，历经半个多世纪的探索，方才找到"法治救国"的道路，但两个钦定宪法性文件的颁布最终竟成了帝国覆灭的挽歌，宪逝国殇。其后，民国政府把"帝王"的称号从国家政治生活中剪除了，但从民国建立到其政权在大陆的终结，宪法随总统的频繁更迭而不断修改或重新颁布，其间始终没有有效地建成真正的民主宪政。本书论述重点放在清末预备立宪的相关语境上。一国宪政立法之语境与其固有的或继受的法文化资源、经济基础、政治制度及政治家的个人品性、宗教与民俗、地理环境、人口素质、时代背景和国际关系等因素密切相关，尤其是法文化的历史资源将直接影响到该国宪政的成败和品性。清末预备立宪的失败也并非偶然，本篇主要从古老的中华法系和近代西学东渐的法文化背景来加以考察。

一 在"天人合一"观统摄下的中华法系

中国传统法律产生于由"天下为公"向"天下为家"转变的夏商时代,它并不是我们通常理解的由历代法典和有关资料汇总的一个整体。笔者认为,它是综合运用神、道、礼、法,旨在构建"天人合一"的和谐社会而建立起来的一个大的法律控制体系。对此笔者从三个方面加以探讨。

第一,神的观念在远古的中国起源于原始宗教,进入文明社会以后逐渐演变成构建统治政权合法性的理论依据。夏商时代有"天命论",后来周公将其改造成天命转移的"以德配天"说。天命论规定着"君权神授"的合法性和礼的最高等级,该观念一直持续到清末预备立宪时代方变为以宪法作为君权合法性的根据。而中国传统文化中宪政资源极度匮乏的重要原因之一就是强调君权神授(天命论和礼)而非君权民授。基于"君权神授"的观念而引申出的君权神圣不可侵犯作为中国传统法律的最高原则,在清末竟被写进著名宪法性文件《钦定宪法大纲》之中。"君权神授"观在古代具有一定的合理性,因为古代中国必须经常面对诸如征服恶劣的自然环境、防止游牧民族入侵、维护国家统一等重大问题,需要强化君权,建立强有力的中央政府。然而在晚清,当救亡图存、法治救国成为人民的呼声和时代要求、人民需要建立一个能够集中万众之智慧和力量的更为强大的民治政府时,统治集团却迟迟不能大刀阔斧地进行立宪改革,其根本原因是担心体制的改变会使自己失去既得利益。其后清政府被动的立宪尝试虽然在民主力量倾覆专制政体的过程中化为历史的尘埃,但它却点燃了此后近一个世纪东西方政治文化碰撞的烈焰。

第二,道在中国传统文化中是极具原创性的概念,它将"天人合一"的观念由最初的神(天)与人的关系解释为人与自然的关系,这在先秦哲学思想领域和传统文化中具有开创性意义。但在先秦道家看来天地只是自然秩序的一部分。老子的"人法地,地法天,天法道,道法自然"①的观点、庄子的"天地与我并生,而万物与我为一"②的观点,正是"天人合一"秩序意义中的道性之所在。在春秋、战国以后,老子的政治智慧对历代统治者的治国方略产生了深远的影响,主要表现在四个方面:一是许多王朝的开明统治者懂得约法省禁,与民休息;二是许多帝王在驾驭臣民方面自觉地运用老子的法术;三是对人与自然和谐发展观的形成起到了非常重要的作用;四是让作为皇权国家的根基部位的乡土社会实行自治,在天高皇帝远的乡土社会,点缀其中的每一个由家族或部落组成的村落,就像林立的国中之"国",在社会控制而非国家控制方面一定程度上实现了老子"小国寡民"的社会理想。

第三,在"天人合一"宏观架构下的"礼法结合"是中国传统法文化精神的凝聚,对于建构一个人际和谐的社会起着重要的作用。礼的核心是儒家思想所倡导的"忠"和"孝",这不仅在"礼法结合"的过程中具有实际的规范意义,而且将中国传统社会的法律控制分为两大块:皇权国家和家族社会(与近代西方的民主国家和公民社会相对应)。一方面,在皇权国家中,以制定法的形式创立"十恶"等制度,把危害皇权和破坏家族宗法伦常关系的重大犯罪,作为刑事打击的重点,以维护国家和社会的长治久安。另一方面,皇权国家的政治架构从金銮殿只延伸到帝国疆域的各个县衙,而县以外的乡土社会是实行家族(以乡村为单位的大家族或族群)自治。因此,国有国法,家有家规,实际上形成了两套法律控制体系,即国家法和习惯法。而习惯法在观念形态上仍受儒家思想的制约和影响,它是礼法制度和地方习惯相结合的产物,也是在国家法难以渗透和有效运作的乡土社会的一种补充性的法律渊源,它与国家法一道起着构建人与自然和谐以及人际和谐的社会功能。

总之,"天人合一"观在中国哲学和传统文化中是一个大的范畴,

---

① 《老子·二十五章》。
② 《庄子·齐物论》。

它既是一种原创的观念形态，又是一个具有多种属性的秩序结构。它体现了古人在国家管理、社会治理和法律控制方面的卓越智慧。神、道、礼、法，综合运用；神是基础，道乃本原，礼作支柱，法为保障；教化于先，刑惩在后。这个总的秩序结构对中国传统法观念的凝聚和法律制度的建立起着至关重要的作用。实际上它就是一个大的法律控制体系，我们通常意义上讲的法律（狭义）只是这个体系中的一个环节，并且是最后的屏障。在"天人合一"机制的作用下，古代中国曾建立起世界上独特的生态政治和礼法社会模式——在许多王朝的某些时期成功地实现了人与自然和谐以及人际和谐。在"天、地、人"当中，王者通三；统治的合法性和法律控制的效能建立在自然、历史和文化的基础上。① 但遗憾的是，近代中国在移植西法过程中，还来不及对四千年文化高峰上沉积的岩层进行充分的发掘就把它彻底地否定了，继而造成清末立宪在两种异质文化的激烈冲突和碰撞中胎死腹中。

从近代学者梁启超对传统政治体制的评价中我们又看到其中存在许多不和谐的因素，他论述道："孟子曰：'天下之生久矣，一治一乱。'此为专制之国言之耳。若夫立宪之国，则一治而不能复乱。专制之国，遇令辟则治，遇中主则衰，遇暴君即乱；即不遇暴君，而中主与中主相续，因循废弛之既久，而已足以致乱；是故治日常少，而乱日常多。历观中国数千年治乱之道，有乱之自君者，如嫡庶争立、母后擅权、暴君无道等是也；有乱之自臣者，如权相篡弑、藩镇跋扈等是也；有乱之自民者，或为暴政所迫，或为饥谨所迫。要之，皆朝廷先乱然后民乱也。……若立宪政体，真可谓国家亿万年有道之长矣！"② 这些言论虽为梁氏为反对君主专制、力主君主立宪而发出的较为激进的呼声，但其中的蕴意是深刻的。我们在对传统文化的反思中也意识到，礼法文化最大的糟粕是否定人格平等，

---

① 参见前篇《古代和谐社会的法律控制》。
② 李华兴、吴嘉勋编：《梁启超选集》，上海人民出版社1984年版，第150页。

只有君主、家长意识，缺乏民主、公民意识。"礼法结合"代表君权的地位高于法律，这与西方国家"国王居于上帝和法律之下"的观点大相径庭。中国古代君主专制体制下的政府（直至晚清）与近代西方国家实行民主政治体制的政府，其权力来源、构成、性质和目的有着根本的区别：前者其政治权力来自武力夺取或王位世袭（但要借天之名），权力的结构和性质是君主专制中央集权制，目的是管制人民、维护特权；而后者的权力来自公民的选举（社会契约），采取民主共和制的分权和制衡体制，目的是防止腐败、保障人权。要言之，专制主义中央集权的政治体制在传统法文化中表现为人治、维护特权和不受监约的君主权力，其结果导致了社会的不平等和制度性腐败难以根除。这样的礼法文化正是中国几千年治乱相循的根本原因。从以上对中国传统法文化的背景分析来看，清末政府在西法东渐的肇始阶段和内忧外患的历史环境中，试图跨越数千年由于东西文化朝各自极向呈极端发展所造成的巨大鸿沟，实行君主立宪，确属极为艰难的举措。

二 晚清宪政思想的启蒙与预备立宪

中华文明的灿烂震撼远古和中古的世界，但它的缺憾尤其是君主专制政体对文明进步的阻碍作用却在近代逐渐显现出来。鸦片战争以后，人心思变，清帝国在体制内出现了洋务派、维新派和顽固派，于体制外也产生了立宪派和革命派等派别或政治团体。面对灾难深重的祖国，各派表达了不同且复杂的观点，主要围绕"中学"和"西学"的"体"和"用"以及传统文化和西方文化在政治、法律的思想和制度层面的取舍与裁量等问题展开论证或论战。早期改良派思想家魏源提出"师夷长技以制夷"的主张，奏出了中国近代百年救亡乐章的引子；后来洋务派所倡导的"变器不变道""中体西用"的主张从某种角度可以看作上述引子的变奏，并进而从思想启蒙层面转向了实务操作阶段。洋务运动铸就了中国的近代工业，但甲午年间北洋水师的覆灭打破了洋务派实业救国的梦想。此后十六年间，先后出现了维新派和顽固派的交锋以及立宪派和革命派的论战，争论的焦点直接指向传统的君主专制政体，即在是维护君主专制政体，还是建立宪政体制，对于后者是实行君主立宪还是民主立宪这两个核心问题上做文章。

其实早在清政府预备立宪启动前二十多年就开始了宪政文化的启蒙。1884年改良派代表人物郑观应便上书清政府请求召开国会，他指出："盖五大洲有君主之国，有民主之国，有君民共主之国。君主者权偏于上，民主者权偏于下，君民共主者权得其平。"① 他极力主张中国实现君民共主制（"君主立宪制"的早期提法），认为："方今二十世纪立宪时代"，"非立宪国几不能立于世界"。② 以"托古改制"著称的维新派代表人物康有为在向光绪帝所上奏折中指出："伏乞上师尧舜三代，外采东西强国，力行宪法，大开国会，以庶政与国民共之，行三权鼎立之制，则中国之治强，可计日待也。"③ 康有为于宪政之学说较郑氏有了更为完整的表述和规划，其弟子梁启超对立宪政府中各主体的权限的论述则相当周详，他认为："立宪政体，亦名为有限权之政体；专制政体，亦名为无限权之政体。有限权云者，君有君之权，权有限；官有官之权，权有限；民有民之权，权有限……各国宪法，既明君与官之权限，而又必明民之权限者何也？民权者，所以拥护宪法而不使败坏者也……苟无民权，则虽有至良极美之宪法，亦不过一纸空文……是故监督官吏之事，其事不得不责成于人民，盖由利害切关于己身，必不肯有所徇庇；耳目皆属于众论，更无所容其舞文也。是故欲君权之有限也，不可不用民权；欲官权之有限也，更不可不用民权。宪法与民权，二者不可相离，此实不

---

① 《盛世危言·议院上》。

② 《盛世危言·议院下》。

③ 夏新华、胡旭晟整理：《近代中国宪政历程：史料荟萃》，中国政法大学出版社2004年版，第17页。

易之理，而万国所经验而得之也。"①

戊戌变法虽然也是一场思想启蒙运动，但其间所发布的许多除旧布新的命令，却基本不涉及立宪措施；尽管短期内给予了人民相当充分的民权自由，这一成果若继续发展下去，可以摧毁顽固势力，但这是顽固派绝不能容忍的。晚清专制政体内以西太后为首的顽固势力的腐败、堕落、畸变到了无以复加的地步：一则西太后于外交方面非但不承担丧权辱国的政治责任，反而变本加厉地言道"量中华之物力结与国之欢心"；二则于内政方面非但不救民于水火，反而垒巨金大修颐和园；三则太后擅权，君权旁落，导致政治结构复杂，矛盾激化。若立宪法，兴民权，于前两条理由顽固派逃脱不了人民的审判；于第三条理由，不仅有违宪政之道，因为当时所倡导的立宪是要实君权，即使是虚君立宪，国人也会主张撤掉御座后面的"帘子"，而且太后擅权与传统政治体制亦相违背，不具有合法性。所以，顽固势力是绝不会坐以待毙的。这就是百日维新以及后来西太后新政和预备立宪最终失败的根本原因。当然，政府时运不济、国人尚处于蒙昧状态、宪政资源匮乏等也是清末立宪尝试失败的重要原因。

到了预备立宪阶段，行筹备立宪事宜者又非康、梁等维新或立宪派精英人物，而是以西太后为首的保守势力（以皇族成员为主）和少数洋务派代表人物（如袁世凯等）。他们对于立宪的认识水平参差不齐、极为混乱，致使出台的两个宪法性文件即《钦定宪法大纲》和《十九信条》，前者早产而后者流产。

西太后于1901年以光绪皇帝的名义所发布的《变法上谕》中称："盖不易者三纲五常，昭然如日星之照世。而可变者令甲令乙，不妨如琴瑟之改弦"；"殊不知康逆之谈新法，乃乱法也，非变法也"；"居上宽，临下简，言必行，行必果，我往圣之遗训，既西人富强之

---

① 夏新华、胡旭晟整理：《近代中国宪政历程：史料荟萃》，中国政法大学出版社2004年版，第25页。

始基";"舍其本原而不学,学其皮毛而又不精,天下安得富强耶!"①这说明:其一,顽固派为争取民心,不再固守成法,但依然把儒家的伦理纲常视为政基和国本,坚持到底、决不动摇;其二,西太后仍把康、梁视为祸水,并没有意识到"帝党""后党"之争这类封建时代的无序"党争"乃是政治祸乱的根源,而宪政时代的有序党争才是国家政治进步之重要环节;其三,将中国的"往圣遗训"看作清廷新政和西国致强的理论基础,体现了顽固派认识上的偏误和太后新政的虚伪性和保守性。太后新政和预备立宪总体上并没有跳出"中体西用"的洋务纲领。在1906年的《宣示预备立宪谕》中定下的基调是:"仿行宪政,大权统于朝廷,庶政公诸舆论,以立国家万年有道之基。"有学者评论说:这"不仅奠定了清末制宪的基本格调,而且奠定了近现代中国宪政史的基本格调,即对于臣民或公民自由权利的漠视与束缚,君权或中央权力的刻意维护与巩固。"②

对于立宪,众大臣之中赞成者有之,反对者也有之;赞成者中还分激进派和渐进派。对立宪所存在的分歧表现在,众大臣的观点南辕北辙,莫衷一是:有的接近西方民主国家的宪政观点;也有的赞成日本式的君主立宪;有的主张立宪以绝海外革命党的生路;有的则认为中国没有必要立宪,中国旧章(如周礼、春秋等典籍)本来就是完美的宪典;甚至有人认为设立立宪内阁不过是恢复中书省之旧制而已,等等。其中主张立宪最力者莫过于皇族成员载泽和满洲贵族端方等人,他们分别拿出了建设性意见。载泽于1905年奏请清廷以五年为期改行立宪政体,在奏折中重点突出了宜先举办的三件事,即"宣示宗旨"(即立宪大纲)、"布地方自治之制""定集会、言论、出版之律"。次年,端方的奏折中也列举了他认为亟须早定之六事:一是举国臣民立于同等法制之下,以破除一切畛域;二是国事采决于公论;

---

① 夏新华、胡旭晟整理:《近代中国宪政历程:史料荟萃》,中国政法大学出版社2004年版,第35页。

② 同上书,第51页。

三是集中外之所长，以谋国家与人民之安全发达；四是明官府之体制；五是定中央与地方之权限；六是公布国用与诸政务。可见他们所奏请的诸端国事体现了政治家的勇气和灼见，如破除民族畛域、谋人民之安全发达，可以扩大清政府统治的合法性资源；实行地方自治、定中央和地方之权限，可以在国家的根基部位布下宪政之种，以加强宪政的张力；公布国用与政务、国事采决于公论，可以有效地杜绝官僚腐败和扩大人民的自由及加强对政府的监督。这些措施若能切实执行，也许中国的宪政要少走许多弯路。但载泽后来在给清廷所上密折中，显然出于对皇族利益的考虑和关切，列举了日本君上大权十七条，以此说明日本的立宪非但未虚君，反而其君权之盛有过于中国，同时明确指出立宪有利于清廷的最重要之三端，即"皇位永固""外患渐轻""内乱可弭"。载泽、端方等人较为激进的观点明显地影响了清末预备立宪那个时代，他们在西方宪政文化与中国固有法文化之间嫁接的立宪之树，尽管没有开花结果，但他们在理论上和实务上的建树确是实在的，这些建树无疑对清末贵族官僚作了一次很好的宪政启蒙教育，同时通过这次"启蒙"也使旧式官僚（包括后来北洋政府中的旧官僚）深刻地认识到宪法的工具价值。此后，民国政府的历届总统在他们就职或发布施政纲领时，手中都举着一部宪法（文件）或者临时宪法（或宪草）；其中只有孙中山先生是真心主张民主宪政的，并为此崇高的目的贡献了他毕生的精力。

总之，清末立宪面临着复杂的时代和文化背景。首先，晚清帝国已身陷列强瓜分世界尤其是中国的狂潮之中，内忧加外患，民族灾难深重；在预备立宪之前，又没有进行过立宪和民主革命的尝试。其次，清政府预备立宪时政治体制实行君主专制中央集权制，国家结构形式是省、县单一制结构，无西方式的地方自治基础，欠缺体现政治权力多元的分权、制衡体系。再次，晚清政府的预备立宪是迫于国内外各种政治势力的强大压力，宪法性文件体现了顽固保守势力对立宪派、革命派的妥协；作为社会基础的广大臣民（而非公民）民主意识淡漠；立宪活动主要是以西太后谕旨为指导思想，并由皇族成员和满洲官僚来筹备和督办，因此出台的宪法性文件不是人民与君主所缔结之契约，而是强化君权、忽视民权、操纵民意的钦定恩赐之物。由此可见，君主专制政体的封闭性和对异质文化缺少包容性，加之清政府对来自西方的挑战所表现出来的从愚昧无知、妄自尊大到畏怯保守、卑躬屈膝的复杂心态的转变以及回应能力和制度创新能力的低下，决定了民主宪政的尝试在近代中国不可能毕其功于一役；同时从历史潮流的走向来看，专制政体被宪政体制所取代，也是历史的必然。

三 对清末预备立宪的反思

我们对清末预备立宪的法文化背景进行分析，可以从中得到两点启示：

第一，各国立宪和行宪没有固定的模式，一般遵循对宪政胚胎的培育和宪政立法的完善相结合的原则。晚清预备立宪时国人对西方的宪法和宪政运作情况已有了一定程度的了解。但他们中的大多数人仍停留在对宪法的技术层面的观察和认识上，缺乏对孕育宪法的文化、知识背景的理解和把握，即所谓知其然，而不知其所以然。预备立宪的参与者和立宪派大都认识到了宪法作为强国武器的工具作用，这实则不过是将魏源的"师夷长技"观念中的"技"转而延伸到宪法上罢了。然而这一转变的作用也不可低估，它开启了东西方文化进行深层次对话——从技术经济层面转到政治文化层面的大门。从这个意义上看，清末立宪仍然具有"标本价值"。同时它使我们认识到，东西方文化的磨合是一个艰难痛苦的过程；在宪政发展的初级阶段，自上而下的立宪和行宪固然重要，但宪政胚胎的培育是更为重要的社会系统工程，其建设的落脚点关键在基层；如果没有广大公民宪政意识的觉醒、全社会范围内宪政风俗的养成以及基层宪政运作机制的构塑，那么国家颁布的宪法只能成为一纸具文。

第二，对尚处于宪政发展初级阶段的非西方国家，其宪政立法在多元文化背景中应力求会通和超越。近代西方国家的宪法所确立的一些全人类共同的价值理念和基本原则是人类文明的重要成果，应予以充分的肯定，舍此言宪，必然失去本真。但就西方国家宪政立法的整体而言，它们只具有西方文化身份，并不一定能在一些非西方国家即用显体，后者的宪政立法还应根据本国国情，并借鉴西方国家制宪和行宪取得成功的经验和方法。宪法和宪政是一个国家历史文化的一部分。德国历史法学派代表人物萨维尼主张，法律像语言、风俗、政制一样，具有民族特性，是"民族精神"的体现。清末立宪的失败说明，在法律移植过程中，如果继受法与本国固有的传统文化相割裂，不能很好地体现民族精神，其最终必将为国人所抛弃。中国近代孙中山先生的宪政设计之所以能够超越东西方，因为他是以世界的眼光，博采东西方文化的优秀成果，方能为中国的民主宪政设计出一幅壮丽的蓝图，即提出三民主义、五权宪法的理论。三民主义中的民族主义，解决自鸦片战争以来中华民族所面临的重大危机——民族救亡问题；民权主义吸收了西方民主国家的宪政精义，创造性地提出用人民的四权（选举权、罢免权、创制权和复决权）来管理政府的五权（立法权、司法权、行政权、弹劾权和考试权），并提出在中国的县级区域实行自治和直接民权的主张；民生主义秉承了儒家文化中具有某些"现代性因素"的民本主义的传统，并增添了许多新的内容。在五权分立的宪法理论中，前三权源自西方宪法的分权、制衡理论，后两权选择性地继承了中国古代对文官的弹劾和选拔任用制度。孙中山先生站在世界、历史和文化的高度所提出的宪政理论，为中国宪法和宪政史提供了宝贵的思想材料，其成就是清末预备立宪的发动者和参与者远不能望其项背的。笔者认为，中国宪政的潜力在于它是站在东西方两座文化高峰上，它不仅可以借鉴西方宪政中的法治、人权保障和主权监约等近代性价值因素，而且还能从东方古代圣贤大哲的场景式的思维方式中得到已经抽象出的诸如和谐、无为、仁义、信用、民本、中庸、兼爱、非攻、以法治官、世界大同等价值理念或原则，为世界范围内宪政文化的现代化注入无尽的智慧之源。

对七言古诗《法史咏》的阐释

法史咏

千载回瞻皎月宁,八荒浩荡华族兴。蚩尤战地施重雾,黄帝南车统甲兵。
颛顼令行天地绝,苗民制法远神灵;劓刵椓黥和大辟,肉刑残虐夏商承。
天命禹汤王祚降,德襄文武典章行。铜铁炉中火光炽,东周宇内礼乐崩。
日辉皓灿江河奔,星宿瑞华诸子文。列霸群雄掠贱庶,商君韩子助赢秦。
历朝皆袭始皇制,法自君出难制君。秦代律简埋荆楚,汉廷儒法训古今。
魏晋齐周律韵远,杖鞭维固九鼎尊。先秦诸学渐融一,王者通三天地人。
隋唐三省权分衡,政事臣工奏帝廷。五刑十恶兼八议,永徽律疏集大成。
德礼为本刑为用,诗化万民能止争。律典远播兴法族,越南高丽与东瀛。
自辽夷夏干戈起,民族融合法续更。宋释兵权明黜相,德教衰替兴酷刑。
江山易统三贤出,崇法至公开启蒙。清承明制奈舆阔?清季无奈仿日英!
泰西革命伸权利,立宪虚君为治平。三权鼎足天不斜,百姓位尊君为轻。
慈禧宪纲焉不败?中西殊异鸿沟横。古有治人无治法,长河沙涌几曾清?

中华法系乃世界五大法系之一,它的成长经历了约五千年的历史岁月;但在近代短短的一百多年中,逐渐淡出了历史舞台。这首七言古诗是2006年所作,主题是中国传统法律文化的更生与式微,其中兼涉中国古代和近代法律思想、法律制度和法律文化三个维度。由于我国古代的法制发展重在刑法、行政法等方面,因而具有公法性质的法律的演进是本诗关注的重点。全诗分四个部分，每一部分有十二句，分别记述了五帝、三代时期（从黄帝开始的五帝时期以及夏、商、西周），两分、两合时代（两分指春秋、战国时期和魏、晋、南北朝时期，两合指两分中间的两个统一王朝秦和汉），封建社会由盛转衰、逐渐走向末路的时代（隋、唐、宋、元、明）和东西方文化融合时代（清，尤指清末）。

诗的开头是"千载回瞻皎月宁，八荒浩荡华族兴。蚩尤战地施重雾，黄帝南车统甲兵。颛顼令行天地绝，苗民制法远神灵：劓刵椓黥和大辟，肉刑残虐夏商承。天命禹汤王祚降，德襄文武典章行。铜铁炉中火光炽，东周宇内礼乐崩"。五千年的历史使思绪穿越时空，仿佛遥见远古荒原的上空，那一轮明月依然皎洁、宁静；但在明辉所及的八方山河之间，到处显现古人类族群的活动，而其中的佼佼者华夏民族在中原大地勃然兴起。黄、炎、蚩的战车，碾过蒙昧，使华夏民族迈入文明的门槛。根据《史记》等典籍记载，先是黄炎大战，黄帝胜；后来黄炎联盟又打败蚩尤，华夏族得以诞生。唐代杜佑《通典》："黄帝以兵定天下，此刑之大者。"《汉书·刑法志》："大刑用甲兵。"这是说古代刑起于兵。战前部落（或部落联盟）首领或者王一般都有"誓"，其内容是罗列敌方的罪状，说明己方起兵的理由，因而"誓"是一种军法。"律"最早为音律之意，后引申为法律，我们可以从"击鼓进军""鸣金收兵"等古代战争号令中，看到音律与法律（军法）之间的关系。诗中提到的颛顼为上古五帝之一。《尚书·吕刑》："乃命重黎，绝地天通。"这是说颛顼命令主管天神的"重"和主管臣民的"黎"，隔断地民和天神的感通，此处应指统治者垄断神权。《左传》说的"国之大事，在祀与戎"，便是佐证，它也阐释了古代王权的神圣合法性与取得的途径。《尚书·吕刑》："蚩尤惟始作乱……作五虐之刑曰法，杀戮无辜。"这段话说的是上古苗民不遵王命（一说不信神灵），而是靠五种残酷的刑罚手段来治理社会，五种刑罚指割鼻（劓，读作"义"）、断耳［刵，读作"耳"。古代"刵"字也通"刖"（读作"月"），即坎脚］、宫刑（椓，读作"啄"）、刺面（黥，读作"晴"）和砍头（大辟）。上古时期苗民残酷的肉刑和死刑为后来的夏、商，以至于周、秦等王朝所继承，被称为墨（黥）、劓、刖、宫和大辟，直至西汉文景时期刑制改革才废除了肉刑的大部。夏、商时代迷信神权法，"天命""天罚"成为神权法的关键词（参见《尚书》的"甘誓""汤誓"等篇）。夏、商时代统治者用天命论，解释了王权的神圣合法性。"以德配天""明德慎罚"是西周法制思想的核心。周公制礼、吕侯制刑是西周的两次重大立法活动，周礼和吕刑也成为中华法系的重要渊源。此后"德""礼"成为后世儒家法的关键词。西周在天命论基础上，高扬德治思想，以"亲亲、尊尊""明德慎罚"为宗旨，制定了完备的礼乐典章制度，为中华法系的产生奠定了思想和制度的基础。近代以来出土的大量青铜器物，生动地反映了夏、商、西周时代法文化发展所取得的丰硕成果。然而东周铁器时代的来临，使得以青铜礼器为代表的礼乐文明逐渐崩溃了。该部分围绕"中国法律的萌芽"这一主题，概括了几件大事：人文初祖黄帝的武功——大刑的开始，颛顼的命令——神权的垄断和王命的出现，华夏民族的产生——民族习惯（礼）的渐成，上古苗民的刑罚——五刑的肇始，夏、商时期神权法的兴起——"天命""天罚"论及其政治实践，西周初年的立法活动——制礼作乐，即习惯经认可成为法律，重点突出"德"的重要性。其中"颛顼令行天地绝""天命禹汤王祚降""德襄文武典章行"等，都是上古法律文化的重要命题，值得我们深入研究。上古五帝、三代时期是中国法律的萌芽时期，作为政治首领的帝王们分别运用兵、神、命、刑、礼、乐、德等手段，完成了中国古代政治礼法制度从构建到崩溃的第一个轮回（从礼乐制度的建立到礼崩乐坏）。

接着"日辉皓灿江河奔，星宿瑞华诸子文。列霸群雄掠贱庶，商君韩子助嬴秦。历朝皆袭始皇制，法自君出难制君。秦代律简埋荆楚，汉廷儒法训古今。魏晋齐周律韵远，杖鞭维固九鼎尊。先秦诸学渐融一，王者通三天地人"。先秦诸子灿若星辰，百家争鸣开启了民族文化的原创时代。春秋五霸、战国七雄，纷纷逐鹿中原，最终遭到劫掠的却是天下的百姓。战国时期法家代表人物商鞅和韩非子先后来到秦国，他们的学说帮助地处西北一隅的秦国富国强兵，最终一统天下。秦朝奠定了中国封建法制的基础，以后历代王朝的法律制度，如皇帝制度、职官制度、郡（州或省）县制度、司法制度以及"诸法合体、以刑为主"的法典编纂体例等皆效法秦制。封建时代法自君出，但法律又很少约束君王及其利益相关者。20世纪后叶，湖北睡虎地秦墓竹简的出土，为我们展示了秦代强悍法制之冰山一角。而汉代确立了"罢黜百家，独尊儒术"的文化定位，并在东周礼崩乐坏和秦代任法而治失败的废墟上，重建了政治礼法制度，使得先秦和秦代的法家之法为汉以后的儒家之法所取代，如主张大一统、三纲五常、刑制改革、德主刑辅、礼法结合，等等。魏、晋、南北朝时期，民族文化的大融合促进了法制的变革。北齐的杖、鞭、徒、流、死五种刑罚为封建五刑（笞、杖、徒、流、死）的产生建构了雏形，法制仍然是为维护封建王权和其他特权服务的。在两分、两合时期，国家在经历分久必合、合久必分的洗礼后，使得先秦百家学说，最后融汇并定于一尊——儒学，这是为什么呢？因为天、地、人之大道，唯有能实行王道政治的王者能通达。这一时期中国法律在天下分合中获得蓬勃发展（最后在隋、唐时期定鼎，形成了儒、法、道诸派思想融合的法学说和天、地、人三才相通的王权法）。该部分中"法自君出难制君""汉廷儒法训古今""王者通三天地人"等命题最为重要。因此，这一时期以汉朝重建政治礼法制度，确立德主刑辅、礼法结合和大一统的治理模式为重点。

再以后，"隋唐三省权分衡，政事臣工奏帝廷。五刑十恶兼八议，永徽律疏集大成。德礼为本刑为用，诗化万民能止争。律典远播兴法族，越南高丽与东瀛。自辽夷夏干戈起，民族融合法续更。宋释兵权明黜相，德教衰替兴酷刑。"第三部分简要描绘了封建社会在由盛转衰过程中几个王朝所经历的法制兴替过程。隋、唐三省制度，表面上是中央政府的权力由三个机构分掌，而实际上是皇权自上而下的部分让渡，三省长官相互制约、相互监督，共同对皇帝负责的体制。这与近代西方的三权分立学说是有本质区别的。因为后者主张将国家权力分为立法、行政和司法三部门分掌，则是以人民主权原则为基础的自下而上的主权让渡，国家的最终权力归人民。唐高宗时期制定的《永徽律疏》，又称《唐律疏议》，是唐朝法典的代表作，为中华法系的蓝本。该法典确立了封建五刑、十恶和八议等根本制度。五刑是指自隋开始的五种法定刑（即笞、杖、徒、流、死）；十恶是指直接危害封建统治的十种性质最为严重的犯罪（即谋反、谋大逆、谋叛、恶逆、不道、大不敬、不孝、不睦、不义和内乱）；八议是指对八种权贵人物（即亲、故、贤、能、功、贵、勤、宾）犯罪减免刑罚的规定。《永徽律疏》将五刑、十恶、八议列在第一篇《名例律》之中。《永徽律疏》确立了"德礼为政教之本，刑罚为政教之用"的立法宗旨。唐代"政教"的重要形式之一是诗教，格律诗词的出现，是继《诗经》以后礼乐诗教的复兴。格律教人规矩、培养守法意识，音律能陶冶情操，语韵所含意境能净化心灵，故曰"诗化万民能止争"。律典远播东亚和东南亚，中华法系成为一个法律家族，包括的成员除中国外，还有越南、高丽和东瀛（日本）等。自辽开始，夷夏干戈重起，天下又重新分裂。但民族大融合使得中华法系在以夏变夷的文化优势中得以更生。然而从根本上讲，这是特权法兴盛的时代，因为社会中潜藏着巨大的不平等，在封建社会登顶和民智渐开的时代，必然伴随的是礼治的衰落和随后酷刑的重兴。宋朝皇帝"杯酒释兵权"和明朝废除丞相的举措，都是封建社会后期专制主义皇权日趋强化的表现。因此，德礼为本、刑罚为用、诗乐教化、法律更生、法系形成、倡特权法、酷刑重兴是这一时期的法律发展的几个特点，也是封建社会由盛转衰、逐渐走向末路的重要原因。这一时期的法律发展史为我们留下了"德礼为本刑为用"、"诗化万民能止争"、"律典远播兴法族，越南高丽与东瀛"、"民族融合法续更"等重要研究课题。

述及中华法系的更生，必然要谈到其式微直至最后解体和西学东渐的过程，这也是该诗最后部分的内容："江山易统三贤出，崇法至公开启蒙。清承明制奈舆阔？清季无奈仿日英！泰西革命伸权利，立宪虚君为治平。三权鼎足天不斜,百姓位尊君为轻。慈禧宪纲焉不败?中西殊异鸿沟横。古有治人无治法,长河沙涌几曾清?"明末清初的三贤黄宗羲、顾炎武和王夫之是中华帝国晚近时期的思想先驱,推崇法治、天下为公等理念,开启了封建社会后期社会精英发起的启蒙运动。无奈清承明制,版图虽然辽阔,但也难敌西方坚船利炮的入侵和蚕食,最后清政府不得不仿效日、英等国的宪法,实行预备立宪。泰西革命是指近代西方以英国为代表的资产阶级革命,其反封建的主张之一就是兴民权;而英国实行君主立宪的目的是建立平权之法,而非君主专制制度下的特权之法。分权的目的就是制衡,能够在一定程度上实现民贵君轻。20世纪初,晚清政府在内外交困中被迫实行预备立宪,先仿照《日本帝国宪法》制定《钦定宪法大纲》,后模仿英国责任内阁制颁布《十九信条》。中国近代第一部宪法性文件《钦定宪法大纲》为何失败?其原因是国情不同,东西方文化间存在一条巨大的鸿沟,盲目移植的西方法律在中国水土不服。当时保守派鼓吹西方立宪体制类似中国隋唐时期的三省制,清廷实行立宪不过是恢复三省制的旧制罢了。后来皇族内阁的出笼,最终戳穿了预备立宪的骗局,加深了清王朝统治的危机。清末以预备立宪、修律立法等为主要内容的法制变革标志着古老的中华法系的解体和中国法制近代化的开端。《荀子·君道》:"有治人,无治法。"其意指只有善于治国的人,没有离开人而能治理好国家的法度。实际上历代封建统治者大体上都在运用他的这一思想。荀子是中国最早主张礼法结合的思想家,"有治人,无治法"的思想体现了荀子对其以前和以后的古代政治和法制的富有远见的深刻认识。但仅凭"治人"譬如靠明君贤相治国,在一定时期内虽卓有成效,如中国古代的文景之治、贞观之治等皆弥足珍贵,但何其罕有?而只有靠法治,即实行有效的法律治理,良法得到普遍的服从,这样才能荡涤清长河泛起的沉渣,保证国家治理的长久的清明。因此,与其相信"有治人,无治法",毋宁相信"唯治人,无法治"。回顾历史,明清帝国的更迭为原属于中华大地范围内的华夷之争画上圆满句号。自古以来北方游牧民族和中原及南方的华夏民族的夷夏之争是南北关系，体现的是中华文化共同体内部的矛盾和斗争，以中国传统法律为代表的社会治理方式最终能够解决民族融合过程中的主要矛盾和问题。而清以后的国家间的较量则体现的是东西方关系，是中国固有文化和异质的西方文化间的较量，在这次较量中过往那种以夏变夷的做法行不通了，这是因为以科技为引导，以战争和贸易为特点的西方文化太强势了。既然不能变夷，我们就只能师夷。师夷长技以制夷，但要中体西用，师法西方的"器"（物质技术层面），而坚守中国传统文化之"道"（思想意识层面）。然而中华法系与西方英美法系或大陆法系在法律理念和治理模式上的根本区别有两点：一是民本、德主刑辅与民主、法治（法律理念上的区别）；二是法、术、势与法治、权力分制、权利保障（治理模式上的区别）。这一问题太大，不能放在该篇短文中来比较。总之，从西汉前期开始直至清末，是中国政治礼法制度从重建到崩溃的第二个轮回（从德主刑辅、礼法结合的治理模式到清末礼法文化的衰落和中华法系的解体）。"慈禧宪纲焉不败？中西殊异鸿沟横"，历史的深刻教训值得吸取。如果说立宪是干一件对的事，但从清末背景来看就是没有在对的时间和地点，并找对人。

第二编　中国少数民族法律文化

本编研究中国少数民族法律文化，选择了三个论题。首先运用法律经济学的研究方法对清代贵州锦屏林木交易习惯和林业契约进行分析，"林契百年藏古楼"是以诗语对民族法律文化现象所做的另一种描述。接下来研究贵州布依族的婚俗与禁忌，是以民族学和人类学视角所进行的阐释。最后的论题是"送法进城"，实际上是探讨中国民族法律文化的价值取向和研究方法。总之，这些篇章从不同视角描述了贵州少数民族法律文化中的民事习惯法发展的一些情况以及对民族法文化进行学术探讨的可行性和方法论。如何处理民族习惯法与国家法的关系将是制约我国法的现代化的重要问题。在民族习惯法与国家民事立法的关系的问题上，习惯法的合理制度只有上升为国家法，它才有生命力；而国家法只有吸收了习惯法的内容，它的光辉才能照到社会的每一个角落。在解决法律文化的冲突的问题上，在习惯法与国家法的关系上，尤其在公法方面，习惯法对国家法应退避三舍；而在私法方面，应让习惯法充分发挥自己的作用，并尊重双方当事人的意愿。

林契百年藏古楼

笔者对锦屏民族习惯法的调查是随西南政法大学的陈金全教授和贵州财经大学法学院的部分师生一起进行的，我们前后进行了多次调查。在锦屏县志办和县林业局的工作人员、文斗村村干部的陪同下，听取了他们对锦屏林木交易习惯以及独特的民族风俗的介绍，并到实地进行了考察。本篇是一份田野调查报告。其一对锦屏的林木交易习惯作了一个总述，将其分为林事习惯和商事习惯，为下一步的深入研究提供了一个学术支点。其二提出了一系列重要问题（或课题），尤其是兴立"锦学"的主张，将来如果这一设想变为现实，不仅是对曾在历史上为中华民族文化做出过重要贡献的锦屏各族人民的一种回报，也是对学术界同人为抢救、发掘和研究民族文化所付出的各种艰辛和努力的一种补偿。其三在研究（或写作）方法上，注重描述与分析相结合（但重在分析），综合运用了法学（案例分析）、经济学、文化人类学以及文学（诗词）的方法，对田野调查中的见闻以及所收集到的资料，撷取精粹（即最能表现地方特色的）部分进行分析。其中正文和脚注中的诗词、对联等，是对田野调查情况所作的另一种形式的"描述"，如"香拜神杉"（少数民族地区供奉神树，体现了当地人的信仰和环保意识，我们作为调查者也参与了燕香参拜神树的仪式），"林契百年藏古楼"（老百姓不仅保存了古老的习惯法资料，而且也表达了他们的信仰和愿望），"乾坤宫殿立鳌柱，落叶萧萧下洞庭"（锦屏人民在历史上为国家所做出的重要贡献，在封建时代并未得到充分的肯定,甚至未写入正史;因此,这段历史须要补写),等等。清代锦屏林木交易习惯,以契约、碑文等为主要载体,在南方山地少数民族习惯法中属于初阶成文①形式的习惯法。它们不仅反映了当地历史上民族经济发展的客观情况,而且也是老百姓自觉地创造民间法和政府正确运用法律和经济手段治理边疆的真实写照。本篇是对田野调查的情况作一定层面的小结。

一

笔者于公元2004年炎夏,与师友一行数人乘车前往贵州省黔东南州锦屏县,就该地极富特色的清代林业契约、碑文等进行了为期一个多月的田野调查。车先行至天柱县,而后驶向锦屏;在海拔上是先上坡,后下坡;在这一上一下之间,千山万壑在我们眼前辗转而过,其间林海莽莽,清凉的气息沁入心脾。这里的山林与别处不同之处在于:国内许多地方的山林是六七十年代飞播造林的产物——低矮的马尾松林,据说这种林木经济价值和观赏价值都不太高;而天柱、锦屏一带是高大挺拔的杉木林,林木葱茏茂密,覆压数百里,沿路几乎看不到荒弃的山地,给笔者的第一印象是:此地的景致仿佛与电视上、图片中的中欧阿尔卑斯山麓小国瑞士、奥地利的景象差不多,只是没有中欧中世纪留下来的石头垒成的古堡,但这里有苗、侗等民族世代居住或进行文化活动的木结构建筑,所以锦屏也有了一个"东方木头城"的称谓。然而中欧瑞、奥等国的富庶与贵州天、锦一带的贫困形成鲜明的对比。因此,笔者带着既惊喜又困惑的心情开始了这次访问。

在锦屏,晶莹澄碧的清水江贯城流过,并从云贵高原东麓直下湘西丘陵盆地,而后改称沅江,并注入洞庭湖。该县地跨北纬26°,

---

① 张冠梓:《论法的成长——来自中国南方山地法律民族志的诠释》,社会科学文献出版社2002年版,第68页。

东经108°附近，属亚热带季风性湿润气候。县境内广布黄壤和红壤，多深沟峡谷，降雨丰沛，日照较少，适于杉木等经济林木的生长，于是该地又有了"杉木之乡"的美称。除杉木外，这里还生长着几十种国家珍稀树种如银杏、红豆杉、楠木、香樟，等等。

锦屏的林业造就了这样一个风景如画的文化古城。这里有明代军事城堡——隆里古镇，唐代大诗人王昌龄曾谪居于此，修堂讲学；更富于地方特色的是被誉为"百年环保第一村"的世外桃源——文斗村，该村位于高峡山坳中，清江环绕，古木参天，是清代林业契约的集中保存地之一。我们在该县县志办工作人员的陪同下，重点考察了既赖造化，更属人工在锦屏种下的这两颗璀璨的明珠。本文无意对访问过程作过多的记述；写作时原拟题为《林契百年藏古楼——贵州锦屏清代林业契约、碑文的文化意蕴》，但考虑到锦屏林业契约是篇大文章，不应匆忙草就；因此，本篇仅对清代林木交易习惯和我们亲眼所见的部分契约，依据考察中的见闻和所收集的资料进行分析。笔者在访问锦屏村寨时，看到此地有景能写，有情可抒，有史能咏，有道（中国文化之道）可求；于焉，兴然命笔[①]，希冀能为曾在历史上对中华民族文化做出过重要贡献的锦屏各族人民讴歌几曲。

---

① 笔者在造访锦屏苗族村寨时曾仿南北朝乐府民歌赋诗三首（后改成七言绝句），并填词（采桑子）一首，这些诗词是对田野调查情况所作的另一种形式的"描述"。其中两首诗，题为《倚石吟》（后改为《访锦屏文斗寨》）：其一：江涛叩岸仰穹崖，万木崇冠云插花。天寨笙歌本天籁，神杉香拜泉沏茶。其二：文斗横空浮九州，谪仙闻说必寻游。千峰竞翠演天道，林契百年藏古楼。第二首诗的末句"林契百年藏古楼"，是对锦屏地区（如文斗村）民间收藏古代契约（也称券书或契券）这种现象的描述，该地区自明清以来便开始了大规模人工造林的历史，而其林木交易习惯与其广袤的森林一样蔚为壮观，但至今却深藏民间，鲜为人知。故笔者认为大有兴立"锦学"的必要，回程途中，作对联一副：访游清水江，寻清风清代遗史；重兴锦屏城，立锦学锦上添花。横批是：文芳国瑞。此联意在为兴立"锦学"发出一个小小的呼声。

二

锦屏林业肇始于明王朝在贵州征派皇木。《明实录》中对正德、嘉靖、万历三个时期在贵州采办皇木的情况均作了详细的记载。到了清朝，皇木的采办形成定制，按年征派。乾隆年间，湖南一巡抚上奏朝廷的有关奏文后来被传抄于民间，该奏文记载了官府在贵州锦屏一带采办皇木的一些情况：有的官员对苗民不问愿卖与否，即"给价砍伐"，对木行则是"轻价勒买"；但有的则以较为公允的价格，并依时令进行采买。① 频繁的征派皇木，使得贵州少数民族不堪其苦。

清代贵州苗境盛产优质巨木的消息传到东南各省，引来无数客商来此地采买木材，由此刺激了木材贸易的蓬勃发展，使得锦屏这个"宜林山国"成为清水江流域的木材集散地。我们在调查访问过程中，收集到一些有关清代林业契约和碑文的资料，并到实地进行了一系列拍照。该县三江镇卦治村一碑文记载了一起"争江案"（在本篇所引三案中以"争江案"为讨论重点）②：

> 钦命布政使衔理贵东兵备道总理下游营务处遇缺题奏道勇巴图鲁随军功加二级记录二十次吴
>
> 　为晓谕事案。据黎平府属王寨生员王承立等具控茅坪舒占元等抗断翻案一案，前经黎平府据奉前往任道易转奉抚部院批饬，本署道履勘讯断，曾于腊亲往该处堪明访查情形，一面传集原、被告茅坪舒占元，王寨王承立，卦治文显奎、龙耀金、龙道云、文显柱、文显瑞等到案。查询得回来，大河、小河木植系三寨人分年轮流当江，嗣因茅坪与王寨肇衅，互控不休，历任所断，旋结旋翻，以致终无了期。

---

① 参见《侗族社会历史调查》，贵州民族出版社1988年版，第9页。
② 《锦屏县林业志》，贵州人民出版社2002年版，第453页。

本署道因念抚部院岑批饬内有"该三寨选派公正首等公同当江，经收入多寡，定分摊之数目"等语，此因抚宪遥揣悬断之意，如遵宪批，照断公同当江，则甫经互控似难遽尔积怨，今办不如仍照旧规，三寨分年轮流当江，似易劝合妥善，兼适值三帮、五勷客绅廖道生等邀恩请息前来，亦系请照旧办理，每逢子、午、卯、酉年，大河、亮江、八卦河轮为茅坪当江，王寨、卦治不得私引客商越买；辰、戌、丑、未年轮为王寨当江；寅、申、巳、亥年轮为卦治当江，茅坪、王寨不得私引客商越买。自光绪七年辛巳正月轮为卦治当江为始，以后永远遵照。其有亮江、八卦、大河统旧轮流值年当江收领，三寨不得借词滋事。三江首等均各悦服，遵依具结完案。本署道即将断结缘由，奉请抚部院岑查核示遵等具禀。断回后，二月十八日，王寨王承立等主使地棍吴振之等统带小江凶徒放木冲江，本属不合。是否王承立等主使，抑系凶徒所为？何以首等无一人出言理阻，殊不可解。除批示严禁查拿究惩外，合行出晓谕：为此仰三寨人等知悉，以后务遵前断，各值当江之年，各自查照办理，不得听信奸小播弄，再行放木冲江，复至滋事。惟有敦亲睦，将来和气生财，自享源源不竭之利，庶无负本署道一片体恤商民之至意。一候奉到抚院部岑批回，再当抄批出示，妥立成规，饬令刊碑，永远奉行。各宜凛遵勿违。特示。

右谕通知

光绪七年三月初十立

我们从碑文的内容发现这样一个事实：当时的官府对一桩木材交易案件，依据地方交易习惯作了处理，并为将来可能出现的类似纠纷的裁决确立了基本原则。这种做法与英国普通法极为相似。目前锦屏仍保留了许多清代官府处理案件后刊刻的石碑碑文。本文所称的林木交易习惯是指锦屏历史上（尤指清代）与林木种植和交易有关的林事习惯和商事习惯等习惯法的总称。其中，林事习惯主要是指在林木种植和流转过程中处于种植（生产）阶段的各种交易习惯，如山林买卖、佃山造林、典卖田地等，这些习惯以林业契约为主要载体；而商事习惯则是指在林木种植和流转过程中处于木材的流转阶段的各种交易习惯，如当江等，此类习惯目前能发现的主要记载于锦屏现存的各种清代石碑碑文以及部分地方民族志资料之中。本文的意旨并不在于罗列出清代锦屏的各种林业契约或商事习惯，并对它们进行分类，而是就碑文中的具体案例所涉及的交易习惯以及当地林业契约现象，运用法律经济学兼及社会人类学的某些观点和方法，进行剖析，于细微处观察大历史。就本案所反映的情况而言，在清代锦屏的木材交易中，官府、交易者（买卖双方）、中介人（木行）三者分别扮演着不同的角色。当时木材买卖双方是通过木行做中介而达成交易的。卖方通常是当地木材的拥有者或清水江上游的木商，称为（上河）山客（参见《河口木材贸易碑》）；而买方则大都是来自邻县或外省的客商，称为（下河）水客，即所谓的"三帮""五勷"（参见本碑及王寨《永远遵守碑》）。碑文中提到的茅坪、王寨和卦治三寨均系锦屏清水江下游水路的交通枢纽，清代时为木材交易集散地，当地政府将开设木行的专营权赋予三寨。从锦屏现存的许多清代石碑碑文内容分析，可以想见当年木材交易的繁盛带来了巨大的商业利益，致使三寨有势力的家族为争夺木材交易中介的垄断权而展开长期和激烈的斗争，即所谓的"争江"。本案中，木行之间为争夺交易中介的垄断权而发生纠纷，对簿公堂；署道官员依照旧规，即当地的交易习惯，着令三寨分年轮流开行，承当交易中介任务，即碑文中所称的"当江"，从而妥善地解决了"争江"纠纷。在该纠纷发生后过了十多年，又发生一案，记载于一碑文（即《河口木材贸易碑》，现存于河口乡瑶光村）中，可以印证"争江案"中提到的很多交易规则[①]：

---

① 《锦屏县林业志》，贵州人民出版社2002年版，第458页。

钦加盐运使衔补用道特授黎平府正堂　　僧额巴图鲁纪录十次俞

　　为出示严禁事。案据上河木商姜利川等以"越江夺买,瞒课病民,公恳示禁"等情禀称:"窃惟江河有埠,交易有行,故设立王寨三江,所以公利而便于国。上河山客不能冲江出卖,下河木商不能越江争买,向例严禁,谁敢故犯?近来三江行户多有领下河木商银两,迳上河头代下河木商采买,山客之资本有限,谁能添价与伊争买?故山客于前二三年在衙具控有案。奈上河贤愚不一,不能认真,以至行户代客买卖者愈来愈多,前犹有顾忌互相隐瞒,今则人夫轿马搬运下河之银,迳上乐里、孟彦、地里一带,坐庄收买,深山穷谷一扫罄尽。独不思利为养命之源,可公而不可独占。彼既据其金,此已流于欷。况设江行之意云何?而任其如此行为,上至深山穷谷,下至江南上海,利皆归下河商矣。于是颁给告示,禁止代下河木商越江争买,使上下交易皆归江行,则不独山客除争夺之害,实于国课大有裨益。事关利弊,故敢合词,公恳查究示禁"等情到府,据此出批示。据禀,行户代客户入山买木,致夺山客之利,又复有种种弊端,殊属不合,候出示可也,外合行出示严禁。为此,示仰该三江行户上下河客人等一体知悉:自示之后,尔等买木需由上河山贩运至三江售卖,不得越江争买。至各山贩木植到江,所有售卖之价,务须报局纳课,不得短报数目。倘敢不遵,一经查出或被告发,定即提案重惩不贷。其各凛遵毋违,特示。

　　右谕通知

　　　　　　　　　　　　　　　　　　光绪贰拾二年五月三十日示

　　在"争江"纠纷的历史画面上,我们看到了中国古代官府的身影,它是集行政权和司法权于一身的政治机构。在锦屏木材交易中,官府扮演了行政监管、税收征课以及司法裁判等多重角色;在对木行的行政监管和课税方面,能够"使上下交易皆归江行",这样做的目的"实于国课大有裨益"(引语均参见《河口木材贸易碑》);在执(司)法方面,在国家法难以有效运作的少数民族地区,官府断案,非常重视援引当地少数民族习惯法作为法律渊源。锦屏清代林业契约、碑文是中国传统民族(民间)习惯法的一个剪影。清王朝对苗族地区的治理采取了较为灵活的策略,《大清律例》规定"其一切苗人与苗人自相争讼之事,俱照'苗例'完结,不必绳以官法,致滋扰累"。① 苗例,即苗族习惯法。由此可见,清朝当政者秉承了中华法系中习惯法为国家法的有益补充、法律文化多元互动的传统,并依具体情况加以灵活运用,这成为一条重要的治国经验,使得清王朝在开辟空前辽阔疆域的同时,能够对边疆少数民族地区实施有效的管理。

该县飞山宫内有一"永远遵守"碑,记载了排夫闹事,以致影响买卖双方交易的情况。这是官府运用当地习惯处理案件的又一例子:②

钦加道衔赏戴花翎署黎平府正堂王

为出示严禁以安商贾事。案据木商周顺泉、左祥泰、薛德昌、闵新昌、徐隆盛、唐镒盛、刘德顺、陈惠昌、左启泰等禀称:"缘排夫彭守敏等集于茅坪、宰贡等处拦江闹事,以致三帮之安徽、临江、陕西,五勷之德山、开泰、天柱、黔阳、芷江等处客商徘徊裹足,未敢遽行……商等若不恳请严行示禁,则上下河客路既遭阻滞,难免不另闹争端,不独国课受害无涯,即客商亦受害无底。为此禀乞作主,迅赏出示严禁施行"等情到府。……嗣后凡遇木植到江,务须仍照历来旧规,按定各帮应到地方接收,不准掯勒居奇,倘该排夫彭守敏等仍前拦江霸放,聚众生事,勒加水力,准即捆送来案,照例惩办,以儆刁顽;该商等亦不得藉此多事,至于并究。其各凛遵勿违,特示。

---

① 《大清律例》(卷37)。
② 《锦屏县林业志》,贵州人民出版社2002年版,第456页。

右谕通知。　　实贴亮河晓谕

光绪贰拾肆年捌月贰拾贰日示

而"争江案"中的当事人——中介者（木行），在木材交易中看似可有可无；因为多了一个中介，必然要增加买卖双方的交易成本，对买卖双方来说，不符合经济学关于效益"最大化"原则，但它符合另一条经济学的原理——均衡理论。在上文所提到的皇木征派和木材的商业交易中，皇家的利益实现了最大化；政府的税收利益实现了最大化，并且政府通过吸收当地习惯法的合理因素对少数民族地区进行管理的效能也实现了最佳化；木行的利润实现了最大化；民间商人（木材买卖双方）虽不能实现利润最大化，但也能利益均沾；而广大林农和木材的搬运者（旱夫、水夫）作为林木业发展的基础力量，在封建时代虽遭盘剥，却也暂时摆脱了生存危机，有了一份勉强养家糊口的职业。在经济学上，每一方都同时达到最大目标而趋于持久存在的相互作用形式①，就是均衡。上述"争江"案是清代锦屏乃至当时整个中国社会经济状况的一个缩影，在国家管理和社会控制方面，自上而下形成了帝王——官僚——行会——民间商人——雇佣劳动力等的金字塔形的梯级结构；从区域经济发展的状况来看，资本由沿海商品经济较发达地区向内地闭塞、落后地区的输入过程和木材等原材料的反向运动过程同时存在。自1840年开始，西方列强以武力打开了中国市场的大门，一方面逐步破坏了前一个梯级结构，另一方面也加快了后一个双向运动过程。这就是历史之门，即近代中国走过的路。

三

我们在对历史的反思中看到，当上述梯级结构和地区差别在清代

---

① ［美］罗伯特·考特、托马斯·尤伦：《法和经济学》，上海三联书店1991年版，第22页。

仍然起着作用，并在某种程度上影响着社会的公平和区域经济发展的平衡时，而锦屏的木材贸易却达到了空前的繁荣。两三百年以前，像锦屏这样边远的少数民族地区其商品经济的快速增长是如何实现的呢？以经济学的观点可以解释为系生产要素的合理配置和利益机制的作用使然，由此造成了生产力的解放和林业的超常规发展，进而导致社会整体效益的提高；同时商品经济是在法治环境下成长的，这已为锦屏的先辈们留给后人近十万份清代林业契约（这是锦屏县志办近年来初步统计的数据）所证实。陈教授组织我们对文斗寨姜元泽先生家藏的契约文书进行了实地拍照，并作了文字整理后编成书出版，这些珍贵资料可以帮助我们研究锦屏林业契约中的几种主要类型：

1. 山林买卖契约，如：

【朱国丙、姜祥宇卖山契】

　　立卖杉木山场并清白约人朱国丙、姜祥宇，为因缺少黎平东门高店银，无处寻出，自原（愿）将到土名皆休山场一块，左右凭冲，上凭田，下凭岩拜田，此杉木祥宇一股，国丙一股，二人二股都全卖与姜得宇名下承买为业。蒙中处断价银二两正，亲领应用。其木如有不清，卖主理落。立此卖约清白存照。

　　　　　　　　　　　　　　　凭中　姜清宇、九唐
　　　　　　　　　　　　　　　代笔　姜廷珍
　　　　　　　　　乾隆三拾九年十月十四日　立①

【姜映交卖木契】

　　立卖杉木字人姜映交，为因要银无处得出，自愿将到杉木一块，土名坐落彼拜，文助、映辉二人承买为业。当日凭中议定价银一两正，亲手领回应用，其木地自卖之后，任从买主管业，卖

---

① 陈金全、杜万华主编：《贵州文斗寨苗族契约法律文书汇编——姜元泽家藏契约文书》，人民出版社2008年版，第21页。

主不得异（言）。今欲有凭，立此卖约存照。

亲笔　映交

乾隆卅九年正月十六日　立卖杉木地一路①

2. 佃山造林契约，如：

【龙绍宾佃契】

立佃字人龙绍宾，自己佃到姜映辉名下地一块，地名南晚，栽杉种栗。日后木长大成林，分为五股，地主占三股，栽手占二股。界至：左右凭载渭，上登顶，下至河，四至分明。立此字是实。

亲笔

道光十五年九月初二日　立②

3. 典卖田地契约，如：

【姜开智典契】

立典田自字人姜开智，为因要银用度，无处得出，自愿到将先年得买典姜开杰之田一坵，地名从忧，今移典与姜兆龙名下承典为业。当日凭中议定典价银叁两正，亲手领回应用，其田自典之后，任凭典主耕种管业。恐口无凭，立此典契存照。

外批：其典之后，限□□□年后到赎回。

内添三字□三字。

凭忠（中）　引乔

咸丰陆年十一月廿九日　亲笔　立③

---

① 陈金全、杜万华主编：《贵州文斗寨苗族契约法律文书汇编——姜元泽家藏契约文书》，人民出版社2008年版，第20页。
② 同上书，第321页。
③ 同上书，第428页。

4. 分合同（分山、分银契约等），如：

【姜开宏、姜世官兄弟分山合同】

立分合同人姜开宏、姜世官弟兄，所共之山，地名党陋，界至：上凭田角，下抵水冲，左凭冲，右凭恩诏弟兄之山，四抵分清。其山地主分为二大股，开宏占壹大股，世官弟兄占壹大股。日后子孙照合同均分。恐口无凭，具此合同贰纸永远发达存照。

内添二字。

交明　笔

据分合同为据【半书】

光绪十六年六月十八日　立①

这些契约以书面形式确立了双方世代遵守的权利义务，同时也履行了商品流转的合法程序，同时也是古代民法成长于民间的真实写照。如果放在整个中国历史发展的大背景下，我们就可以看到，自北宋以来，中国的商品经济已有了初步的发展，社会的商业意识逐步形成，契约文化也有了深厚的积淀；商业名城渐次兴起，如宋元时期的汴梁、临安、泉州、大都等，明清两朝的苏杭、广州、平窑、徽州、锦屏等历史文化名城均留下了大量文化遗产，可以作为当年曾为重要商埠的历史见证。由此可见，锦屏木材贸易是中华帝国晚近时期商品经济发展的一个微缩景观。19世纪中叶以后，东西方文化的相互碰撞对中国本土已孕育了数百年的商品经济的发展起到了提速作用。如今尽管锦屏历史上三寨的繁华码头、木埠已成为历史的陈迹，然而我们仍需关注的问题是，在清水江畔如何才能重现当年木材贸易的繁华景象？十万份清代林业契约散落民间，为各家各户所珍藏，人们期待着什么呢？这仅仅是表达怀旧情结吗？还是期待能重新回到他们的先辈

---

① 陈金全、杜万华主编：《贵州文斗寨苗族契约法律文书汇编——姜元泽家藏契约文书》，人民出版社2008年版，第473页。

所创造的山林买卖、佃山造林那样的生产方式中去呢？从社会人类学的角度来看，以林业契约、碑文等为主要载体的习惯法，是民族习俗的一部分，即当地人生活方式和信仰的文化表达（符号），也是"人民创造历史"（毛泽东的观点）的重要见证。英国人类学家布朗指出："习俗发展的基础就是在某种影响社会或群体的特定环境下，行为的需要或集体行为的需要，习俗和与之相联系的信仰都是为了满足这个需要。"① 从法律经济学的角度来看，农村土地制度的改革应使耕（植）者有其田（地），这是在农村确立新的物权制度的基础，目的是减少中间环节、降低生产和管理成本，使农民的权益得到充分的保障。国家应当通过立法，建立和健全土地、林木交易的监管机制；这样，既可以运用法律和必要的行政手段抑制过度投机和炒作，也可以运用多种经济手段如税收等进行调节和平衡，并以此增加国家或地方的财政收入。总之，在发展经济的同时，以期实现社会的安定。

　　锦屏的林木交易习惯以及独特的民族文化留给当代许多重要课题，如锦屏民族文化的发掘、传承、发展和研究（姑且称为"锦学"）工作怎样开展？锦屏的林木交易习惯如何与现代市场交易大法《合同法》相衔接（《合同法》第二十二条、六十条、六十一条、一百二十五条都把交易习惯作为重要的法律渊源）？怎样运用政府的力量加强民事习惯调查，为《民法典》的制定作好充分准备？如何加快农村土地和林业产权制度的改革，以实现土地、林木等资源或生产要素的优化配置，以最小的成本实现各方利益的均衡和区域经济的健康发展？等等。

　　古代苗、侗等各族人民在锦屏这块土地上所创造的人文奇境，无论用怎样优美的诗章加以颂扬都不为过。然而历史不可能简单地重复，但历史为现实的社会提供了一个展望未来的窗口。笔者曾伫立于清水江边，抚今追昔，吟诗填词各一首，权当作为本文的结束语。

---

① ［英］拉德克利夫·布朗：《社会人类学方法》，华夏出版社2002年版，第21页。

诗曰：

清江辞

　　峡江弥雾路难行，
　　自古木华交易兴。
　　乾坤宫殿立鳌柱①，
　　落叶萧萧下洞庭②。

词曰：

采桑子
游锦屏隆里、文斗有怀

　　龙标③故地唐时月，亘古辉清；天谪昌龄，心海平澜浸月明。云村远眺江峰碧，木屋藏经；续史含情，契④墨留馨韵倚笙。

---

　　① 《明实录·武宗正德实录》卷117记载："工部以修乾清、坤宁宫，任刘丙为工部侍郎兼右都御史，总督四川、湖广、贵州等处采取大木，而以署郎中主事伍全于湖广，邓文璧于贵州，李寅于四川分理之。"
　　② 明清时期锦屏曾为征派皇木的地区之一。清水江流经此地，下湘西丘陵盆地后改称沅江，并注入洞庭湖。
　　③ 锦屏的隆里古城在唐代称为龙标县，大诗人王昌龄曾被贬谪为龙标尉。
　　④ 指林业契约。

布依族的婚俗与禁忌

在现代社会中，民族习俗仍然是法的重要渊源之一。布依族的婚俗与性禁忌与该民族相关的习惯法融合而生。其婚姻习俗是布依族文化的集中反映，而性禁忌虽然充满了神秘色彩，但其中也有许多积极因素。国家在法制建设尤其在立法和司法实践中对于民族习惯法应兼采包容与批评的态度，吸取其内在合理的价值，以促进民族地区国家法与习惯法的互动。

布依族主要生活在贵州中南和西南部、介于乌蒙山与苗岭之间的喀斯特丘陵山区。南、北盘江，红水河和黄果树瀑布群流经该地区，这里气候温暖、湿润，历史上曾是树木丛生、百草丰茂，适合人类居住的美好田园。世代相传的习惯法调整着当地人们的生活。但近代以来由于不断受汉族文化和西方文化的影响，其固有的习俗和文化处于不断变迁过程之中。布依族的婚姻习俗以及后面讨论的性禁忌，均涉及和涵盖调整两性关系之习惯法，其包含了复杂的民族婚礼仪式、酒俗、歌俗、服饰、禁忌与习惯等行为规范。在历史上这些习俗对于布依族在两性、婚姻和家庭关系方面所进行的调整，其深刻性为当时的国家法所远不及。因为自唐、宋至明、清，国家法对户婚等民事法律制度一般只作原则性规定，加之贵州各族僻居于化外"苗疆"，在这里国家法所缔结的秩序仅具有符号意义；而在老百姓生活中自然生成的习惯法，在调整两性、婚姻和家庭关系方面，具有实际的规范功能，并切实起着促进人际和谐和维护社会稳定的作用。即使今天，这些习俗对当地人民的生活也产生着一定程度的影响。这不仅使我们可以通过田野调查，对习惯法的变迁过程有一个总体上的把握，为法学研究发现和提供有价值的材料，而且通过科学研究为民族习惯法的传承与国家法的创新搭建一个"对话"的平台。

一 布依族婚姻习俗的特点

早在民国时期，布依族的婚姻形态就已经是以一夫一妻制为主了。当时只有少数富家男子为玩弄妇女或者普通百姓家害怕绝嗣而纳妾，才部分地保留了对偶婚制的残余。[①] 在现代社会，婚姻的基础是自由恋爱与物质基础共同构建的。而自由恋爱需以两情相悦的性爱为基础，按照弗洛姆的观点，这体现了一个人爱的能力，也即是马克思哲学所讲的"对象化过程"。物质基础则应为男女双方所共同创造。然而在以男权为特征的传统社会中，"私有财产制度带来了女性的从属状态"[②]，妇女成为男人的私有财产，必须恪守"三从四德"。《礼记·曲礼》说："男女非有行媒，不相知命。非受币，不交不亲。"无论是发端于西周国家正式礼法制度所确认的"六礼"程序，还是民间习惯法所认可的财礼婚俗，一方面均体现了父权家长制在婚姻制度上的渗透，另一方面又都表明传统中国社会实行包办和买卖婚姻的实质。布依族婚姻习俗明显地体现了男女恋爱自由，但婚姻不自主，嫁女以收受财礼为要件的包办婚姻的特点，对此可以从以下几个方面分别加以阐述：

（一）同宗不婚：维护宗法伦常关系

布依族在历史上实行民族内婚制，不与外族通婚，在其本民族内也严格遵守同宗不婚的习俗。过去由于地理环境的闭塞，加之许多封

[①] 参见韦启光等《布依族文化研究》，贵州人民出版社1999年版，第88页。
[②] ［英］罗素：《西方哲学史》，商务印书馆1963年版，第39页。

建王朝的统治政策所造成的各民族之间的隔阂，与汉族强势文化相比，布依族文化处于相对封闭、发展缓慢的状态。明、清两朝，封建帝国渐衰，汉族文化也随古老帝国一同下沉，其余辉方才照到曾被称为"蛮夷之地"的布依族地区。康熙年间实行"改土归流"政策，布依族地区的府、州、县一级土司，基本上被帝国委派的"流官"所取代，使得封建王朝在该地区的统治到了县一级；县以外的民族聚居区处于广泛的自治状态。因布依族只有语言，而没有文字，其习惯法遂以口耳相传的形式得以沿袭，发挥着对社会的规范与整合功能。该民族原本生活在"世外桃源"，因此，与外界通婚受到诸多主、客观条件的限制。清朝覆灭后，民国政府在布依族地区建立了保甲制度，国家权力开始浸入乡土社会。汉族文化对该地区的影响渐深，使得布依族固有文化的封闭状态被打破，逐渐开始与外界通婚，同时其婚姻习俗中也打上了汉族文化的宗法伦理观念的烙印，严格实行"同宗不婚"，具体分三种情形：①

1. 同姓血亲，不能开婚；
2. 异姓血亲（同宗），也不能婚配；
3. 虽是同姓但不同宗，则可通婚。

布依族人的婚姻观念认为，同宗之人系至爱血亲，身上流着同一祖先的血液，如发生婚配或性行为，必然玷污祖先神灵，紊乱伦常，因而应受到习惯法的严厉处罚。这与自西周以来汉民族的婚姻道德观念有着某种程度的契合。西周人已掌握了近亲婚配不利于后代繁衍的自然规律，并通过与异姓通婚，既严格区别同宗以防乱伦，又达到扩大家族影响和势力范围的政治目的。② 中华数千年的民族融合使得各民族文化相互影响、相互渗透，布依族婚俗中的伦常观念和许多习惯做法在清代受汉族文化影响比较大。除"同宗不婚"的习俗外，还有一种"姑舅表婚"的习俗值得注意。"姑舅表婚"

---

① 贵州省编辑组：《布依族社会历史调查》，贵州民族出版社1986年版，第1页。
② 蒲坚：《新编中国法制史教程》，高等教育出版社2003年版，第24页。

是一种亲上加亲的联姻方式，包括两种情况：舅父家的女儿优先嫁给姑妈家的儿子（俗称"侄女赶姑妈"），或者舅父家有娶外甥女做儿媳的优先权利，通婚范围局限在两个虽然有血缘关系但非父系同宗的固定家庭之间。贵州其他一些民族也有类似习俗。有学者对这种习俗作了解释：由于姑妈（出嫁时）带去了本家不少财产，因此规定：姑妈的女儿须嫁给舅家的儿子，才能把这些财物带回来。①当然，这只是对"姑舅表婚"习俗中的一种情况所作的解释，如果这种解释成立的话，至少说明"姑舅表婚"除了有"亲上加亲"的含义之外，还有就是在经济不发达的贵州少数民族地区，两个固定异姓家庭通过联姻，有利于巩固双方的经济实力，避免因财产外流而动摇家庭的经济基础。但"姑舅表婚"毕竟妨碍婚姻自由，造成近亲结婚，并产生一些不良后果。所以现今在国家《婚姻法》指导下，不再实行。

（二）"赶表"交友：男女恋爱自由

布依族自古盛行"赶表"（亦称"玩表"或"朗哨"）习俗，这是青年男女相互结识、交往、恋爱的一种社交方式。每逢场期（集市）、民族节日，或遇着办喜事时，都是"赶表"的好机会。青年男女通过"对歌"的形式来展示才华，增进彼此的了解，在建立感情后，又互赠信物表示愿意结为夫妻。恋爱以自由的形式出现在布依族传统习俗中，这是文明进步的表现，这与《诗经·关雎》中所表现的汉族男子以歌求偶的风俗极为相似，歌虽不同，但体现了自古不变的人性，歌声中唱出了人类追求自由幸福的美好愿望。现代《婚姻法》不正是建立在这样的人性基础之上的吗？不过布依族男女通过自由恋爱而缔结的婚姻，事先也得征求双方父母同意，以示对长辈的尊敬，父母同意后，一般仍要履行传统的男方请媒说亲、订婚、迎亲等程序。同时我们也应注意，布依族青年自由恋爱的过程与现代都市中的

---

① 李廷贵等：《苗族"习惯法"概论》，贵州民族出版社1988年版，第364页。

自由恋爱有所不同：他们始终以对歌为主要形式；恋爱过程不需要花钱，而全在于双方心灵上的交流；恋爱双方无地位高下之分；恋爱过程中不发生性关系，就是极个别的出现，也有传统习惯法进行严厉处置。①

20世纪50至80年代，这种传统"赶表"风俗在布依族聚居的一些地区依然十分盛行，男女婚姻基本上自主。但90年代至今"朗哨"这种风俗习惯越发少见。这主要是由于青年人大多在校读书或外出打工、社交方式的多样化以及思想观念的改变等原因造成的。②现在布依族许多青年几乎没有对歌的经历，很少有人能记住10首以上的民歌，那种年轻人聚会整日整晚长时间对歌的情景已成为历史的剪影印在老一代人的心灵深处。

（三）父母包办：子女婚姻不自主

布依族青年中不乏通过自由择偶经媒人说合成婚的例子，这既是历史的写照（以"赶表"为主要形式），也是现实的反映（90年代后"赶表"以外的其他形式）。但是男女通过社交而自愿结合的婚姻并不能反映布依族婚俗的全貌，甚至可以说在历史上这并不是布依族婚姻的主要形式。过去由于受汉族婚姻礼俗的影响，在布依族地区父母包办婚姻，买卖婚姻更为普遍，事实上存在恋爱自由和婚姻不自由的矛盾；恋爱自由从婚姻习惯法的角度仅具有象征意义，而"父母之命，媒妁之言"却更能体现布依族婚姻习惯法的本质特征。在父母的包办下，盛行"访八字"订婚、早婚（娃娃亲、背扇亲，甚至是指腹为婚）、因女方成婚时年幼暂"不落夫家"、婚姻中讲究门当户对、订婚时女方收受贵重财礼等习俗。据调查，民国年间，贵州惠水县雅阳村的青年虽能相恋，但由于父母反对而达不到"恋爱——婚姻"过程的

---

① 参见贵州省民族研究所编《贵州民族调查（之二）》（内部资料），1984年印，第426页。

② 参见贵州省民族研究所编《贵州民族调查（卷二十）》（内部资料），2002年印，第363—364页。

占94%左右。① 为反抗包办婚姻，布依族还盛行"逃婚"和"抢亲"习俗。已订婚或结婚的青年，如对婚事不满，在"赶表"时遇上心仪之人，即瞒过父母，双双自行结婚称为"逃婚"。"抢亲"就是自由恋爱的双方在女方父母不同意成亲的情况下，事先约定时间、地点，由男方邀约几个伙伴把女方假抢到男家，造成"既成事实"，迫使女方父母同意。民国时期，各地都有因"逃婚"和"抢亲"而结成眷属的。布依族民间舆论对此并不谴责。但如果女方原已订婚，原夫往往并不甘愿失败，便会与拐走她的男方结仇，由此引发的民事赔偿或者刑事伤害、杀人案件屡有发生，影响社会的安定。这时习惯法的功能一般只能对争议双方进行调解，由拐夫对原夫进行赔偿。当找不到拐夫时，原夫找到女方家长，她的家长必须站在原夫家的立场来解决问题，一般也是以赔偿了事。但如果酿成命案，在国家法的控制力难以到达的边远地区，习惯法的惩戒，一般是施以大额赔偿，或赔命，甚或引发血亲复仇。包办婚姻与玩表、逃婚、抢亲本是水火不容的事情，但在布依族实行专偶婚制的前提下，这是遵从父母之命与崇尚婚姻自由两种观念和势力激烈交锋，进行调和的结果。而逃婚有可能造成重婚，是对人类婚姻文明进程的倒退，并且可能由此引发家庭之间更大的矛盾和冲突，这时习惯法于事端的解决也不能周全。20世纪50年代以后，随着国家新的婚姻制度的建立，布依族的包办婚姻、逃婚、姑舅表婚等现象已很少见到。

然而，女方父母借女儿婚姻向男方索要钱物的财礼婚俗至今仍不能断绝。究其原因，财婚作为中国历史上最具包容性之一种婚姻形态②，清代和民国时期不仅在汉族地区，而且在一些少数民族聚居区流传甚广。布依族婚俗中收受的财礼名目繁多，有"父母钱""母舅钱""抱孙钱"以及给女方的"彩礼钱"（供女方作为陪嫁之用），订

---

① 参见贵州省民族研究所编《贵州民族调查（卷十五）》（内部资料），1997年印，第92页。

② 梁治平：《清代习惯法·社会与国家》，中国政法大学出版社1996年版，第67页。

婚后男方还要送给女方家实物或免费为女方家做劳务，至今人们头脑中所谓的"姑娘换酒肉吃"的旧观念尚未完全改变，并认为彩礼是女儿"身价"的象征。但有的要价太高，客观上造成男家债台高筑，婚后男女双方发生矛盾，婚姻不幸福。财婚是旧时包办买卖婚姻的变种，不能真正体现青年人追求婚姻幸福的意思自由。

（四）婚姻解除：注重财产后果

布依族习惯法允许离婚。但因受传统伦理道德观和民族内婚制的制约或慑于因离异所负担的惩罚性赔偿的约束，离婚现象并不多见。离婚的后果主要涉及身份和财产两个方面。身份方面，双方一旦离异，夫妻身份关系不复存在，双方均享有再婚的自由。离婚后父母与子女的身份关系仍然存续，因系自然血亲关系，无法以法律之强制手段人为地宣告消灭，这是各国婚姻立法的共同原则，习惯法亦不例外。但无论因何离异，子女都归原夫，女方不能带走；如系乳儿，女方抚养成人后仍须送回原夫家。财产方面，依习惯法，一般是主动提出离婚的一方要赔偿对方的损失和结婚时的开支。[①] 赔偿数额较大，兼具补偿和惩罚双重性质。但在笔者对布依族调查中了解到，布依族习惯法对离婚也实行过错责任制，即对有过错的一方（如一方有婚外性关系的），另一方可以提出与之离婚，并可提出相应的赔偿要求，对方不得拒绝。布依族以赔偿方式解除婚约，客观上既限制了离婚主张的提出，有利于婚姻家庭的稳定；同时又使得离婚中受到损失的一方获得财产上的补偿，为其将来重新组建家庭积累物质条件。

二 性禁忌的功能与价值

社会规范的产生，最初起源于原始的禁忌。由于原始社会的人们对客观世界认识的局限性，因此产生了对某种"超自然的神秘力量"

---

① 贵州省编辑组编：《布依族社会历史调查》，贵州民族出版社1986年版，第15页。

（如鬼神）的崇拜，并在社会生活的诸多领域自发形成各种神秘的禁忌规则，这些禁忌规则被认为是人类社会一切规范的总源头。其中，有关实物和性的禁忌，被看作人类社会最早的禁止性规范。① 在我国，许多民族至今仍保留着各种禁忌习俗。尽管这些习俗具有原始意识的遗痕，或具有某些迷信因素，但它们之所以能承袭到今天，除了民族习俗世代相传具有较强的稳定性因素之外，再就是因为这些禁忌习俗在国家法制缺位或者允许有"保留地"的少数民族社会结构中仍具有一定的积极意义。下面主要对布依族性禁忌的功能与价值作一些探讨。

（一）布依族性禁忌的一般概述

布依族的性禁忌并不复杂，但却十分严格（甚至可以说是严厉的）。这一禁忌习俗纯系对男女性行为的社会规范，对有意无意触犯规范者，这一习俗又对他（她）施以更加神秘的禁忌——无形法律的处罚。

布依族性行为的禁忌可归纳为：

1. 严禁未婚性行为；
2. 严禁专偶婚外性行为；
3. 严禁婚床外性行为；
4. 严禁白昼性行为。②

弗洛伊德认为触犯禁忌的人，本身也将成为禁忌，他在《图腾与禁忌》中说："破坏禁忌的人之所以会成为一种禁忌，仍是因为他已具备了一种诱使他人追随他的行为的特性了。"禁忌就是神圣的、不洁的、危险的事物，以及由于人们对其所持态度而形成的某种禁制。③由此看来，上述列举的几条应为禁忌程序中的第一层次，它只是一种

---

① 葛洪义：《法理学》，中国政法大学出版社1999年版，第181页。
② 丁慰南等：《中国各民族宗教与神话大词典》，学苑出版社1990年版，第43页。
③ 任骋：《中国民间禁忌》，作家出版社1991年版，第4页。

规范条目，并没有多大威慑力；而制约力主要体现在禁忌程序中的第二层次的许多结构方面——A 触犯了禁忌；A 自身成为禁忌；其他社成员（B、C、D……）对 A 的禁忌。

布依族性禁忌程序中的第二层次的具体内容为：

第一种情况是，对未婚性行为者和专偶婚外性行为者（指已暴露的），女人被称为"奢"，男人被称为"奢达"。"达"只起界分作用。奢，即为妖魂附体，并会对主体（行为实施者）和客体（主要指环境）不可知地释放妖术之意。对"奢"和"奢达"的禁忌是：

（1）不能与正常人来往和互借什物。因为任何交往都是不可知地传递妖术的机会。这类人只能与同类人通婚，或与比自己条件差得多的人通婚；妖魂还会传袭给他们的后代。久而久之，他们形成了一个小小的社会阶层，并且不断扩充（这种扩充是缓慢的，谁也不愿被划入这个卑贱的阶层）。

（2）妖术释放招来的惩罚。村里人犯红眼病、生疮、腰腿疼痛等，均被视为"奢"或"奢达"释放妖术造成的。病人或其亲属会在"奢"或"奢达"家周围不指名地咒骂一通，叫他们收回释放的妖术。夜里，有的用石块砸他们家的房子，有的打上一对黄泥粑，散上白石灰粉送到他们家门栏下，叫作赶妖或送妖。对这种惩罚，他们不能有任何抵触，否则，就会遭到众人的群起攻击。

（3）取消祭祀权利。这个阶层的人已被氏族集团（家族）开除，不能参加家族祭祖、砍戛（超度亡灵升天的活动）、做斋（为非正常死亡的灵招魂的活动）、祭季（用迷信色彩制定乡规民约）、扫寨，等等，他们已属无氏族零散阶层，因而，自己不能组织祭祀活动。

第二种情况是，对于婚床外性行为与白昼性行为的主体或客体的禁忌，但与前两者的区别是：不带永久性，一时即过，然而其严厉程度也是十分可怕的。这两种性行为只要不是累次发生，当事人可以不被认为是"奢"和"奢达"。其禁忌内容是：

（1）婚床外性行为（只对客体禁忌）

这种性行为如果当时被人发现，所有发现者（无论多少人）须全部参与性行为，即使是年迈体弱者，也得进行动作表示，否则，便认为他们霉气附体，做什么事情都不吉利。事后，当事夫妇还得按发现者人数，分别买上大红公鸡和红布去"挂红"，表示洗礼。

这种性行为如果当时未被人发现，事后被行为场所的主人发现遗痕，当事夫妇须买上一头大肥猪，请巫师到行为场所（房屋、田地、树林等）去扫除邪气，并提供二十来人酒食，供巫师和帮手及场所主人饮用驱邪。

（2）夫妻间白昼性行为（只对主体禁忌）

该行为被视为生白种孩子的原因。当地确实偶有白发、白眉毛、白毫毛孩子出世。白昼性行为的第二层次并无客体禁忌，属于意识处罚范畴，但人们对白昼性行为都存在很深的畏惧感。

（二）性禁忌作为习惯法的功能与价值分析

和国家法一样，习惯法是规范和调整社会关系的手段。然而在边远及民族自治地区，习惯法作为一种历史自发形成的规范，在某种程度上仍然调控着人们的行为，成为法的重要渊源之一。习惯法是各民族历史文化的积淀，在人们心目中已根深蒂固；一旦纳入国家认可的法律体系，人们因对其有了长期的崇奉与信仰，便会自觉遵守，从而有利于法律的顺利实施。社会的善良习俗国家法应予确认和保护，并可适时、适地地上升为法律规范，以加强其权威性；而对于不良习俗则主要靠引导的手段予以纠正。英国普通法曾向过去生效的各种地方性习惯吸取它的某些规范。普通法构成的过程本身就在于制定以理性为基础的判例法，使之代替以习惯为基础的盎格鲁撒克逊时代的法。然而，当一项习惯为法律或判例所认可，它就丧失了习惯的性质及这个性质赋予它的灵活性与发展的可能性。[①] 尽管如此，习惯法及其运用方法在现代法制中的基础作用仍不容忽视，如在民商法方面不少仍

---

① ［法］勒内·达维德：《当代主要法律体系》，上海译文出版社1984年版，第362页。

依习惯。历史的车轮依稀不远，18世纪法国民法典诞生之前，法国的法律存在于各种习惯法之中，以这种观点写成的书，与习惯法一道，大大帮助了后来起草1804年民法典的人们。① 在当今大陆法系国家，习惯仍起一定的作用。某些法律往往必须借助于习惯才能为人们所理解，立法者在法律中所使用的某些概念也必须参照习惯才能搞清楚它的含义。② 布依族性禁忌习俗，虽不是国家认可的法律，但作为在历史过程中自发形成的一种人们性行为的指引，我们应当对其进行辩证的价值分析，取其精华，去其糟粕，让原创文化的精髓为现代法治文明所吸收。

在研究习惯法的价值，即习惯法作为客体对于主体——人的需要的满足时，必然会涉及人性论和价值观问题。③ 它们虽是哲学、心理学上的问题，但对于法理学和法律史学也是不可回避的问题。秩序、自由与正义作为法的基本价值，不仅蕴含于国家法之中，而且在各民族的习惯法中也有不同程度的体现。而法的价值又具有客观和主观双重属性。首先，法作为一种客观存在，其价值的客观性体现在其对于人的意义，即对于人的法律需要的满足。其次，法律规范作为一种意志体系，属于意识形态范畴，它在满足人们需要方面又具有主观性。无可否认，性禁忌的最初阶段，就是性嫉妒心理和占有欲的群体表象。布依族性禁忌的产生时期，应该是专偶婚初期。它较原始时期相比是一种进步的表现。因为在原始的群婚和伙婚阶段，人并没有一个固定的配偶，一个女人可以同时成为许多个男人的配偶，一个男人也可以同时成为许多个女人的配偶。在这样的婚姻形态下，性嫉妒与占有欲较易得到释放和满足，没有必要产生体现性嫉妒与占有欲及协调两者间矛盾的性禁制。只有到了后来，随着生产力的不断发展，人类思维的不断丰富——婚姻的固定化带来了性嫉妒与占有欲的复杂化，

---

① Frank B. Gibney：《简明不列颠百科全书》，中国大百科全书出版社1987年版，第490页。

② 冯大同：《国际商法》，对外经济贸易出版社2001年版，第17页。

③ 沈宗灵：《法理学》，北京大学出版社2001年版，第54页。

由此产生了主体和客体的矛盾，压抑与释放的矛盾，制约与满足的矛盾；为了协调矛盾，维系新生的社会形态，在群体"欲"与对"欲"的防卫心理的作用下性禁忌产生了。这毫无疑问体现了人类对于秩序和正义的渴求，而秩序和正义正是法律的基础价值所在。由此可见，体现性嫉妒与占有欲固态化的性禁忌，曾在人类发展过程中起过积极作用。现代婚姻家庭法虽不属于性禁忌，但谁能肯定，婚姻法中的某些条款不属于性禁制？谁又能说清楚，婚姻法在某种意义上不是性嫉妒与占有欲的群体意识的体现呢？说到这里，分析布依族的性禁忌就方便一些了。这些性禁忌的一、二层次，都无不充满着嫉妒心理与占有欲，并蕴含着许多重要的法的价值因素：

  1. 对未婚性行为者的禁忌：它既表现了对性贞洁（贞操）的希冀和珍视，又体现了如下的秩序价值与规范功能：A 去满足了对未婚异性的占有欲，其他社会成员（B、C、D……）产生了嫉妒心理，继而产生了释放这一心理压力的性禁制（嫉妒心理固态），制约了 A。在这里，性贞洁第一次被列入了人类的意识范畴，把性观念带入文明阶段。因为，只有性贞洁观念在人类社会出现了，人类的性行为才从动物群的性释放形态中区别出来，这无疑是人类文明的成果之一。但是，对未婚性行为的禁忌是否会导致与法的自由价值相冲突？从哲学的角度来看，自由是人的潜能发挥到极限的主、客观表现。而作为法的价值的自由，是人们能够最大限度地去实施法律不予禁止的行为的权利。从来都没有超越历史和社会发展的绝对的自由。人类文明发展至今，自由与秩序总是一对相互冲突、相互作用，又相辅相成的矛盾体。在西方"性自由""性解放"思潮影响下，现代婚姻法对未婚性行为虽不予以禁止，但仍保留了夫妻间应履行忠实义务（也称为贞操义务）的条款；对贞操的要求虽不涉及婚前，但要求夫妻在婚姻关系存续期间，彼此忠诚，互守贞操。婚姻法也因此充满了伦理道德色彩，被一些学者称为"道德化的法律"。对于未婚男女在恋爱过程中自愿发生的性行为，在一般情况下虽不构成违法犯罪，但仍被人们认为是一种违反伦理道德的不正当的性行为。况且，我国现行法律对未婚性行为，仍然没有赋予其绝对的自由，其表现在以下几个方面：一是刑法对强奸罪的规定，强调性行为不能违背妇女意志，侵犯妇女的性权利（无论其婚否）；二是对以谈恋爱为幌子，采用明显的暴力、胁迫等强制手段强行与女方性交的，则应以强奸罪论处[①]；三是对故意与不满14周岁的幼女发生性交的行为，即使没有违背幼女意志，或者没有使用暴力、胁迫等强制手段，均构成奸淫幼女罪；四是对借恋爱为幌子玩弄女性后无情抛弃给对方造成身心严重伤害的损害赔偿（尤其是精神损害赔偿）责任的认定，亦符合现代法的精神。由此可见，未婚的性行为绝非能够完全自由为之，现代刑事和民事法律对其均加以规制。我们再回首反思，布依族对未婚性行为的禁忌，虽严厉了一点，但在性道德被一些人肆意践踏的社会中，我们难道不能够保留这块性道德的"处女地"，从伦理道德和法律规范角度肯定其精神价值之所在？但实践中须对其中某些不符合现代法制的因素，如歧视性称谓（奢、奢达）、限制婚姻自由（只能与同类人通婚）以及某些迷信做法等加以规范引导，以促进民族文化的进步。

2. 对专偶婚外性行为的禁忌。这种禁忌意识的内蕴就更丰富了，它既充分体现了个体的性嫉妒与占有欲，也体现了群体的性嫉妒与占有欲，其程序是：A对配偶的绝对占有欲和对B参与占有的嫉妒，其他社会成员（C、D、E……）对B参与A占有的嫉妒，A对自我配偶的占有欲稳固性干扰的防卫心理。这对人类从原始的社会形态中解脱出来，起到了根本的推进作用。因为文明社会的细胞——家庭诞生了；继而一切政治法律制度和社会意识形态（如政治、道德、习俗、宗教、法律观念，等等），也在文明社会的每个家庭中找到了生存土壤。专偶婚以性禁制的方式得以维护；家庭在历史长河中以它实在的面目出现，在发挥着它对文明社会的奠基作用。布依族对专偶婚外性行为的禁忌，至今仍有一定的积极意义。首先，它是对感情不专、喜新厌旧、破坏婚姻家庭和谐美满，继而动摇社会根基的淫乱行为的彻

[①] 陈明华：《刑法学》，中国政法大学出版社1999年版，第562页。

底否定；在一定程度上能够唤醒人们的道德良知；并以禁忌的方式对有意触犯者加以惩罚，来维护社会的正义。其次，虽然对禁忌中的某些做法如前所述须加以正确引导，但从原则上看它与现代婚姻法倡导的精神是一致的，我国《婚姻法》第3条规定："禁止有配偶者与他人同居。"第4条新增了"夫妻应当忠实、互相尊重……"这些规定承认男女性生活得到满足的唯一合法形式是缔结婚姻，结婚使夫妻双方均承担了不得与其他异性发生性行为的法定义务[①]；认定诸如通奸、第三者插足、卖淫嫖娼、包二奶等违背夫妻忠实义务的行为均构成违法，除应承担民事责任外，构成犯罪的还应承担相应的刑事责任。另外，对专偶婚外性行为的禁忌，也可以最大限度地减少桃色事件或性丑闻的发生，并可对夫妻间因违反忠实义务而引发的打击、报复、伤害、杀人等恶性事件的发生，起到事先预防的作用，有利于促进家庭和社会的和谐与稳定。

3. 对婚床外性行为的禁忌。它产生得较晚一些，是为满足其他社会成员（B、C、D……）对A对其配偶占有的嫉妒心理的体现，继而升华成一种关于性的伦理意识。毫无疑问，这种伦理对性行为规范有着积极的意义。不然，到处都可见性交的人，人类不就复归到动物群中去了吗？我国婚姻法认为夫妻应当共同居住于某一相对固定场所，共同寝食，共同生活。同居既是双方享有的权利（同居权），又是双方互负的义务；至于性生活是在婚床上进行，还是在婚床外（如亲朋家、旅途车船的包房内或是度假的酒店内等）进行，法律一般是不予限制的。国外法律对此的规定也有细微差别。如法国民法典规定："妻子负有与丈夫同居的义务，并应随丈夫到认为是适宜居住的地点居住。"墨西哥民法典规定得更为具体："配偶双方应当在婚姻住所共同居住。如果一方并非出于公务需要或社团业务需要将自己的住所迁移到国外，或是在不卫生或不恰当的地点定居，法院可以因此对配偶的另一方免除这种义务。"由此可见，现代婚姻法对夫妻同居地点作

---

① 李明舜：《婚姻法中的救助措施与法律责任》，法律出版社2001年版，第116页。

出一定限制，不仅有利于婚姻家庭的稳定，而且也便于规范夫妻的同居生活（包括性行为）本身，使人们在头脑中逐步形成这样的意识：同居生活（包括性行为）是夫妻间的"床笫之私"，切勿不分地点、场合随便进行。这对于维护社会公序良俗是大有裨益的。布依族对婚床外性行为的禁忌的积极意义，也正基于此得以体现。但应当禁止或排除其中的某些消极做法，如见者参与、"挂红"驱邪等，使民族习俗逐步与现代婚姻法的精神相协调一致。

4. 白昼性行为的禁忌。它也是性伦理的派生，不论放到何时、何地，都没有多大意义，但却为我们研究原始的禁忌规范提供了依据。

三 结语

在古代中国或当代一些民族自治地方，对于国家机器无暇顾及的生活领域，任何单纯的行为规范和禁忌都没有绝对的威慑力。不过，人类总不能永远在紊乱无序中生存，他们需要相对的衡定，只有衡定才能发展。这样一来，他们就能借助社会权威或鬼神的力量，来维护群体的社会规范和禁制。譬如布依族的同姓不婚等习俗，须靠家族力量来维系；民族村寨中的寨老、族长、巫师等智识精英阶层是社会权威的代表；社会规范的制定、执行、传承和发展，离不开社会权威的作用。又如性禁忌的鬼神化使得禁忌的威慑力产生了，因为在众人都相信鬼神的条件下，在执行禁制的过程中，经过无数次偶然事态的发生，逐步增强了对鬼神的崇信；这种鬼神化的禁忌功能与民族宗教信仰关系密切。如本文前述的未婚性行为者和专偶婚外性行为者，被认为妖魂附体，会给别人带来不幸，因而应施以惩戒。在那神力无边的年代里，禁忌规范毫不费劲地被赋予神秘力量。而婚床外性行为的发现者的参与，则明显地还保留着群婚制的遗痕，是参与者满足性嫉妒与占有欲的一种冲动。人们认为，婚床外性行为会产生一种无形的邪气，并破坏发现者的正常生存运转。而发现者的参与可以排除干扰，但其本身也是违反禁制的,为了制约被发现者婚床外性行为,人们又借助于神力来使得这种参与合理化,并采用"挂红"洗礼的办法以驱逐邪气。当然,这些所谓"排除干扰"的做法,在现代社会不仅不宜提倡,而且还应当禁止。因为人们不能用一种"违法行为"去制止另一种"违法行为"。对于白昼性行为的鬼神化,解释起来也很简单。由于人们对遗传学的无知,把各种各样畸形儿的出生,归结为鬼神参与了配偶双方的性行为。因为白昼是白的,白昼性行为被"白"这种鬼神力参与了,所以生出来的孩子是白的。这种禁忌似乎可笑,但从另一个侧面,它也能启发人们充分利用白昼的宝贵时光,集中精力去从事自己的事业,而不去沉迷于性爱。这种禁忌之所以能承袭下来,恐怕这也是其中的因素吧!

然而,民族习俗作为传统文化的积淀,在建设法治社会的过程中只有去芜存菁,才能适时发展。欲实现法的现代化,亟须解决法从传统农业社会向现代工商社会的转变过程中遇到的相关问题。例如,如何处理民族习惯法与国家法的关系将是制约我国法的现代化的重要问题。在民族习惯法与国家民事立法的关系问题上,习惯法的合理制度只有上升为国家法,它才有生命力;而国家法只有吸收了习惯法的内容,它的光辉才能照到社会的每一个角落。在解决法律文化冲突的问题上,在习惯法与国家法的关系上,尤其在公法方面,习惯法对国家法应退避三舍;而在私法方面,应让习惯法充分发挥自己的作用,并尊重双方当事人的意愿。[①]另外,在少数民族地区,还应协调好法治与宗教的关系,人们在理性和信仰之间达成平衡,和谐社会才能成功地构建起来。布依族性禁忌的权威须借助鬼神力量方能得以维持,而法的现代化则是靠法治来推进。在这里,我们不禁又要重新认真思考一个古老的问题:法究竟是来源于人的理性,还是来源于神的意志?笔者认为,现代法治是人类理性思维和制度建设达到一个至高境界的标志,但只有站在历史和文化的高度上才能真正地解读并运用好它。

---

① 参见下篇《送法进城》。

唯其如此,"法先生"才能继"五四"的"德先生"和"赛先生"之后,成为有力推动中国现代化进程的真"神"。对于布依族婚姻习俗和性禁忌,当我们揭开其神秘面纱的时候才发现,法治理想的大门不正矗立在历史与现实的契合点上吗?!

送法进城

中国法制建设应重视法律的本土化问题。民族习惯法承载着薪火相传、生生不息的民族精神。对于民族习惯法我们应站在原创文化的高度去解读它。同时可以运用法人类学和法律史学的科学方法去研究它、探索它，使民族法文化在新的时代得以传承和复兴。

中华民族法律文化源远流长，早在两千多年前中国就形成了幅员辽阔的多民族的统一国家，各民族在各自特定的历史条件下以及不同的自然环境中，形成了丰富多彩的法律文化格局。历史上中国少数民族政权（包括五胡十六国、北朝、辽、夏、金、元、清等朝代）前后持续一千年左右，在民族融合的历史大潮中，少数民族的统治者吸取汉以来历代封建王朝立法和司法经验，并荟萃少数民族自身的风俗习惯之精华，兼收并蓄，创建了具有多元色彩的法律体系。① 因此，少数民族法制成为中华法系的重要渊源。从纵向的角度来看，古老的"中华法系"是中华民族对人类法制的巨大贡献，但它在近代"西学东渐"浪潮的冲击下逐步解体，并由此开始了中国法律的近代化进程，即对西方法律文化进行吸收并与之融合的过程，但遗憾的是，无论在隐性的法律意识形态里，还是在显性的法律制度结构中并未很好地体现伟大的民族精神；从横向的角度来看，当代的国家法和民族习惯法之间在制度和观念上也存在不相协调、相互冲突的问题。总而言

---

① 参见曾代伟《北魏律渊源辨》，重庆出版社2000年版，第269页。

之，本篇就有关法律的本土化问题、民族习惯法的价值定位，以及当代民族法研究的新思路、新方法等问题进行初步的探讨。

一　法律是民族精神的体现

中国法制建设中应重视法律的本土化问题。德国历史法学派代表人物萨维尼倡导"法律是民族精神的体现"。而民族精神怎么体现呢？就是通过民族自身的习惯来体现。如果我们今天在制定《民法典》的时候，不进行大量艰苦的民族习惯调查，那么制定出来的法典就会有缺陷。而德国在制定《民法典》时并未完全移植《法国民法典》，而是根据本民族特点和习惯有所取舍。在少数民族习惯法与民事立法的关系问题上，习惯法的合理制度只有上升为国家法，它才有生命力；而国家法只有吸收了习惯法的内容，它的光辉才能照到社会的每一个角落。在解决法律文化冲突的问题上，在习惯法与国家法的关系上，尤其在公法方面，习惯法对国家法应退避三舍；而在私法方面，应让习惯法充分发挥自己的作用，尊重双方当事人的意愿。目前在学术界有一种倾向，即认为没有时间也没有必要进行民事习惯调查，这一观点有失偏颇。中国近代曾有过三次由当时的中央政府组织的民事习惯调查。中国西部少数民族地区民、商事习惯资源很丰富。调查研究方面的工作做好了，将对中国民事立法特别是《民法典》的制定做出很大贡献。民族法文化的研究不仅是指对少数民族法文化的研究，而且也应当把汉民族的法文化研究纳入其中，同时还可以把国内各民族之间的法文化进行比较研究。国家在法制建设中，应根据少数民族地区不同的文化类型，充分利用当地法文化的本土资源，做好民族文化的传承和使之进步的工作。

二　民族习惯法的价值定位

研究民族习惯法的意义有四大价值，即历史哲学价值、法哲学价值、原创文化价值以及实践价值。① 从历史哲学价值的角度来看，民族习惯法不仅可以为我们提供丰富的历史经验和借鉴，而且从更重要、更深远的意义上说，对民族习惯法的研究还有助于我们认识和揭示人类历史和法的历史的起源与本质。从法哲学价值的角度来看，通过对我国少数民族习惯法的研究，对"法是怎样产生的？"这一重大的法理学命题有了新的解释，即法并不一定是随国家的产生而产生，从一定意义上来说，法是在老百姓的生产和生活中自发产生的。从原创文化价值的角度来看，民族法文化具备原创文化的某些特征。原创文化是指产生于人类古老文化的发源地，具有鲜明的民族特性和不朽的智慧价值的那些文化类型。古代希腊文化、印度文化和中国文化等都是原创文化的典型代表，它们为人类的前进提供了无穷的智慧源泉和不竭的精神动力。最后，从实践价值的角度来看，一方面民族习惯法从观念和制度层面为民族地区的主体提供了简便易行的行为指引，如贵州雷山县的苗族习惯法以口承相传、民间调解等形式处理民间纠纷，除重大的刑事案件由国家法院裁决之外，一般的刑事，尤其是民事案件均由民间调解解决，这样既减轻了法院的讼累，当事人也心悦诚服；另一方面民族习惯法可以为国家立法以及司法改革提供直接的资源。因为习惯法作为法的重要渊源，应将其纳入国家的整个法律体系之中，并因地制宜地实施运用，为法制建设提供精神上和实践上的借鉴。

三 法人类学——为民族习惯法研究乃至整个法学研究提供了一个全新的视角和方法

在西方，法人类学是在法学和人类学的边缘生长起来的一门交叉学科。法人类学是建立在立足人类学的观点，立足经验和感受，立足不同文化之间的比较，对传统的法的概念、法的演进以及法在

---

① 参见陈金全《西南少数民族习惯法简论》，法律出版社2003年版，第320页。

社会中的位置、功能和作用进行讨论，对传统的法的概念、传统的研究方法进行检讨、清算和批判，试图建立一种全新的法学认识论体系的一门学科。法人类学对法学的贡献在于它提供了一种全新的研究视野和迥然不同于传统法学的研究方法。法人类学的突出特点在于，人类学对法学的介入，大大拓展了传统法学的研究领域，扩大了法的内涵，传统法学对法的概念的理解是法具有阶级性、国家性，而法人类学尽可能地将法放在一个最低的、最宽泛的领域内去研究，认为法就是一种规范、一种规矩，把原来的不属于法的领域需要讨论的问题如禁忌、道德、习惯、惯例等以及非西方社会的一些社会控制的方式、社会分工的原则放在法的视野之内，把不同文明之间、不同文化个体之间、不同族群之间存在的一些类似于法律的现象或其他社会控制现象、社会规则都可以放在法律的范围来讨论。例如，用法人类学的方法研究我国南方山地少数民族习惯法，可以按不同的经济文化类型分为四种：俗成习惯法、约定习惯法、准成文习惯法和初阶成文法。[①] 根据法人类学的观点，对于一种社会控制现象是否属于法，判断的标准在于它是否具备法所应有的四个属性，即权威、普遍适用的意图、权利与义务关系、制裁。从更广泛的意义上来说，法律具有文化性、地方性、民族性、多元性、层次性以及共同属性的特征。法既是一种"地方性知识"，又具有共同的基本属性。另外，法人类学的重要价值还在于它为法学研究，尤其是民族习惯法的研究提供了一种全新的方法和技术，其显著特点是秉承了传统人类学的一些研究方式、方法，强调田野调查、参与性观察，注重对典型案例进行分析，提倡基于不同语言、地域、习俗等的文化之间的比较研究。从某种意义上讲，法人类学的这些方式、方法，对传统法学构成了研究方式的革命。

---

① 参见张冠梓《论法的成长——来自中国南方山地法律民族志的诠释》，中国社会科学文献出版社 2002 年版，第 68 页。

四 处理好国家法与民族、民间法的关系问题，走具有中国文化特色的法制之路

在国家法的力量比较薄弱的一些地方，民族、民间法在某些方面比国家法更有效率地解决了许多法律纠纷。民间法比理性、逻辑、概念更持久，更有支配力，它的合理性不是来自权力的预设、配置，而是来源于生活、历史的习惯，有很强的自觉性。它的存在表明法律并不是来源于概念、逻辑，而是来源于民间，来自生活，法律需要老百姓去信仰。① 中国传统的儒家法就是在"礼"这一古老习惯的基础上建立起来的，但在自近代以来开始的西方"法律移植"的过程中，随着异质的大陆法系的概念法学的引进，人们逐渐忘却和丢掉了中华法中重经验、重习惯、重成文法与判例法相结合的传统。而在受"法律移植"运动影响较小的民族地区，其法文化中仍然具有许多精神价值和合理因素，这不仅对于立法、司法，而且对于法学研究都具有现实的借鉴意义。为此，我们应采用历史主义的解构和解读方法，加强对传统中华法的研究、对民族法的研究、对儒家文化的研究，让科学研究回到原创文化上来，以增强创新的动力。为了解决民族地区民间法与国家法可能发生冲突的问题，我们应当通过立法的形式来廓清或者界定两者的调整范围。一方面国家法应当规定最根本的问题，如政治、经济、军事、外交等方面的法则；另一方面国家法应给民间法留下空间，如允许民族地区制定自治条例或保留习惯法；同时，民间法也应尊重国家法制的统一性，与时俱进。只有这样，才能协调好国家法与民族、民间法之间的关系，既强调法律的统一性，又维护法律的多样性。

综上所述，民族习惯法的传承与现代法治的构建是中国法制建设

---

① 参见杜文忠《历史·习惯·逻辑——论当代中国法学研究的基本方法》，《民族法学评论》2000年（第1卷）。

中面临的重大课题。在中国法律现代化进程中，贯彻民族精神将为我们提供不竭的精神动力，坚持法文化的原创性是一种合理的价值取向，法人类学和法律史学为法学研究提供严谨的科学方法。如果说把国家法向民族地区渗透的运动称为"送法下乡"的话，那么让国家法吸收习惯法的合理因素就可以称为"送法进城"，这两种力量的对接和碰撞，是中国法律走向成熟的必由之路。

第三编　西方法律文化

本编有三个研究论题。前两个涉及宪法和宪政，首先探讨宪法制度与文化渊源，研究美国宪法的生成背景；其次研究从社会到国家的宪政生成模式，是以历史的视角考察美国的宪政生成模式。研究宪政和宪法的关系，从形式上看，宪法只是一部规范或者一个文本，而宪政才是其内容。宪法是宪政实践的经验总结，这是从宪法的理论意义来说的；宪法一旦制定生效，便由国家强制力保障其实施，反过来它又对宪政实践具有规范作用，因此，宪法又具有可操作的实践意义。目前学术界有些学者认为，宪法是宪政的前提条件。这种观点只看到了宪法的实践意义，而没有关注宪法产生的历史条件和文化渊源，没有看到宪法的理论基础和逻辑前提是宪政实践。第三个论题"在理性和信仰之间"，这是对西方自然法学历史嬗变的评述。自然法理论的产生和演变总的来说是为了避免人类秩序规则的异化和反人性。它的出现使西方法律产生了二元论：法律总是分为自然法和实在法。自然法是评价实在法的标尺，成为实在法追求的目标。自然法就是正义、良知、理性等，但其含义不能完全罗列。法律的价值追求就是实现自然法，而自然法是法律完善自身的方法。自然法作为一种超人类社会、超人性的形而上学，从古希腊到中世纪它都依靠一套超验的思想理论体系，在人类的彼岸世界为人类追求法治的理想提供不竭的精神动力和方向指引。

宪法制度与文化渊源

美国宪法的生成，有其特定的历史条件和文化背景。它是希腊、罗马文化和英国宪法文化在北美英属殖民地历史演进的必然结果。美国宪法秉承了人类文明中许多重要的价值理念，这是值得充分肯定的；但它同时也受到西方文化的某些偏执性和局限性的影响，因而欠缺了对宪法的现代性因素的发掘力和整合力。而宪法的现代性因素是构建现代民族国家政治文明以及国际和谐的基石。

美国在独立战争取得胜利后，于1787年颁布了世界上第一部成文宪法。一方面以巩固革命的成果，另一方面奠定了作为近代民族国家的法治基础。可以说一部宪法开启了美国近代的宪政之路。本篇首先论述美国宪法的法律文化渊源，其次讨论与该主题有关的美国近代宪政立法的特点以及给我们的正反两方面的启示。

一 美国宪法的法律文化渊源

一国宪政语境与其固有或继受的法律文化、经济基础、政治制度及政治家的个人品性、宗教和民俗、地理环境、人口素质以及时代背景和国际关系等因素密切相关，其中法律文化渊源将直接影响到该国宪政的成败和品性。美国制宪之所以能一锤定音，主要是因为它继承了希腊、罗马法律文化和英国宪政文化中极其丰富的宪政资源，并且继承和创新是受近代启蒙思想家的深刻影响和在许多开国元勋的共同努力下完成的。法律文化，从其结构的角度来看，包括属于深层结构的法律意识形态（即法律心理、法律意识和法律思想体系）和属于表层结构的法律制度设施（即法律规范、法律制度、法律组织机构和设施）两个方面①，其中最核心的要素是法律思想和法律制度。本篇所探讨的美国宪法的法律文化渊源，既涉及宪政法律思想（如自然法、基督教），也涉及宪法制度（如雅典宪法、英国的宪法性文件和普通法等）。

（一）雅典宪法

雅典宪法与近代西方国家的宪法是有区别的。法治、人权保障、主权监约②是近代宪法的三个维度。雅典宪法，从法治的角度来看，它奉行民主立法和民主司法原则，实行直接民主，形式公正，但往往缺乏实质公正，在许多情况下（如政治家的煽动、缺乏专业化等）可能形成多数人对少数人的暴政；典型案例是以所谓"不敬神""腐蚀青年"等罪名③，对当时持不同政见者大哲学家苏格拉底处以死刑，这充分暴露了雅典民主制度的缺陷；美国宪法之父麦迪逊（参与制定联邦宪法和《权利法案》）对古希腊宪政立法的教训有相当的了解，他指出："如果这些教训一方面教导我们称赞美国根据古代的模式准备和制订政府的正规计划方面所作的改进，另一方面，这些教训同样也可以用来告诫我们伴随这种试验所产生的危险和困难"④；美国人以代议制民主实现分权和制衡，避免了直接民主的许多弊端。从人权保障的角度来看，在雅典民主的黄金时代——伯里克利时期，享有公民权的人不到居民总数的十分之一，而占人口绝大多数的奴隶、外邦人

---

① 参见刘作翔《法律文化理论》，商务印书馆1999年版，第118页。
② 参见黄基泉《西方宪政思想史略》，山东人民出版社2004年版，第1页。
③ 参见［英］A. E. 泰勒、［奥］Th. 龚珀茨《苏格拉底传》，赵继铨等译，商务印书馆1999年版，第69页。
④ ［美］汉密尔顿、杰伊、麦迪逊：《联邦党人文集》，程逢如等译，商务印书馆1980年版，第186页。

和全体妇女毫无民主可言；美国宪政在人权保障方面走了一段类似的弯路，但作为近代民族国家，美国其自身运转的高效率使其能够较快地从国内法的角度，对宪政制度设计的缺陷及时进行修正，通过确立公民的基本权利等，废除奴隶制，取消种族、肤色、身份、性别歧视等，将享有选举权的公民范围扩至最大限度，这是雅典宪法所无法比拟的。从分权和制衡（主权监约之最重要方面）的角度来看，雅典政体没有有效形成"三权分立"架构，这是因为：立法权和行政权属于公民大会及其常设机构——五百人议事会，此二权很难分开；另外，陪审法院也为公民大会所控制，因此雅典就没有形成真正的司法独立体制；而美国不但实行三权分立，而且从宪法的直接规定到最高法院违宪审查制度的建立，为司法独立确立了实体上和程序上的双重保障。但无论如何，雅典宪法作为人类宪法史的开篇，可视为宪法的"古典版本"，其稚拙古朴的风貌并没有因历史长河的荡涤而洗刷殆尽，它的经验和教训连同古希腊的自然法一起，成为近代美国宪政立法重要的文化渊源。

（二）自然法和基督教

在古希腊和古罗马，哲人们对法的存在的本体论进行思考：法来源于人的理性，还是神的意志？有没有一种超越人定法（实在法）之上的"普遍法"（自然法）？法的基础是公共权力，还是自然、正义？等等[①]。古希腊人"第一次把宗教变为哲学"[②]，在对法的本体论进行追问中，阐发了体现人类自然理性、权利和正义的自然法理论，它对西方法学的影响长达两千多年，时至今日这些理念仍然是各国宪法所体现的一系列重要价值观的源头。而古罗马人则进一步把抽象的自然法学说与罗马的实在法结合起来，最终确立了私人权利一律平等等重

[①] 参见葛洪义《法理学》，中国政法大学出版社1999年版，第19页。
[②] [美] 伯尔曼：《法律与宗教》，梁治平译，中国政法大学出版社2003年版，第29页。

要的法治原则。古代自然法中的"自然权利"观和受此影响而产生的"私人权利平等"的罗马法原则以及基督教"上帝面前人人平等"的观念,在中古后期和近代西方国家逐步演变为"法律面前人人平等"这一普遍的宪法原则。

在欧洲中世纪,自然法被奥古斯丁、托马斯·阿奎那等学者嫁接在基督教的神树上,成为连接上帝和人类的桥梁,促进了希腊文化和基督教文化的结合。历史上,基督教的产生源于犹太民族反抗罗马帝国专制统治的斗争,其教义中蕴含着强烈的反抗精神以及充满人性的价值意义。基督教"原罪说"所阐发的"性恶论"和中世纪教会法确立的教权与王权的二元对立结构,对于近代宪政中限制公权、防止邪恶发生的"设防"理论——分权、制衡原则产生了重要影响;人类政治上的契约起源于宗教即上帝与人的约定;法律信仰、自由平等等理念也出自人类对上帝的信仰以及在上帝面前人人平等的观念。因此,基督教在古希腊、罗马的法文化和近代宪政文化之间发挥着承上启下的重要作用。

在17、18世纪,伴随着启蒙运动而产生的"古典自然法学",去掉了超验的神学自然法的外衣,从人的"自然理性"出发,特别强调人的"自然权利"和政府的"权力分立"。洛克的自然法理论的核心是"自然权利"观、"社会契约论"和"主权在民"思想,他写道:"自然法即理性,它教导着有意遵循理性的全人类:人们既然都是平等和独立的,任何人就不得侵害他人的生命、健康、自由和财产";"人类天生是自由的,历史的实例又证明世界上凡是在和平中创建的政府,都以上述基础为开端,并基于人民的同意而建立";"当人们发现立法行为与他们的委托相抵触时,人民仍然享有最高的权力来罢免或更换立法机关"[①]。在洛克出版《政府论》半个世纪以后,孟德斯鸠阐发了"三权分立"理论,他认为:"当立法

---

① [英]洛克:《政府论》(下篇),叶启芳等译,商务印书馆1964年版,第6、64、91页。

权和行政权集中在同一个人或同一个机关之手,自由便不复存在了;因为人们将会害怕这个国王或议会制定暴虐的法律,并暴虐地执行这些法律。如果司法权不同立法权和行政权分立,自由也就不存在了。如果司法权同立法权合而为一,则将对公民的生命和自由施行专断的权力,因为法官就是立法者。如果司法权同行政权合而为一,法官将握有压迫者的力量。如果同一个人或是由重要人物、贵族或平民组成的同一个机构行使这三种权力,即制定法律权、执行公共决议权和裁判私人犯罪或争讼权,则一切便都完了。"① 古典自然法学派的代表人物洛克、孟德斯鸠等人的学说对美国宪政和宪法的生成和完善产生了重大影响。

近代美国制宪有着深刻的自然法和基督教文化背景。革命和制宪时代的著名人物潘恩、杰斐逊等人也是自然法理论的信奉者和大师级人物。潘恩在《独立宣言》发表前说道:"让产生的宪章以神法,即圣经,为依据;让我们为宪章加冕,由此世人就会知道,如果我们赞成君主政体的话,那么在北美,法律就是国王。"② 在十多年后的费城制宪会议上,潘恩的这一建议最终得以实现。杰斐逊在由他起草的著名的宪法性文件《独立宣言》中称:"世界各国之间依照自然和自然神明的法则,取得独立和平等的地位……造物主创造了平等的个人,并赋予他们若干不可剥夺的权利,其中包括生命权、自由权和追求幸福的权利。为了保障这些权利,人们才在他们之间建立政府,而政府之正当权力,则来自被统治者的同意。"这是对古典自然法理论的经典总结,使自然法理论和基督教教义为人类的秩序规则充当向导和指引。杰斐逊在担任弗吉尼亚州议员时曾抨击过将政府三权都归于立法机构的做法,认为"多数人揽权的坏处并不比一人掌权小",他不同意简单的多数人统治,认为那不过是一种"民选的专制",与暴政无

---

① [法]孟德斯鸠:《论法的精神》(上册),张雁深译,商务印书馆1963年版,第156页。

② 转引自[美]爱德华·S.考文《美国宪法的"高级法"背景》,强世功译,生活·读书·新知三联书店1996年版,第1页。

异,而是接受了政府中应有不同利益集团或不同原则的代表的观点①。杰斐逊阐述了政府应实行分权和制衡的政治主张,并坚决反对议会借民主之名行独裁之实的做法。美国的国父华盛顿(宪法的缔造者之一)在他的"告别演说"中谈道:"侵犯职权的风气易使各部门的权力集中为一,这样不管建成何种形式的政府,都会产生一种地道的专制。正确估计支配人类心灵的对权力的迷恋及滥用权力的癖好,就完全可以使我们相信这种情况是真实的。……行使政治权时,必须把权力分开并分配给各个不同的受托人以便互相制约,并指定受托人为公众福利的保护人以防他人侵犯。这种相互制约的必要性早已在古代和现代的试验中显示出来。我国也在进行某些试验,而且就在我们自己的眼前。有必要进行这些试验,也有必要继续这些试验。"② 这篇演说词是麦迪逊协助草拟的,同时反映了两位开国元勋的宪政思想,此段话对美国立宪和行宪的原因、目的、方法和历史背景进行了概括的总结。麦迪逊的分权和制衡论是受到孟德斯鸠理论和基督教对人性恶的基本估价而阐发的:"野心必须用野心来对抗。……用这种种方法来控制政府的弊病,可能是对人性的一种耻辱。但是政府本身若不是对人性的最大耻辱,又是什么呢?如果人都是天使,就不需要任何政府了。如果是天使统治人,就不需要对政府有任何外来的或内在的控制了。"③ 从美国开国元勋们的话语中,我们不难看出古代的法文化遗产、启蒙思想家的政治哲学和宪政理论构成了美国制宪和立国的思想基础,而宪法的精神和原则对美利坚民族精神的重新塑造又起到了决定性的作用。所以美国宪政立法的成功,绝非偶然,有其深刻的历史和法文化背景。此外,美国宪法作为一项自觉拟定的社会契约,它的生成也是18世纪制宪会议上各州代表商讨妥协的结果。

---

① 参见[美]理查德·霍夫施塔特《美国政治传统及其缔造》,崔永禄等译,商务印书馆1994年版,第30页。
② 王建华编译:《美国演说名篇》,世界图书出版公司1995年版,第29页。
③ [美]汉密尔顿、杰伊、麦迪逊:《联邦党人文集》,程逢如等译,商务印书馆1980年版,第264页。

（三）英国的宪法性文件和普通法

英国是中世纪和近代宪政资源最为丰富的国家。它早在1215年就颁布了《大宪章》，其总体精神是限制王权，把王权置于国家法律的约束和监督之下，同时在一定程度上扩大了人民的权利和自由。13世纪英国教徒布拉克顿的名言："国王在万人之上，但却在上帝和法律之下"，正反映了英王与臣民妥协订立这份和平协议的时代要求。《大宪章》是英国宪政最古老的渊源，它在历史上曾发挥过积极的作用。英国于1688年确立君主立宪制，次年颁布了著名的宪法性法律《权利法案》，主要包括扩大议会权力、限制王权以及保障人权等方面的内容。至于普通法，美国宪法史专家考文认为英国的普通法理论和实践对美国宪政中的司法审查制度的产生起到某种程度的作用。他先引用了17世纪英国法官和学者柯克的话："在许多情况下，普通法会审查议会的法令，有时会裁定这些法令完全无效，因为当一项议会的法令有悖于共同权利和理性，或自相矛盾，或不能实施时，普通法将对其予以审查并裁定该法令无效"；接下来考文论述道："从这些字眼，我们不仅可以预见到今天美国法官们所运用的、以制定法与宪法相矛盾为由而否决它们的权力，而且也预见到了使这种权力最终成熟起来的'合理性'检验标准。……柯克努力使普通法历史上形成的程序，成为约束权力特别是英国王权的永久手段。"① 美国的司法审查制度明显受英国普通法影响的主要表现在于，它是通过一个著名的宪法判例——马伯里诉麦迪逊案确立的，时间稍晚于成文宪法的制定，也属于美国立宪过程中的重要事件。它赋予"三权分立"的三个部门中看似权力最弱的一个部门——联邦法院系统足以制衡其他两类机构的权力，即联邦法院尤其是联邦最高法院是联邦或州立法与行政部门立法和行为合宪性的最终裁定者。美国最高法院不仅是权威的象征，而

---

① ［美］爱德华·S.考文：《美国宪法的"高级法"背景》，强世功译，生活·读书·新知三联书店1996年版，第43、73页。

且手握实权,"它能使国会、总统、州长以及立法者俯首就范"。①

从法律思想的源流来看,英国的《权利法案》与美国宪法是同受洛克政治哲学影响下的两个不同的法律版本,但后者因与英国宪政资源有着某种渊源关系并且在后来的近一个世纪中吸收了启蒙思想的最新成果而更加显示其完整性和刚性;北美十三州在独立前早已纳入普通法系之中,因此随后产生的联邦宪法是对包括英国宪政资源在内的西方文化继承和创新的一个范本。在联邦宪法颁布后,司法审查制度的创立使得成文宪法与宪法判例一道共同构成美国宪法的主干。

二 美国近代的宪政立法

如果把美国近代的宪政立法比作一部交响曲,那么1787年宪法的制定构成整部乐曲的主旋律,此前的宪政实践则是序曲,而后来的修正案和制度创新可看作对主旋律的变奏。这既是美国宪政立法的特点,也是它的优点,并且还体现了它未来发展的某种趋势。美国近代立宪的成功,是建立在以商品和市场为特征的经济基础和独立革命取得胜利的政治基础之上的。除经济、政治因素外,美国近代的宪政实践成为宪法生成的铺路石。

(一)美国近代的宪政实践

1. 思想启蒙。从17世纪初英国在北美建立殖民地开始,其法律传统便被逐步移植到这片新大陆。英国具有悠久的宪政传统,这对殖民地人民宪政意识的培养产生了积极影响。但最直接的宪政思想的启蒙是通过各殖民地带有临时宪章性质的公约、章程的制定,后来各州宪法的制定和实施,以及《独立宣言》等的传播和影响来实现的。

2. 地方自治。美国独立前在地理上距离宗主国英国较远,后者不

---

① 任东来、陈伟、白雪峰等:《美国宪政历程:影响美国的25个司法大案》,中国法制出版社2004年版,第38页。

能对其殖民地进行有效的控制。各殖民地之间也互不关联，其形态有点类似古希腊林立的城邦，所以美国在独立前有着近两百年的地方自治的基础。而地方自治是滋养宪政的沃壤。与麦迪逊同时代的最高法院大法官斯托里在他的著作中论述道："在所有殖民地建立了地方立法机构，立法机构的其中一院由人民自由选举的代表组成，以代表和维护人民的利益，并对所有法律拥有否决权。我们已经看到，在早期殖民地特许状的初始结构中，没有任何条款规定了这样的立法机关。但是，正如殖民者熟悉英国人的权利和特权，并像他们一样，在其他所有权利之上，最珍视议会中的代表权，作为他们的政治和公民自由的唯一确实保障。"① 我们对这段论述进行分析，可以作出如下基本判断：美国的宪政始于殖民地时期的基层民主政治建设和地方自治；宪政的生成早于联邦宪法甚至州宪法的出台；北美殖民地早期的宪政，更多地表现为一种宪政的风俗或惯例；而宪政风俗的养成源于英国的宪政文化以及殖民地居民的宪政实践。斯托里在该论述中没有谈到英国以外的西方文化，实际上英国的法律文化受希腊、罗马文化和日耳曼习惯法影响很深，但这并非本书讨论的重点。此外，独立战争期间绝大多数州制定了本州的新宪法，各州的宪法或类似性质的文件为地方自治奠定了法治基础。

3. 邦联试验。1777年第二届大陆会议制定的《邦联条例》以国家最高法的形式，规定美国的国家结构形式是"邦联"，宣告各州保留其主权、自由和独立。这样的邦联条例下的美国成为一个中央无权、组织松散的政治联合体②。1787年参加修改《邦联条例》会议的与会代表，不失时机地将这次会议变为美国宪法的制宪会议。合众国在邦联时期的成败得失直接为制宪会议提供生动的借鉴材料。

4. 公民社会形成。美国各州以自由民（公民）为地方政治和社

---

① ［美］约瑟夫·斯托里：《美国宪法评注》，毛国权译，上海三联书店2006年版，第75页。

② 林向荣：《外国法制史》，成都科技大学出版社1997年版，第209页。

会生活的主体。政治的多元化、经济的市场化和私人权利的神圣化使得宪法赖以生成的社会基础——公民社会初步形成。

（二）美国宪法制度的特点

1. 把宪政实践做成标本。在人类历史上，宪法是怎样产生的呢？笔者认为宪法是为适应民主政治实践或改革的需要而产生的，并且各国宪法大都体现本民族的历史文化和风俗习惯。它们一般沿着民主政治实践——宪法制定（民主政治实践的理论概括）——新的民主政治实践——修宪（或采取其他立宪措施）的路径向前发展。从形式上来看，宪法只是一部规范或者一个文本，而宪政（民主政治实践）才是其内容。宪法是宪政实践的经验总结，这是根据宪法的理论意义来说的；宪法一旦制定生效，便由国家强制力保障其实施，反过来它又对宪政实践具有规范作用，因此，宪法又具有可操作的实践意义。目前学术界有些学者认为，宪法是宪政的前提条件。这种观点只看到了宪法的实践意义，而没有关注宪法产生的历史条件和文化渊源，没有看到宪法的理论基础和逻辑前提是民主政治实践。标本的原意是指把某种富有价值的、鲜活的事物使其保持原样或定型，以供学习、研究或借鉴。如果实际生活中这种鲜活的事物发生了新的变化、具有了新的价值，原有的标本不仅仍包含原来的意义，同时又有了与新的价值相比较的价值。美国宪法的制定和后来的修宪，正体现了这样一种价值取向，其成功之处在于，立宪和修宪是建立在宪政实践进入成熟阶段基础上的，所以宪法无须作大规模的修改。若将标本的含义作进一步地引申，美国宪法这一标本，既是对西方宪政思想成果和本土宪政实践经验的高度概括，具有抽象的理论意义；同时它也是国家的根本大法，具有强制性、规范性等实践意义。

2. 确立了几个重要的宪法原则。其一，法治原则。宪法是建设法治国的重要保障。美国人在宪政实践中摸索出一整套依法治国的措施和办法，宪法成为宪政实践的经验总结。1787年宪法、1789年的《权利法案》和1803年司法审查制度的创立，是美国近代立宪的三项重要成果，并由此确立了国家一系列根本制度。其二，分权与制衡原则。美国的制宪者秉承了西方传统法文化中正义等这一核心价值理念，力图在秩序和自由之间寻求中道的权衡。一方面既要避免邦联时期因中央政府过于弱小而造成的无序和混乱状态，所以召开制宪会议的目的是集权，也就是使各州让渡出部分权力给中央，以便建立强有力的全国政府；另一方面又要防止权力的过度集中而造成中央政府以国家名义侵犯州权，进而侵害公民的正当权利，故而又要分权，以加强掌握权力机构之间的相互制衡。为达到上述目的，联邦宪法确立了立法、行政、司法三权分立的中央横向分权体制和联邦与州之间的纵向分权体制。其三，主权在民原则。1789年的《权利法案》，即宪法第一至第十修正案，其主要内容是关于公民各项自由权利、与诉讼有关的权利以及各州或人民保留的权利的规定。这些规定说明美国联邦政府的权力来自各州权力的让渡，但最终来自人民的授权；各州在宪法的旗帜下得以统一，它们在承认和遵守联邦宪法以及依据宪法制定的联邦法律的前提下，可以保留自己的宪法和法律体系，依法建立自己的政府机构，并与联邦政府保持相对独立。在宪法规范中，前两个原则都必须服从于主权在民这一根本性的宪法原则；而在宪政实践上，美国通过代议民主制的形式将这一根本原则落到实处。

3. 纠错和更新机制较为完备。"通过国会的补充、现代总统的实践、习惯与惯例以及司法解释，宪法一直在适应新的情况"。[①] 除此之外，修宪也是一种有效的手段。联邦宪法颁布后两百多年间产生了二十几条修正案，使立宪时的未尽事宜和新的社会问题得到妥善解决，这些修正案不但没有损害宪法的原貌及其所确立的国家根本制度，反而将立国之纲更好地付诸实践。另外，制度创新使宪法的作用日臻完善。如司法审查权的确立使联邦法院尤其是最高法院获得宪法权威解释者的地位，一方面起到制衡作用，另一方面也使立宪体制跟上时代

---

① ［美］詹姆斯·M. 伯恩斯等：《民治政府》，陆震纶等译，中国社会科学出版社1996年版，第63页。

步伐。第二十八任总统伍德罗·威尔逊有句名言:"最高法院是不断开着的制宪会议。"① 尽管如此,我们还应看到这种宪法的纠错和更新机制也存在一定的局限性,尤其在对宪法的现代性因素的发掘和整合方面。关于这个问题,下文还会述及。总之,近代美国宪法的制度设计充分体现了依法治国、限权政府和主权在民的法治思想,它是西方传统法文化的结晶。

三 对美国近代宪政立法的历史反思

从对近代美国制宪的相关语境的分析,我们可以得到两点启示:

(一) 各国立宪和行宪没有固定的模式,一般遵循对宪政胚胎的培育和宪政立法的完善相结合的原则

公元前后的几个世纪,随着马其顿王国以及后来的罗马帝国对古东方一些国家的征服,促进了东西方文化的大融合。此后的西方文化已不再以希腊文化为唯一的渊源,而是古代希腊、罗马文化与古东方埃及文化、犹太教—基督教文化相结合的产物,并且在一定程度上还受到中国文化的影响(特别是中国古代四大发明传入西方后,对西方近代的发展起到了重要的提速作用)。中世纪中期以后,经过文艺复兴、宗教改革和启蒙运动,西方人对古代的文化遗产进行了重新的整合。近代美国宪政的胚胎就是在这样一个吸收了世界主要文明成果而重获新生的西方文化的母体中逐渐发育成熟的。那么西方文化中哪些因素影响和促进了美国宪政和宪法的生成呢?这些因素归纳起来即"个人权利诉求、政治权力多元和法律至上"②,它们根植于希腊、基督教文化和英国宪政的传统中,到近代资产阶级革命时代逐渐成为西

---

① [美] 詹姆斯·M. 伯恩斯等:《民治政府》,陆震纶等译,中国社会科学出版社1996年版,第54页。

② 钱福臣:《美国宪政生成的深层次背景》,法律出版社2005年版,第75页。

方政治文明蕴含的核心价值理念，并在英属北美殖民地成功地转化为社会有机体实际运行的方式，且最终反映在美国宪法的一些基本原则之中。英国清教徒登上"五月花号"驶向北美便开始了他们个人权利的诉求，商品、市场经济的发展又把这种诉求推向极致；美国独立前近两百年的地方自治，造成了权力多元的政治格局；潘恩关于"法律就是国王"的论调与布拉克顿的观点一脉相承，反映了美国独立战争前后当地人民的主流意识。美国是先有宪政，而后才有宪法。1787年务实的美国人将其宪政实践做成了一个标本——美利坚合众国宪法，以使其垂范后世。美国宪政和宪法史向世人阐释了宪政和宪法在本质上是内容和形式的关系，二者缺一不可。我们如果把宪法只看成为宪政预设的前提条件，不仅会犯学理上的错误，而且也会把国家的宪政建设引向歧途。清末预备立宪的失败表明，在宪政发展的初级阶段，自上而下的立宪和行宪固然重要，但宪政胚胎的培育是更为重要的社会系统工程，其建设的落脚点关键在基层；如果没有广大公民宪政意识的觉醒、全社会范围内宪政风俗的养成以及基层宪政运作机制的构塑，而盲目地进行法律移植，其后果就会使国家颁布的宪法成为一纸具文。

（二）从美国宪法产生的历史背景分析，其文化中固有的某些偏执因素制约了宪法的发展，使其欠缺某些现代性因素

历史上西方国家的对外扩张以古代希腊（主要指马其顿）、罗马的军事征服——中世纪十字军东侵的宗教"圣战"——近代为资本寻求世界市场的经济殖民扩张——现代兼采经济、文化、军事等手段的综合扩张为基本线索。可以说对外扩张构成西方文化有别于东方文化尤其是中国文化的一个显著特征。在对这一特征的历史追溯中我们发现这样一个事实，即其深层次原因是西方文化孕育于海洋文明，其滥觞地——地中海北岸和东岸的海岸线极其曲折和漫长，造就了许多天然的良港，但这一地区自然资源贫乏，这种特殊的自然环境使得人们只能通过贸易和战争来向外拓展生存空间。这是西方文化从其孩提时代起就养成的性格特征。再加上这一地区位于两大陆、三大洲的交汇处，呈现出民族众多、文化多元的竞争性格局，民族的、宗教的、文化的和基于经济因素（最后一点尤其在拜占庭时期和近代波斯湾石油资源被发现以后）的征服和反征服的斗争此起彼伏、从未间断。继希腊、罗马以后，这种对外扩张的文化性格随着社会经济的发展、人口的增长，延伸至中世纪中南欧城市共和国、西南欧的西班牙和葡萄牙王国，近现代扩展到整个欧洲和美国。

近代美国制宪正是在西方列强的大规模殖民扩张、争夺世界霸权的时代背景下进行的。后来美国也加入了争霸战争，并最终成为世界霸主。美国制宪不可避免地打上了时代的这一烙印，并且也制约了它以后的发展。这就要求我们在认识美国宪法赖以生成的西方宪政文化时，既要看到它积极的一面，即立宪和行宪的出发点和归宿都是为了人的自由和幸福，以期通过实行宪政，能在本国建立一个法治、和谐与美好的社会，而且美国等西方一些宪政发达的国家基本做到了这一点，这是人类文明史上了不起的成就；同时也要看到它的消极面和不足：由于过分强调人的权利，客观上破坏人与自然的和谐；实事上存在的种族歧视，破坏族群之间的和谐；实行强权政治，破坏国际和谐；强调国内法与国际法的二元对立，使得宪法作为国内最高的法律缺少与国际法的沟通与互动；过分强调人的理性，缺少对人的终极关怀。在全球化——地球村的时代，宪政绝不能"闭关自守"，每一个国家的宪法和宪政最终都应关注全人类，其合法性和正义性应经得起全人类的考验。美国宪法，有人称为"活着的宪法""长寿的宪法"，这"活着"和"长寿"的背后是否缺失某些现代性因素呢？答案是肯定的。笔者认为，这可归因于美国对宪法的现代性因素的发掘力和整合力的缺失，但从根本上是由于以上提到的西方文化（尤其是美国文化）中的某些偏执因素造成的。而宪法的现代性因素是构建现代民族国家政治文明与国际和谐的基石。它们不仅包括国内法意义上的法治、人权保障、主权监约等传统价值观中蕴含的现代性因素，而且也包括人与自然和谐、种族平等、国际和谐、和平、发展、文化多元、关注人类的未来等新的现代性因素。这些因素关系到今日之人类和未来之人类的生存权、发展权、追求自由和幸福的权利以及各国必须履行的义务。各国宪法应在对传统文化进行重新整合的基础上，并与环境法、国际法、宗教法（在有些国家存在）等法律部门进行有效的对接和高度的综合方能很好地体现这些现代性因素。战后联邦德国宪法（即1949年《德意志联邦共和国基本法》）吸取了纳粹覆灭的教训，创造性地对国家主权理论提出新的见解，对传统的国家主权是国内的最高权力和国际上的独立权力的观念有所转变，明文规定对本国的主权加以某些限制，必要时可以转让国际机构来行使。联邦德国宪法的这一变化具有某种示范作用，为我们探索宪法制度和宪政文化的现代性提供了某种新的思路。从历史上来看，宪法制度作为希腊、罗马文化所孕育的胚胎，历经中世纪漫长的发育过程，至近代终于成熟，呱呱坠地，但其产生的时代背景却使其显得有些早熟。近代西方的各立宪国在谋求本国或本民族利益的同时，却不能做到不把灾星（或灾难）降临到其他国家或民族头上。这不啻为古代自然法以及近代西方各国宪法和国际法所没有解决的制度性难题，同时也是近现代唯恐赶不上宪政班车的发展中国家所共同面临的规则或制度语境中的深刻矛盾。因此，有关宪法的现代性问题是我们在考察美国宪法制度与宪政文化时不得不思考的一个向度。笔者认为，中国传统文化中许多积极因素可以弥补西方文化的某些偏执性和局限性。我们可以从东方古代圣贤大哲们的场景式的思维方式中已经抽象出的诸如和谐、仁义、信用、民本、中庸、无为、兼爱、非攻、以法治官、世界大同等价值理念或原则，为世界范围内宪政文化的现代化注入无尽的智慧之源。我们对东西方文化的态度应坚持科学、理性、思辨精神，寻求会通和超越，即继承发展和综合创新。就法文化而言，既不要只偏好西方文化，片面强调法律移植，也不应固守东方古老传统，单纯借鉴本土资源。只有会通和超越，古老的文化才不至于失落；也只有会通和超越，一个国家才能永久地自立于世界民族之林。

从社会到国家的宪政生成模式

近代美国宪政的生成是由两个重要因素决定的：一是以西方法律文化为渊源。从法律文化的角度来看，立宪主义的确立是北美公民社会和独立后的合众国在长期奋斗中对自身生存和发展方式所做出的政治抉择。二是以独立前后的社会宪政运动为先导，在邦联试验失败后又继之以国家宪政运动为主导，并且是社会和国家两种力量对接和碰撞的结果。美国宪法是将其宪政实践做成标本，宪政与宪法之间存在有机的互动关系，我们应从内容和形式两个方面把握好二者的关系。

中美两国都是世界上举足轻重的大国，并且长期存在竞合关系，现阶段双方在经济、文化上的交流已进入较深层次。世界范围内宪政立法史表明，现代任何立宪国家都面临宪政的培育和宪法的完善双重任务。对前者的重视和加强显得更为迫切。我们只有认真总结历史的经验和教训，才能在全球化的竞争中不仅以经济发展速度取胜，而且以复兴的中国文化和先进的制度取胜。近代美国的宪政正是沿着从宪政培育到宪法完善的路径向前发展的。当宪政因子在社会有机体中培育成熟后，美国就以宪法的形式将该成果巩固下来，从而使其宪政的发展完成了从社会到国家的转换。以下分别从宪政思想的启蒙、地方自治、公民社会的孕育以及制宪会议四个方面阐述美国近代的宪政实践。

一　思想启蒙——宪政因子的萌生

英属北美殖民地最直接的宪政思想的启蒙是通过社会宪政运动的深刻影响来实现的。笔者认为在社会宪政运动中宪政风俗（宪法文化的一个重要侧面）的养成对宪政的建成起到非常重要的作用。从17世纪初英国在北美建立殖民地开始，其法律传统便被逐步移植到这片新大陆。英国具有悠久的宪政传统，这对殖民地人民宪政意识的培养产生了积极影响，继而在北美殖民地逐渐形成了一种宪政风俗。在此，我们有必要先对一个国家内部的宪政运动作一分类。根据主体不同，可将宪政运动分为国家宪政运动和社会宪政运动两大类别。国家宪政运动是指一个国家自上而下立宪、行宪的宪政运作过程，其主体是国家；而社会宪政运动的主体则是指与国家相对应的主体，包括个体、家庭、族群、地方乃至整个公民社会，社会宪政运动是指在国家政权架构之边缘（并非在国家政权架构之外），公民、家庭、社会族群、政治团体或地方自治机构等参与民主政治生活的过程，具体体现为思想家的思想、公民参与民主政治的自觉行动、自下而上的政治改革的呼声或谏言、政党之间的竞争、地方自治以及相关的宪政风俗的培育等方面。

宪政风俗，笔者将其定义为在一个国家或地区的社会宪政运动中自发形成的民主政治意义上的社会治理和社会控制方面的风俗，它主要涉及法治、人权保障和主权监约等几个方面。英属北美殖民地和美国建国初期的宪政风俗主要包括三个方面：其一，法治方面的风俗：准宪法性质的公约、特许状（这类文件是一种简易的社会契约，是对地方风俗习惯、社会控制模式以及理想生活方式的概总，在当地具有普适性和规范功能，但有别于后来产生的各州宪法）的颁行，以合法形式（如利用殖民地议会作为武器）与宗主国进行斗争的政治传统，等等；其二，人权保障方面的风俗：对宗教信仰自由的高度推崇，地方自治（最古老的政治价值与实践之一）的成功运作，正当程序原则的产生和确立，经济交往、政治组织与行为的契约化特征的形成，等等；其三，权力制衡（主权监约之最重要方面）方面的风俗：从殖民地初期模仿英国"议会主权"原则的政治运作，到独立前后各州对"三权分立"原则的运用并最终在它们制定的州宪法中得以确立，州际制衡，等等。西方学者指出，北美殖民地"发展政府制度的主要方式和正常途径是依据惯例和传统，而不是依靠立法和行政命令"①。"人民之生活习俗之所以会具有基本法的权威，因而值得为统治者承认，其理由在于这些生活习俗已经是'人民之协议'的表现。此'协议'虽不同于现代宪法中的'明示协议'概念，如同潘恩所界定的，意指人民同意一部经由协商讨论而达成的成文宪法，但我们也不应将古宪法的'协议'简化为事实上的习惯。相反地，某种习俗在经过长期采用与实行之后，可证明这习俗已经通过了理性的审慎判断，也得到了自由人的同意。自由人在日常生活习惯之'协议'中所表达的同意要比统治者的权威更具分量。"②

近代美国宪法的生成是由两个重要因素决定的：一是以西方法律文化为渊源。从法律文化的角度来看，立宪主义的确立是北美公民社会和独立后的合众国在长期奋斗中对自身生存和发展方式所做出的政治抉择。二是以独立前后的社会宪政运动为先导，在邦联试验失败后又继之以国家宪政运动为主导，并且是社会和国家两种力量对接和碰撞的结果。当然，社会宪政运动与国家宪政运动既有区分也有重合之处，有时不能截然分离，甚至不能以孤立的观点进行讨论，必须将二者结合起来分析才能得出正确的结论。

---

① ［美］丹尼尔·J. 布尔斯廷：《美国人殖民地历程》，时殷弘等译，上海译文出版社1997年版，第28页。
② ［加拿大］詹姆斯·塔利：《陌生的多样性——歧异时代的宪政主义》，黄俊龙译，上海译文出版社2005年版，第62页。

二 地方自治——"民主主义的小学"

17世纪初,英国开始在北美洲进行殖民活动。英国人在那里建立的殖民地主要分为三类:第一类是"公司殖民地",即由英王对在殖民地建立的公司颁发特许状的形式建立的,如弗吉尼亚、马萨诸塞;第二类是"领主殖民地",为英王封赐给贵族或宠臣的"领地",这类殖民地数量最多;第三类是"契约殖民地",它们既不属于国王也不属于领主,而是自由民根据他们之间的契约建立起来的自治区,其后与英国签订"宪章"取得自治,如罗得爱兰和康涅狄格。这些殖民地的共同特点可以概括为:一是形成具有明显的契约化特征的政治社会。"早期殖民者对于法律的理解往往从契约或合同的角度出发……将政府与人民的关系视为神圣的契约关系。"① 二是政治体制实行地方内部事务的自治。美国独立前在地理上距离宗主国英国较远,后者不能对其殖民地进行有效的控制。各殖民地之间也互不关联,其形态有点类似古希腊林立的城邦,所以美国在独立前有着近两百年的地方自治的基础。

在人类历史上,任何政体的存在,都必须处理整体(以国家为主)和个体(以个人为主)之间的相互关系问题,能尽量协调好二者的目标和利益者才堪称优良政体。西方立宪制度的形成,在思想上实际是整体主义和个体主义两种政治哲学理想型分别在发挥作用,两者不断地斗争、妥协和融合的结果。这一点在美国制宪时代反映得尤为突出,当时就立宪过程中怎样整合西方不同的宪政理论和北美殖民时代的宪政遗产等重大问题形成了两个主要的派别:一派以汉密尔顿为首,其政治思想倾向于整体主义,主张建立一个强大的中央集权的联邦政府;另一派以杰斐逊为代表,政治观点偏向于个体主义,强调人民主权和州的主权。在制宪会议上,经过各方激烈的争论,最后达成

---

① 王希:《原则与妥协》,北京大学出版社2000年版,第22—23页。

妥协，宪法坚持联邦主义，实际上是整体主义和个体主义两种观点的融合。"联邦主义体现了既致力于联邦的统一同时又维护某种程度的地方自治"①。

地方自治是滋养宪政的沃壤。日本宪法专家芦部信喜赞同这样一种观点，即"地方自治是民主主义的小学"，"具有抑制中央统一权力的强大化、使权力向地方分散的重要意义"。② 与麦迪逊同时代的最高法院大法官斯托里在他的著作中论述道："在所有殖民地建立了地方立法机构，立法机构的其中一院由人民自由选举的代表组成，以代表和维护人民的利益，并对所有法律拥有否决权。我们已经看到，在早期殖民地特许状的初始结构中，没有任何条款规定了这样的立法机关。但是，正如殖民者熟悉英国人的权利和特权，并像他们一样，在其他所有权利之上，最珍视议会中的代表权，作为他们的政治和公民自由的唯一确实保障。"③ 我们对斯托里的这段论述进行分析，可以作出如下基本判断：美国的宪政始于殖民地时期的基层民主政治建设和地方自治；宪政的生成早于联邦宪法甚至州宪法的出台；北美殖民地早期的宪政，更多地表现为一种宪政的风俗或惯例；而宪政风俗的养成源于英国的宪政文化以及殖民地居民的宪政实践。斯托里在该论述中没有谈到英国以外的西方文化，实际上英国的法律文化受希腊、罗马文化和日耳曼习惯法影响很深，但这并非本书讨论的重点。此外，独立战争期间几乎所有的州都制定了本州的新宪法，各州的宪法或类似性质的文件为地方自治奠定了法治基础。

三 公民社会——孕育宪政的母体

实际上，公民社会的孕育与殖民地宪政思想的启蒙、地方自治是

---

① Jerome A. Barron & C. Thomas Dienes: Constitutional Law. Law Press, 2005, p. 2.
② ［日］芦部信喜：《宪法》，林来梵等译，北京大学出版社2006年版，第320页。
③ ［美］约瑟夫·斯托里：《美国宪法评注》，毛国权译，上海三联书店2006年版，第75页。

一个问题的几个相互关联的不同方面,它们都是当时社会宪政运动的有机组成部分。

各殖民地以自由民(公民)为地方政治和社会生活的主体。政治权力的多元化、经济运行的市场化和私人权利的神圣化使得宪法赖以生成的社会基础——公民社会初步形成。地方自治促成了政治权力多元化格局;"殖民地的各种欲望是欧洲文化的一个反映","殖民地经济基本上是欧洲经济移植于一个新的环境中"①,由此可见,经济运行的市场化趋势不可逆转;通过订立社会契约并确立法治原则来维护公民的个人权利已成为一种渐兴的潮流。关于最后一点,其最初的尝试是《"五月花号"公约》的签署。1620年一批在荷兰逃避宗教迫害的英国分离派教徒乘"五月花号"船来到今马萨诸塞州的普利茅斯,他们在登陆之前就起草和签署了一个自愿的政府公约,在声明自己作为英格兰的臣民之后,接着宣布:"为了上帝的荣耀,为了促进基督教的信仰,为了吾王吾国的荣誉,我们越海扬帆,以在弗吉尼亚北部开拓第一个殖民地,在此出现的我们,在上帝面前和相互面前,共同庄严立誓签约,自愿结成一个公民政治团体,以使上述目的得以顺利进行、维持并发展。公正和平等的法律、法规、条例、规章应按照上述目的而起草、制定和筹划,并且,官员们应随时随地——如被所认为的那样——最大限度地满足本殖民地的总体利益;对此,我们全体承诺应有的遵守和服从。"②这样,殖民者在新普利茅斯殖民地(后来与马萨诸塞合为一个殖民地)根据《"五月花号"公约》建立了殖民政府,后来又组建了一个代表院;总督、官员和议员都是通过选举产生的;他们以英国普通法作为基础,制定了地方规章,并严格地遵守摩西律法。该殖民地与比它稍前建立的弗吉尼亚殖民地——后者被认为"确保了殖民

---

① [美]吉尔伯特·C. 菲特、吉姆·E. 里斯:《美国经济史》,司徒淳等译,辽宁人民出版社1981年版,第36页。

② [美]约瑟夫·斯托里:《美国宪法评注》,毛国权译,上海三联书店2006年版,第17页。

地居民享有英国人权利中的大部分"①一起构建了地方代议制政府的雏形。基于相同的经济、文化背景,其他英属北美殖民地也逐步形成了大体相似的政体架构。

公民社会和政治国家相分离并具有较强的自治性,这一特点在英属北美殖民地表现得十分突出。公民社会与政治国家的关系在理论上可以概括为两类,即"洛克式'公民社会先于或外于国家'的架构"和"黑格尔式'国家高于公民社会'的架构"。二者都遵循共同的逻辑前提:将公民社会与政治国家的分离作为分析和认识的起点。在公民社会与政治国家的分离过程中,市场经济起到了关键性作用;因为,市场经济造就了公民社会的主体,拓展了公民社会的活动空间,塑造了公民社会的意识形态,锻造了公民社会的自治体制,促进了适合于公民社会的法律理念和制度的形成。②

美国是先有州后有联邦,先有公民社会后有政治国家。美国宪政主要凭借自下而上的社会宪政运动自发地生成,这也是英、美等率先进行资产阶级革命的老牌立宪国家的共同特点,有别于后起的政治大国如德国、日本、中国等。后发立宪国家主要靠自上而下的国家宪政运动力量来推动宪政。如德、日主要是自上而下地推行宪政,并保留了大量封建残余。而中国清末预备立宪是靠自下而上的社会宪政运动力量来推动,迫使晚清政府立宪,但由于本土宪政资源的极度匮乏和保守势力的过于强大而终归失败;民国的宪政,初期主要靠自下而上的革命推动,中后期则是自上而下地实行所谓的"训政"和"宪政";新中国成立后,主要是自上而下地颁布宪法自觉推行宪政。美国近代宪政运作成功的一条重要经验是,宪政胚胎在基层社会孕育近两百年之久,宪法的出台就如同发育成熟的婴儿降生了,经过长期宪政思想启蒙和宪政实践训练的公民们对出台后的宪法能够自觉地监督

---

① [美]约瑟夫·斯托里:《美国宪法评注》,毛国权译,上海三联书店2006年版,第11页。

② 谢维雁:《从宪法到宪政》,山东人民出版社2004年版,第164—165页。

其实施。

四　制宪会议——宪政从社会到国家的转折点

美国制宪的特点之一是集众人之智慧立不朽之盛事。美国宪法的生成，不可或缺的重要因素之一是有一批社会精英包括开国元勋、商人、银行家、种植园主、律师等的参与讨论、制定或为宪法在各州的批准而奔走呼吁。他们是一群如杰斐逊所说的代表"不同利益集团或不同原则"①的人士，其中有许多曾长期在各州从事宪政实践（如立法等）活动。制宪者们曾被一些西方学者形容为"半神半人者"。实际上，"半神"可以解读为他们为自己的国家请来了"法治"（此处特指宪法之治）这尊"真神"，他们是这尊神的信奉者和守卫者；"半人"则可理解为他们并不是真的神，而是有着常人之欲和各种优缺点，如麦迪逊所言并非"天使"，他们需要法治这尊"真神"的护佑，以便在凡人中间建立起设防机制——限权政府，以永葆国家的安宁和个人的权利、自由及福祉。正如罗斯福总统在举行的费城制宪会议150周年的庆典活动中所指出的"美利坚合众国宪法是一部属于普通人的文件，而不是法律家们合意的产物。宪法乃法律家之合意是一个不宜经常强调的观念。为宪法付出最多的麦迪逊不是法律家；以其平等交换意见的精神使制宪会议不致中途解散的华盛顿和富兰克林"也不是法律家。这部属于普通人的伟大文件乃是一部关于基本原则的宪章。②

各州的宪政模式和宪法观点为1787年制宪会议提供了生动的材料，这是美国制宪的另一个特点。这不仅强化了宪法的"草根性"，使这部渊源于西方文化的宪法具有了本土特色，而且使得宪法具有可

---

① ［美］理查德·霍夫施塔特：《美国政治传统及其缔造》，崔永禄等译，商务印书馆1994年版，第30页。

② 参见［美］布鲁斯·阿克曼《我们人民：宪法变革的原动力》，孙文恺译，法律出版社2003年版，第400页。

操作性，易于得到各州的认同和批准。下面摘录的两个州的宪法条文就是生动的例子：

"所有权力来自人民；政府官员是他们的受托人和公仆，且时时向他们负责"；"立法、执法和司法部门应当分立与不同；任何一个部门皆不得行使正当属于其他部门的权力，且任何人不得同时行使一项以上的权力"。

——摘自《弗吉尼亚州宪》（1776年）

"政体由个人的自愿结社所形成。它是一项社会契约；通过它，全体人民和每个公民之间形成契约，从而所有人皆受到为公共利益的某些法律所统治"；"人人天生自由和平等……在法律之下的平等，不得因性别、种族、肤色、教派或国籍而受到否定或剥夺"；"在本州政府内，立法部门永远不得行使执法或司法权力；执法部门永远不得行使立法或司法权力；司法部门永远不得行使立法和执法权力，才能实现政府的法治——而非人治——之目标"。

——摘自《马萨诸塞州宪》（1780年）

州宪的历史比联邦宪法更为悠久，并为美国的政府架构和权利保障提供了最早模式。州宪表达了美国多元化社会的民主自治，是美国宪政主义的基石。据统计，"所有13个州的宪法全部保护宗教自由；11个州保护陪审权利；10个州保护出版自由；9个州的宪法包括正当程序，禁止政府不经正当程序非法剥夺任何公民的生命、自由、财产等权利；还有少数州宪法保障自由言论和政教分离。这些权利保障是联邦《权利法案》的先驱。1787年美国制宪会议上，来自各州的55名代表先后讨论、采纳或排斥了不下20部州宪"[①]。

[①] 张千帆：《西方宪政体系》（上册·美国），中国政法大学出版社2000年版，第435—436页。

由以上分析看出，美国宪法是美国独立前后社会宪政实践的经验总结。在人类宪法史上，民主政治的实践（包括民主革命或同类性质的政治改革等，它们通常与一个国家的社会宪政运动互为有机组成部分）远比宪法的产生早。如古希腊的雅典是通过长达两三百年的政治改革，才确立了我们现在称为"雅典宪法"的古代宪政体制的版本。又如英国从13世纪初便开始了自下而上的限制王权的运动并导致《大宪章》问世，其后数百年间又通过建立议会制度进一步限制王权，当专制制度与人民权利的矛盾达到不可调和的时候，人民最终便通过革命在英国以宪法性文件方式确立近代意义上的君主立宪体制。17、18世纪的英属北美殖民地也是一个民主宪政的试验场。后来参加制宪会议的与会代表大都熟悉国会或州议会的运作过程，其中有的还参加过州宪法或人权法案的制定，对基层宪政运作的经验、教训以及存在的问题早已了如指掌，他们在制宪会议上将北美的宪政实践做成了一个标本。宪政，无论在理论层面还是在实践领域，都具有"限政"或建立限权政府之意，它是民主政治实践的具体运行过程，宪政最重要的内容包括"创造宪法（立宪）、实施宪法（行宪）和维护宪法（护宪）、发展宪法（修宪）的政治行为的运作过程"。[1] 各国宪法的产生和发展过程一般沿着民主政治实践——宪法制定（民主政治实践的理论概括）——新的民主政治实践——修宪（或采取其他立宪措施）的路径向前发展。宪法从形式上看只是一部规范或者一个文本，而宪政（民主政治实践）才是其内容。宪法是宪政实践的经验总结，这是根据宪法的理论意义来说的；宪法一旦制定生效，便由国家强制力保障其实施，反过来它又对宪政实践具有规范作用，因此，宪法又具有可操作的实践意义。目前学术界有些学者认为，宪法是宪政的前提条件。这种观点只看到了宪法的实践意义，而没有关注宪法产生的历史条件和文化渊源，没有看到宪法的理论基础和逻辑前提是民主政治的实践。

---

[1] 谢维雁：《从宪法到宪政》，山东人民出版社2004年版，第187页。

总之，制宪会议召开以前，大陆会议制定和颁布《独立宣言》《邦联条例》等宪法性文件的活动，都具有自下而上的社会宪政运动性质或者说是靠社会宪政运动力量来推动的。而1777—1787年《邦联条例》规制下的美国实际上是一个中央无权、组织松散的政治联合体。1787年参加修改《邦联条例》会议的各州代表，不失时机地将这次会议变为美国宪法的制宪会议。由此可见，制宪会议最初也是靠社会宪政运动力量来推动的。合众国在殖民地和邦联时期的成败得失直接为制宪会议提供了生动的借鉴材料。可以说制宪会议的召开，使美国社会宪政运动力量与国家宪政运动力量成功地进行了对接和转换。此后，美国的宪政史就是以国家宪政运动为主线，并且在上述两种力量此消彼长的相互运动中得以演进的。而联邦主义原则的确立，使得个体和整体、社会和国家、人权和主权在宪法之治的大旗下达到和谐。

在理性和信仰之间

西方自然法理论孕育于古希腊文明的母体,经历中世纪基督教的洗礼和近代工业文明的除魅,并在现代迎来复兴。自然法反映了西方法律思想成长的脉动并蕴含着西方社会一系列重要的法价值观。从古希腊到近、现代,法哲学家们所阐发的自然法,驻足于人类的理性和信仰之间,并将蕴含于其中的正义、法治等价值理念升华到崇高的境界。

从古希腊时起,西方法学史便开始了它漫长的成长历程,自然法理论就像是这条历史长河的源头活水,一直深刻地影响和荡涤着西方的法治文明。

一 古代到近代:从理性到信仰再回归理性的自然法学

古希腊哲学开端的存在定位是人类早期对自然的依附性。① 诚然,刚从广袤质朴的原始自然中脱胎换骨的人类的先民,对自然和社会的思索不仅显示了他们质朴和率真的自然本性,同时也是人类理性思维初射的一道耀眼的光芒。古希腊的哲人们"对法的存在的本体论进行

---

① [英]韦恩·莫里森:《法理学》,李桂林、李清伟、侯建等译,武汉大学出版社2003年版,第29页。

思考：法来源于人的理性，还是神的意志？有没有一种超越于人定法（实在法）之上的'普遍法'（自然法）？法的基础是权力，还是自然、正义？"① 等等。希腊人"第一次把宗教变为哲学"②。在正义理论方面，柏拉图认为正义是一种和谐。亚里士多德则认为正义是一种中庸，是法律的目的。后来的斯多葛学派的自然法思想对末世希腊，尤其对罗马产生了重要影响。该学派的创始人芝诺的学说"其中心意旨是自然中的一切事物都可以用理性来解释；每一个行为都必须以理性来证成"。③ 由此可见，古代自然法虽然脱胎于原始宗教，但又深刻地超越了后者。希腊人阐发了体现人类自然理性、权利和正义的自然法理论，而今这些理念仍是西方国家现代法治所蕴含的一系列重要价值观的源头。

罗马共和国晚期的著名法学家西塞罗的自然法观念不仅与基督教教义极为相似，而且很有可能确实对该教义的形成有所贡献。他在《论共和国》一书中写道："真正的法是与自然契合的正确理性……对于真正的法，其神圣性不可能被贬损，其合法性不可能被扭曲，其效力不可能被废止……若是真正的法，就不会在罗马一个样而在雅典另一个样，或者明日之法与今日之法有所不同；它是唯一而一同的法，永恒而不可改变，约束所有时代的所有民族；它是神所设计、解释和颁布的，神赋予它唯一而普适的统治者的地位，让它规制万事万物。"④ 后来随着罗马帝国征服和贸易活动的开展，罗马法学家更注重实践性的"自然法"。"当他们谈到某一规则或制度背后的自然法或自然理性时，他们讨论的不是天上之神的律法或理性，而是地上之人的自然本性，即人的境遇，人的常识，生命的事实，商业关系的特

---

① 葛洪义主编：《法理学》，中国政法大学出版社1999年版，第19页。

② ［美］伯尔曼：《法律与宗教》，梁治平译，中国政法大学出版社2003年版，第29页。

③ ［爱尔兰］J. M. 凯利：《西方法律思想简史》，法律出版社2002年版，第45页。

④ 同上书，第56页。

征"①，等等。

古代希腊、罗马的自然法经过两次嬗变：第一次是自然法与原始宗教相分离。古希腊的先哲们把目光从神转向自然，将人类的理性、正义等价值理念与法律联系在一起，这是西方先民在精神上的最初觉醒。然而他们又赋予自然法以超验性和神圣性，并将其置于世俗国家和实在法之上。这就是康德所谓的"人为自然立法"的希腊语境，在这样一种理性思辨和精神解放运动中产生了古代的民主和宪政。第二次是古罗马人在强调自然法的同时，更重视对实在法的研究和探索。罗马私法的高度发达一定程度上淹没了自然法超验的神光；罗马法学家对法律部门进行了划分（具有代表性的分类方法是三分法，即自然法、市民法和万民法，后两者即是实在法），他们的视野从自然转向人。因此，罗马人在运用法律的时候，具有更加务实的精神。

欧洲中世纪，奥古斯丁把自然法思想与神学思想结合起来，将法律分为两种：神法和人法。而托马斯·阿奎那建构了完整的神学自然法思想体系，就法律的分类提出了著名的"四分法"，即"永恒法"（上帝规范整个宇宙的法律）、"自然法"（上帝规范人类的法律）、"神法"（《圣经》的教义）、"人法"（人类按照自然法而制定的法律），在基督教统治的中世纪为自然法理论的发展开辟了新的路向。自然法和基督教的结合，是从人类自然理性出发到宗教信仰的一种回归。然而，人类的自然理性与宗教信仰并非毫无关联，从认识论的角度来看，它们有着共同的价值基础。费尔巴哈指出："自然不仅是宗教最初的原始对象，而且还是宗教的不变基础、宗教的潜伏而永久的背景。"② 由此可见，自然法与基督教是基于自然而结合的。历史上，基督教的产生源于犹太民族反抗罗马帝国专制统治的斗争，其教义中蕴含着强烈的反抗精神和充满人性的价值意义。基督教"原罪说"所阐发的"性恶论"以及中世纪教会法所确立的"教权与王权的二元对

---

① ［爱尔兰］J. M. 凯利：《西方法律思想简史》，法律出版社2002年版，第58页。
② ［德］费尔巴哈：《宗教的本质》，王太庆译，商务印书馆1999年版，第10页。

立结构"①,对于近代宪政中限制公权、防止邪恶发生的"设防"理论——分权、制衡原则产生了重要影响;人类政治上的契约起源于宗教即上帝与人的约定;法律信仰、自由、平等等理念也出自人类对上帝的信仰以及在上帝面前人人平等的观念。因此,基督教在古希腊、罗马的法文化与西方近代法治文明之间起着承上启下的重要作用。总之,中世纪的神学自然法理论阐发了人类是通过上帝赋予的理性来认识自然法的,最终又使自然法摆脱了神学的桎梏,恢复其自然理性的精神。

17、18 世纪,启蒙运动与资产阶级革命相伴而生。其间产生的"古典自然法学",去掉了超验的神学自然法的外衣,从人的"自然理性"出发,特别强调人的"自然权利"和政府的"权力分立"。古典自然法学派的代表人物洛克、孟德斯鸠和卢梭等继承和发展了古希腊、古罗马的自然法思想,从"应然"和"实然"的二律背反中为实在法寻求道德的价值理念,提出了一系列具有"现代性"精神的法学理论和法律原则,如"自由""平等""博爱""天赋人权""三权分立"等。古典自然法理论不仅开辟了近代法学的新气象,而且完成了自然法自古希腊至近代从理性到信仰再回归理性的辩证否定过程。

二 现代:以信仰或理性作为认识论和方法论的新自然法学

19 世纪末和 20 世纪,新的自然法学说产生并日臻成熟。人类对其间的一系列重大政治事件,如世界大战、种族歧视、学生运动和妇权斗争,等等;以及对功利主义法学和分析实证主义法学将道德和法律割裂开来、主张"恶法亦法"等论断,进行了深刻的反思,极大地促进了新自然法学的形成。

这一时期的倡导天主教神学的新托马斯主义法学和非神学、世俗

---

① 林向荣主编:《外国法制史教程》,成都科技大学出版社 1997 年版,第 147 页。

的自然法学,都称为新自然法学。新自然法学派的主要代表人物有马里旦、富勒、罗尔斯等人。法国哲学家马里旦是新托马斯主义法学派的主要代表,其学术观点体现了神学主义与现代人权主义相结合的特点。他认为,自然法是人权的哲学基础或理性基础;人民高于国家,国家为人民服务;应摒弃主权的概念和建立世界政府。美国法理学家富勒的学说主要论证了法和道德的关系。他主张,法律与道德密不可分,法律包含了其固有的道德性,缺乏这种道德的法律根本不能称为法律。美国当代著名学者罗尔斯阐发了正义理论,他认为实现正义原则必须具备的条件是:第一,在这个社会中,每个人都接受同样的正义原则,并且知道他人也接受同样的正义原则;第二,社会的各项制度都普遍地符合这些正义原则。[①] 罗尔斯把正义分为平等原则和差异原则。平等原则是人人享有的同等、广泛的基本权利;差异原则是指把社会上和经济上的不平等安排得合理些。

新自然法学与古典自然法学的主要区别在于:第一,古典自然法学主张反抗暴政,认为自然法永恒不变;而新自然法学主张阶级调和,自然法内容可变。第二,古典自然法注重人的自然权利、个人正义;而新自然法学既重视人的权利,又重视人的义务,个人本位与社会本位相结合,并以社会本位为主。第三,古典自然法主要体现为本体论意义上的自然法,而新自然法则更多地体现为认识论和方法论意义上的自然法。总之,新自然法学主要沿着两条路径向前发展,一是以马里旦为代表,继承了中世纪托马斯神学自然法传统,从宗教信仰出发建立世界观和方法论,把基督教教义与现代法治结合起来,创立了人权主义的自然法理论;二是以富勒、罗尔斯等人为代表,他们针对"二战"中德国纳粹立法以及20世纪所发生的一系列政治事件进行科学理性思辨,建立起各自的自然法学或价值论法学理论体系。这时,信仰和理性不再像中世纪或近代那样呈现二元对立格局,而是作为认识论和方法论被法哲学家们引入法学研究当中。在这种信仰和理

---

① 参见沈宗灵《现代西方法理学》,北京大学出版社1992年版,第101页。

性的背后,就是人类自古以来所追求的道德、良知和正义等价值理念,而这些理念正是根植于人类孜孜以求的法治理想中最深层次的东西。至此,注重理性与信仰结合、个人权利与社会利益平衡、法律和道德密不可分的价值取向得到广泛的认同,经历沧桑的古老自然法理论在人类进入和平、发展、繁荣的今天得以复兴。

三 在对法的价值的探索中寻求法学的综合

自然法理论的产生和演变总的来说是为了避免人类秩序规则的异化和反人性。它的出现使西方法律产生了二元论:法律总是分为自然法和实在法。自然法是评价实在法的标尺,成为实在法追求的目标。自然法就是正义、良知、理性等,但其含义不能完全罗列。法律的价值追求就是实现自然法,而自然法是法律完善自身的方法。自然法作为一种超人类社会、超人性的形而上学,从古希腊到中世纪它都依靠一套超验的思想理论体系,在人类的彼岸世界为人类追求法治的理想提供不竭的精神动力和方向指引。17世纪开始,自然法思想经过启蒙运动的"除魅"而逐步走向世俗化;与人定法相比,自然法更关注人类的精神和价值层面的问题。总之,西方学界大都把自然法理解为既是自然、宇宙的法则,又是人性和理性的体现,同时也是一种普适的、至上的、无形的法律和检验人定法善恶的标准。

在理论建构方面,以近代为例,洛克的《政府论》、孟德斯鸠的《论法的精神》、卢梭的《社会契约论》等都是古典自然法理论的经典之作。在法律的具体运用方面,为人们所熟知的许多法律原则,如法无明文不为罪、法律不溯及既往、无罪推定、私有财产不可侵犯、公民享有民事权利、契约自由等,都渊源于古典自然法理论。[①] 在法律部门的分类和立法方面,自然法理论直接导致了近代宪法、国际法等法律部门的产生以及西方国家民法典编纂运动的兴起。在法学家对

[①] 参见徐爱国等《西方法律思想史》,北京大学出版社2002年版,第183页。

自然法的评价方面，学术界的功利主义法学、实证主义法学以及历史法学等学派发起了对古典自然法学的激烈批判，学术争鸣导致了学术的繁荣。西方现代法学有向综合方向发展的趋势。法学的三种形态，即自然法学、分析实证主义法学和社会学法学，实际上对应着法学的三项功能：自然法学强调法律与道德密不可分，具有评判现实、树立社会正义的功能；分析实证主义法学强调概念分析和逻辑推理，具有理论认识功能；而社会学法学则强调法律的"社会化"，具有理解秩序、寻找社会规则的功能。正如伯尔曼所说：我们需要一种能够综合各个学派并超越它们的法学，"这样一种综合的法学将强调，法律必须被信奉，否则就不会运作；这不仅涉及理性和意志，而且涉及感情、直觉和信仰，涉及整个社会的信奉"①。

对自然法历史上的功过是非，前人之述备矣；后人一千年、一万年后也许还会评说。自然法就像一首诗、一首颂歌，在对人定法的牵引中，显示其强大的张力，引导人类克服异化、寻求真理。翻开西方法学史的篇章，我们清晰地看到，在人类建立的法律城郭的上空，是人类理性和良知的天国，自然法就如闪烁的星辰引导着憧憬幸福生活的人们不断地向着黎明和未来进行探索。千百年来在人类过往建立的各种法律制度的废墟上，自然法就像阿拉伯沙漠上的不死鸟，焚死后总会从灰烬中再生。自然法的恒久性，足以证明其包含了许多天下之公理，在某种意义上，它是信仰和理性的结合，也是正义和道德的化身。而人定法却在利益机制的作用下，在立法者或法学家的利弊权衡和逻辑推理中得以建立；随后又在人类理性和良知的指引下，不断修正自身的错误。人类的法治理想就是在这种超验和经验之间、唯心和唯物之间、宗教信仰与科学理性之间展开对立统一的运动，在迂回前进中寻找未来的归宿。

---

① ［美］哈罗德·J.伯尔曼：《法律与革命——西方法律传统的形成》，中国大百科全书出版社1993年版，第Ⅲ页。

第四编　比较法律文化

本编有两个研究论题。其一是正义、和谐价值与宪法，是阐述现代立宪国家宪法的价值基础。宪法的现代性的实质是在对东、西方的法文化进行辩证否定，并整合正义与和谐这两种价值的基础上，实现宪法的理性化和道德化。因此正义与和谐构成宪法的价值基础。其二是西宪理论与法家学说，则是运用比较研究的方法对东西方法律文化做研究的一种尝试。西宪理论和法家学说分别把民主宪政理论和君主专制理论发展到相当的高度，并且在历史上都曾以其理论创新深刻地影响了人类文明的进程。西方宪政理论和先秦法家学说作为不同时代政治学和法思想的权威理论，锻造出东、西方法文化的不同特征。

正义、和谐价值与宪法

完整的正义观与大和谐观是对西方和中国传统法文化所蕴含的相关价值理念的扬弃。而宪法的价值的实现,最根本的是在立宪阶段构建起完整的正义观与大和谐观,然后在行宪和司宪过程中实现正义,从而有力地推进政治国家与公民社会的和谐、国际和谐以及人与自然的和谐。宪法的现代性的实质是在对东、西方的法文化进行辩证否定,并整合正义与和谐这两种价值的基础上,实现宪法的理性化和道德化。要言之,正义与和谐构成宪法的价值基础。

一 现代立宪国家的宪法应构建完整的正义观

柏拉图在《理想国》一书中,以讨论"什么是正义"为其理论出发点,他借苏格拉底与他人的对话阐释了:"正义就是与友为善,对敌以恶的艺术"[①];作为最高层次的善,正义体现为忠诚、正直、勇敢、智慧、守法等诸多美德。西方法文化中的正义——从古代苏格拉底、柏拉图的作为"众德之总"的正义,到中世纪基督教教义中的超验正义,再到近代启蒙思想家高举的"天赋人权"的个人正义,直至现代新自然法学和价值论法学所倡导的社会正义,经历了一个从理性

---

① Plato:《The Republic》(Book I)(English Classics 3000). Peking: Peking University Press.

到信仰再回归理性的辩证否定过程。正义作为法的基础价值，在"应然"层面回答了"法应当是怎样的？"以及如何建设法治国等重大问题。古今思想家们以不同的角度尝试给正义下定义或作出合乎理性的解释，但几乎都不能离开一个中心和尺度——人，即离不开对人的生存和发展的关注，并以人性、基本人权乃至对人的终极关怀为出发点和归宿。在回答政治或法律制度是否符合正义时，不同时代的思想家们无论审视的角度有多大的不同、思辨的理路如何峰回路转，都不能回避"人是万物的尺度"（智者派奠基人普罗泰戈拉语）这一古老的命题，并由此展开去作出价值判断和合理论证。

《美国宪法》序言说："我们合众国人民，为建立更完善的联邦，树立正义，保障国内安宁，建立共同的国防，促进公共福利，并使我们自己和后代得享自由的幸福，特为美利坚合众国制定本宪法。"由此可见，近代美国宪法开篇就将"人民"置于"联邦"（政府）之前，将正义的理念冠于宪法之首。宪法序言的意涵是将人民主权和正义作为最基本的价值取向。至于美国在宪法的实施过程中能否将上述理念落到实处，尚待进一步考察和研究。宪法之正义只有坚持人本主义，其价值才有可能转化为客观现实。美国宪法是通过三个维度即"法治、人权保障、主权监约"[①]来体现其宪法之正义理念的。法治的要义是实现宪法之治，这是总的宪法原则和治国方略。对人权的尊重与保障乃宪法的根本目的。在人民主权与基本人权的关系上，人民主权是保障基本人权的前提，保障基本人权则是人民主权的目的，离开了这个目的，人民主权就会变质。从另一个角度来看，人民享有主权权利，就是享有基本人权；人民丧失主权，就是丧失基本人权。[②]宪法对人权的保障在代议制下主要是通过对多元政治权力的监约来实现的。因此，对多元政治权力的监约是实现宪法之治的重点。在宪法规范中，法治原则和分权与制衡（主权监约之最重要方面）原则都必

[①] 黄基泉：《西方宪政思想史略》，山东人民出版社2004年版，第1页。

[②] 肖君拥：《人民主权论》，山东人民出版社2005年版，第4页。

须服从于人民主权这一根本的宪法原则，因为人民主权和人权保障是民主制度的灵魂和宪法之正义与道德的依归。确立人民主权原则和保障基本人权是"宪政的首要的和终极的"目的，而实行法治和对政府权力的限制仅"具有手段或者工具的意义"①。

　　美国宪法文化中的"正义"，最初体现为维护个人或本民族以实现生存权和发展权为目的的一系列权利，这些权利正如杰斐逊在《独立宣言》中所宣称的包括"生命权、自由权和追求幸福的权利"，等等；但就《独立宣言》而言，它除了捍卫国内法意义上的正义之外，毕竟也揭开了被压迫民族反抗殖民统治的正义斗争的篇章。然而后来颁布的联邦宪法所涵盖的正义理念却仅仅局限于国内法意义上的；而且从国内法的角度来看，其正义的意义也是不完整的，这是因为美国宪法最初主要维护成年白人男性的各种权利。由于它缺少一个"权利法案"，因而遭到杰斐逊等民主共和派人士的猛烈抨击。美国宪法后来的二十几条修正案绝大部分篇幅都在弥补宪法在诞生之初"缺失的"人权保障条款，通过确立公民的基本权利，废除奴隶制，取消种族、肤色、身份、性别歧视等，将享有公民权的主体范围扩至最大限度，由此才逐步地构建起国内法意义上的正义价值观。笔者之所以认为美国宪法对正义的理解较《独立宣言》是一种倒退，是因为后者不仅包含了国内正义的价值观，而且在某个重要的侧面也宣扬了国际正义的理念。《独立宣言》已经是一部激情洋溢的战斗檄文，而其原稿中更为激进的一段话（正式发表时被大陆会议删除了）则反映了美国独立革命时期以杰斐逊为代表的北美人民的正义观："他发动一场灭绝人性的残酷战争，侵犯一个从未冒犯过他的遥远民族的最神圣的生命和自由的权利，将他们捉住，运往另一个半球当奴隶，或者在运送途中死于非命。这种海盗式的战争，臭名昭彰的异教徒强权，就是英国信基督教的国王发动的战争。"② 与《独立宣言》相比，美国宪法

---

① 谢维雁：《从宪法到宪政》，山东人民出版社2004年版，第108页。
② ［美］托马斯·杰斐逊：《杰斐逊选集》，商务印书馆1999年版，第50页。

在理念上的这种倒退，具有某种必然性。因为，一方面这是以私有制为主体的西方市场经济社会的特点所决定的。法律对个人权利的过分宣扬，资本对利润最大化的追求，传统社会价值观、理想和信仰的凋零，不可避免地使西方国家的人们的视野局限在个人、集团、本民族、本地区或本国利益上，不关心甚或损害他人利益，有时甚至以殖民掠夺、武装侵略的方式践踏其他民族、地区或国家的利益。另一方面虽然美国的宪法观念和制度随时代的步伐也有所更新，但总的来说并没有脱离近代化的樊篱，在对非犹太教—基督教文化的排斥中不能走出其"封闭"的文化怪圈；没有异质文化的冲击和碰撞，就产生不了新的文化因子。因此，美国宪法的正义观仍然局限于国内正义的狭隘范畴。

现代立宪国家的宪法应构建完整的正义观，即对宪法的正义价值的认识应具备时空维度：其一，从时间维度来看，人类在不同历史阶段对正义的理解是不同的。我们对正义价值的认识和践行应当立足当代意义，并参照历史上有关的各种学说，同时也应当为未来之人类（或未来世代）保留正义的权利。宪法对正义价值的阐发应具有历史性、现实性和前瞻性，不能割裂正义价值的历史文化内涵。例如，作为国内法的宪法可以吸收国际法中"地球权利"和"地球义务"等概念。"每一世代都从前代人手中以信托的方式继承自然与文化遗产，然后再为未来世代的信托利益而持有这项遗产。这种关系使每一代人都承担为未来世代而保护自然和文化遗产的地球义务，同时也享受作为信托受益人享用从其前代人手中继承的遗产的地球权利。要使这些权利和义务能够实现，必须让它们成为国际法、国内法以及地方法体系中的一部分。"① 当然，我们并非仅仅将保护自然和文化遗产作为"地球权利"与"地球义务"的共同指向，而是应当把诸如和平、发展、和谐、权利共享等因素作为"地球权利"与"地球义务"的重

---

① ［美］爱蒂丝·布朗·魏伊丝：《公平地对待未来人类：国际法、共同遗产与世代间衡平》，汪劲等译，法律出版社 2000 年版，第 2 页。

要内容，以加强国内法与国际法的沟通、互动和重新整合。无论对当代还是对未来世代的人类来说，破坏自然环境和文化资源，破坏世界和平以及人类生存与发展的权利的行为都是侵犯基本人权的非正义行为。各国宪法都应当明确规定，国家作为履行对当代和对未来世代的地球义务的保证人，就其错误行为承担相应的国际法律责任；并对负有直接责任的政府及其部门、其他机构或者公民个人追究相应的宪法、刑法等国内法的法律责任。其二，就空间维度而言，首先，以国家为界分，正义有国内法意义上的正义和国际法意义上的正义之分。前者的核心是保障人权，后者的要义是维护主权。其次，以一国为视角，根据不同的主体将国内法意义上的正义分为个人正义、社会正义和政府正义。个人正义以保障人权为核心，社会正义即通过协调个人权利和社会利益使二者达到平衡、以实现社会公正为宗旨，而政府正义则通过分权、制衡手段建立限权政府、实现人民主权和人权保障这一宪法的根本目的。正如孔子所言："其身正，不令而行；其身不正，虽令不从。"① 政府是国家机器，执掌立法、行政和司法权，一个国家只有率先实现政府正义，才能最终实现个人正义和社会正义。最后，从人类与自然的关系的角度来看，正义又分为人类正义和自然正义，前者是指对人类的以实现自身生存权和发展权为目的的一系列权利的尊重和维护；而后者则是指对人类生活于其中的自然界因遵循其自身运行规律而存在和发展的"权利"的尊重和保护。强调人类正义与自然正义的划分是对人类秩序规则的社会属性和自然属性的综合概括，也是对人类探寻法治的原因的追问。自然正义是以人类对自然资源的合理需要和依自然规律自然界可供资源的范围相重合的部分为边界。超过此范围，人类的行为就构成对自然的掠夺和侵害，必然遭到自然法则的惩戒。对此，我们不仅应吸收东方文化中的"天道"自然观的精髓，如"人法地，地法天，天法道，道法自然"② 等观念；而且也

---

① 《论语·子路》。
② 《老子·二十五章》。

应借鉴西方自然法学的某些重要理念,如"真正的法是与自然契合的正确理性……它唯一而一同的法,永恒而不可改变,约束所有时代的所有民族……它规制万事万物;对永恒的法的违反即是对人自己以及人的本性的违背,因此,谁若违背之,哪怕他逃避了对他的行为作出的其他相应惩罚,也将受到最严厉的处罚"①,等等。因此,自然正义的概念应当是对中国古代"法自然"的观念和西方自然法的理念融通后才能加以廓清的。简言之,人类正义和自然正义理念的构建是人类与自然和谐共融的前提条件。

二 中国古代大和谐观的宪法价值

中国古代的"天人合一""道法自然"等观念与西方的"人是万物的尺度""人为自然立法"等论断是同等层次上的伟大命题。人类作用于万物的同时,万物也在反作用于人类。因此,人在为自然立法的同时,自然法则也在制约着人类。各国制定的宪法,不仅要以人为本,同时也应尊重自然法则;在监约政府的同时,也要规范人自身的行为;不仅要使公民的权利与政府的权力之间达成平衡,而且也要使人类与世界万物和谐共融。从这个意义上来说,东、西方文化的碰撞和融通,是人类建设正义、和谐世界的现实选择。

中国古人并不强调人为自然"立法",而更强调人以自然为"法",即人在与自然建立某种关系的过程中,必须遵循"天道"自然法则(即自然规律),建构人与自然和谐发展的社会,以达到"天人合一"的境界。"天人合一"涵盖天、地、人三个方面,既包括人与自然的全部关系,又体现"王者通三"的社会架构。老子的"人以天地自然为法"、庄子的"天地与我并生,而万物与我为一"②的观

---

① [爱尔兰] J. M. 凯利:《西方法律思想简史》,王笑红译,法律出版社2002年版,第56页。

② 《庄子·齐物论》。

点，正是"天人合一"秩序意义中的道性之所在。后来自董仲舒开始至宋明理学将"天人合一"理论作了进一步的阐释，强化了它的神性和德性。因此，君权神授、君民同乐、尊尊、亲亲等构成礼法文化的基本价值观。神的观念在远古的中国起源于原始宗教，进入文明社会以后逐渐演变成构建统治政权合法性的理论依据。夏商时代有"天命论"，后来周公将其改造成天命转移的"以德配天"说。天命论规定着"君权神授"的合法性和礼的最高等级。中国传统文化中宪政资源极度匮乏的重要原因之一，就是强调君权神授（天命论和礼）而非君权民授。基于"君权神授"的观念而引申出的君权神圣不可侵犯作为中华法系的最高原则，在清末竟被写进著名宪法性文件《钦定宪法大纲》之中。另外，礼法文化重人际和谐的观念和道家的人与自然和谐的理念深入人心，皇权国家或家族社会甚至每一个人都可能成为"天人合一"理论的践行者。对于破坏这种和谐秩序的行为，自有国家法或习惯法加以制裁。因此，在"天人合一"的秩序意义中还包含有"法性"。总之，"天人合一"在中国哲学和传统文化中是一个大的范畴，它既是一种原创的观念形态，又是一个具有多种属性的秩序结构：神、道、礼、法，综合运用；神是基础，道乃本原，礼作支柱，法为保障；教化于先，刑惩在后。这个总的秩序结构对中国传统法观念的凝聚和法律制度的建立起着至关重要的作用。实际上它就是一个大的法律控制体系，我们通常意义上讲的法律（狭义）只是这个体系中的一个环节，并且是最后的屏障。"天人合一"机制的作用使得政治统治的合法性和法律控制的效能建立在自然、历史和文化的基础上，古代中国因此建立起世界上独特的生态政治和礼法社会模式——在许多王朝的某些时期成功地实现了人与自然和谐以及人际和谐。[①]

中国传统文化中的和谐观主要有三种：一是道家的"道法自然""小国寡民"式的人与自然的和谐：

---

① 参见前篇《古代和谐社会的法律控制》。

"人法地，地法天，天法道，道法自然。"——《老子·二十五章》。

"小国寡民，使有什伯之器而不用；使民重死而不远徙。虽有舟舆，无所乘之；虽有甲兵，无所陈之。使民复结绳而用之。甘其食，美其服，安其居，乐其俗。邻国相望，鸡犬之声相闻，民至老死，不相往来。"——《老子·八十章》。

二是儒家的"天下为公""大同"式的仁爱和谐：

"大道之行也，天下为公，选贤与能，讲信修睦。故人不独亲其亲，不独子其子，使老有所终，壮有所用，幼有所长，矜寡孤独废疾者皆有所养；男有分，女有归；货恶其弃于地也，不必藏于己；力恶其不出于身也，不必为己。是故谋闭而不兴，盗窃乱贼而不作，故外户而不闭，是谓大同。"——《礼记·礼运》

三是儒家的"天下为家""小康"式的礼治和谐：

"今大道既隐，天下为家，各亲其亲，各子其子，货力为己，大人世及以为礼，城郭沟池以为固，礼义以为纪，以正君臣，以笃父子，以睦兄弟，以和夫妇，以设制度，以立田里，以贤勇知，以功为己，故谋用是作，而兵由此起。禹、汤、文、武、成王、周公，由此其选也。此六君子者，未有不谨于礼者也，以著其义，以考其信，著有过，刑仁讲让，示民有常。如有不由此者，在埶者去，众以为殃。是谓小康。"——《礼记·礼运》

前两种实为中国古代和谐思想的精华，二者体现了人与自然的和谐和人际和谐相结合的大和谐观。但遗憾的是，延续两千多年的封建专制统治的合法性是建立在神权天命观基础之上的，统治者更多地强调和奉行尊其尊者、亲其亲者的礼治和谐。而礼法文化最大的糟粕是否定人格平等，只有君主、家长意识，缺乏民主、公民意识。"礼法结合"代表君权的地位高于法律，这与西方国家"国王居于上帝和法律之下"的观点大相径庭。尽管如此，中国传统文化中的和谐观对现代立宪国家的宪法仍然具有借鉴价值：其一，人与自然和谐和人际和谐相结合的大和谐观，可以对西方宪法文化中的偏执正义起到弥补和完善的作用。笔者所称的"人际和谐"，是一个广义的范畴，即在人类建立的各种社会关系中都应当追求的和谐，它不仅包括个人与个人之间的和谐，而且也包括个人与人类建立的各种组织（譬如小到一个班、组或团队，大到一个国家或国际组织等）之间的和谐以及这些组织之间的和谐。正义与和谐的价值整合是对东、西方的法文化融通和超越的现实路径，由此可以引导现代各立宪国家的宪法的价值重塑。其二，批判地吸收民本主义有价值的部分。从西周的"以德配天""敬天保民"，到老子的"小国寡民""无为而治"，再到孟子的"君民同乐""民贵君轻"等，华夏先贤们以不同的视角对民本主义写下注脚。其中孟子的"民贵君轻"说和"暴君放筏"论将民本主义推向极致，进而影响到历代君王的治国方略，如唐太宗关于君和民的舟、水关系论和唐代的"均田制""租庸调制"的实行。中国古代的民本主义更多地关注民生（"民以食为天"之说最具代表性），而很少关注民权（或现代意义上的人权）。统治者将被统治的对象整体地称作"民"，为巩固统治的需要统治者也许关注到了百姓的生存权状况，但很少对他们每个人的其他个人权利（如各种经济权利、政治权利、受教育的权利等）进行过问。遇开明君主统治或王朝初建、百废待兴之时，百姓的日子可能好过一些，其他时候就很难说了。民本主义较神本主义有其历史的进步意义，但它是建立在人治基础上的。没有法治，就谈不上对权力的监约；没有对权力的监约，也就谈不上人权保障；没有人权保障，百姓的基本的生存权就要受到威胁，于是民本主义就走向衰落。有无法治是民本主义和民主主义相区别的一个重要特征。然而古代的民本主义已为近、现代宪政法治理念所扬弃，孙中山先生所提出的"三民主义"中的民生主义以及当今社会所倡导的以人为本等理念皆与古代的民本主义有着很深的渊源关系。笔者认为，民本主义是古人构建人际和谐观的一个重要方面，其精髓部分只有与人权保障等宪法原则相结合，才能成为重塑现代宪法价值理念的重要因子。其三，我们应着重研究在民主时代如何通过民主和法治相结合的手段来建构和谐社会的问题，传统礼法文化是一个重要的参照系。中国传统文化中"礼"的等级秩序虽已被摧毁，但其中所包含的一些合理的精神内核（如仁义、诚信等）至今仍可吸取。其四，在现代社会，以神权天命观为基础的"君权神授""君民同乐"的旧和谐观已成为历史的尘埃，我们通过汲取西方立宪主义的精华，可以将旧和谐观改造为"君权（指政府的权力）民授"的社会契约思想和政治国家与公民社会和谐发展的新和谐观。其五，旧"礼"所阐发的"天人合一"观中的"德性"也给我们很多启发。重视研究法律后面的道德因素是西方自然法和中国古代法所共同关注的一个根本问题。脱胎于西方自然法的近、现代立宪国家的宪法，既是一个国家的根本大法，也应当是一份道德宣言。完美的宪法应当恰当地阐明法与道德的关系。

三 宪法的现代性与东、西方法价值的整合

从文化的角度来看，近、现代美国在外交上奉行以基督新教为精神依托的宗教民族主义，并以世俗国家利益为旨归，将其对外战争看成神圣的战争。林肯总统认为，美国《独立宣言》要解放的不仅仅是美国人民，而且还期望解放整个世界。[①] 当然，这一观点是一把双刃剑，一方面在民族独立运动和先进文化的传播方面无疑具有积极意义；另一方面近、现代立宪主义也企图以理论抹杀并在现实上全面改造文化的多样性或歧异性。而文化的多样性或歧异性正是人类历史和现实生活的真实面貌。有学者在对近代欧洲和美国的宪政进行检讨时

[①] 董小川：《20世纪美国宗教与政治》，人民出版社2002年版，第209、226页。

指出:"近300年来,在宪政理论与实际之领域中打造出来的现代宪政主义语言是偏颇失败的作品。在伪装成普遍有效之语言的面具下,它的帝国主义性格表现在以下三方面:用来辩护欧洲帝国主义,用来辩护往日帝国主义殖民地在今日对境内原住民的统治,以及用来辩护君临当代社会中不同公民的文化帝国主义。"[1] 所以我们在认识美国宪法赖以生成的西方宪法文化时,既要看到它积极的一面:立宪和行宪的出发点和归宿都是为了人的自由和幸福,以期通过实行宪政,能将本国建成一个法治、和谐和美好的社会,而且美国等西方一些宪政发达的国家在这方面已取得了相当的成就,这是人类文明的重大进步;同时也要看到它的消极面和不足:由于过分强调人的权利,客观上破坏人与自然的和谐;实事上存在的种族歧视,破坏族群之间的和谐;实行强权政治,破坏世界和谐;强调国内法与国际法的二元对立,使得宪法作为国内最高的法律缺少与国际法的沟通与互动;过分强调人的理性,缺少对人的终极关怀。这些消极面可归因于美国对宪法的现代性因素的发掘力和整合力的缺失,但从根本上是由于以上提到的西方文化(尤其是美国文化)中的某些偏执因素造成的。

宪法的现代性因素是现代国家构建政治文明和国际社会实现正义与和谐的基石。它们不仅包括国内法意义上的法治、人权保障、主权监约等传统价值观中蕴含的现代性因素,而且也包括人与自然和谐、种族平等、国际和谐、和平、发展、文化多元、关注人类的未来等新的超越国内法意义上的现代性因素。这些因素关系到今日之人类和未来之人类的生存权、发展权、追求自由和幸福的权利以及各国必须履行的义务。各国宪法应在对传统文化进行重新整合的基础上,与环境法、国际法、宗教法(在有些国家存在)等法律部门进行有效的对接和高度的综合方能很好地体现这些现代性因素。[2] 总之,西方国家的

---

[1] [加拿大]詹姆斯·塔利:《陌生的多样性——歧异时代的宪政主义》,黄俊龙译,上海译文出版社2005年版,第99页。

[2] 参见前篇《宪法制度与文化渊源》。

宪法在现代性语境中所包含的深刻矛盾主要表现在：作为国内法的宪法与国际法的二元对立、人与自然的二元对立以及理性和信仰的二元对立等方面。因此，这些国家在实现国内安宁与祥和的时候，忽略了对正义与和谐世界的憧憬和建设。另外，对近代以来对西方法律进行移植的一些宪政不发达的国家来说，其宪法的现代化是一项更为艰巨的任务。这些国家的宪法的现代性困境多表现在国内方面，即传统政治国家体制与市场经济体制的矛盾、政治国家与公民社会的矛盾，等等。因为其中许多国家在宪政建设方面尚处于初级阶段。由此可见，宪法的现代性问题是东、西方各立宪国家均应思考和解决的重要课题。

现代立宪国家的宪法作为国家的最高法律，不仅应体现本国的传统文化的精神、现实的价值理念和未来的理想追求，同时也应对外来文化的精华兼收并蓄，并加强与国际法、环境法、宗教法等法律部门的沟通与互动，从而实现宪法的现代性。宪法的现代性的实质就是在对东、西方的法文化进行辩证否定，并整合正义与和谐这两种价值的基础上，实现宪法的理性化和道德化。

正义与和谐支撑着宪法价值体系的两端。宪法价值体系的一端是正义。人类在政治哲学和法哲学史上树立起的正义理念的丰碑，与人类的政治和法治的实践领域建立起相辅相成的互动关系。这样一来，正义不仅成为一个国家的政治革命或改革的义旗，而且也是构建良法之治的价值基础。因为就正义与法的关系而言，一方面正义不是法的产物，恰恰相反，法是正义的产物；正义是法的其他价值能否实现的前提，没有正义，法的其他一切价值都是不存在的；正义也是衡量法善恶的标准。另一方面法使正义得到普遍认同，并且是正义得到实现的保证。[①] 而良法之治是以良宪为根本支柱的，因此，良宪的最基本的价值取向就是正义。这样一来，正义就构成了宪法的价值基础。而宪法价值体系的另一端是和谐。应当说宪法运作的最佳效果是和谐价值的最终实现。因为从

---

① 卓泽渊：《法理学》，法律出版社2002年版，第263—265页。

和谐与法的关系来看,和谐是法的产物,是法的其他价值综合实现的结果,也是衡量法的社会效果的最重要的标准;而良法尤其是良宪是使和谐得到实现的根本保证。因此,和谐也构成宪法的价值基础。总之,在宪法意义上,正义与和谐的关系可以概括为:从立宪的角度来看,在应然层面二者是相辅相成的关系。正义对和谐具有统率和引领作用;而和谐可以弥补正义的偏执性,协调好正义价值的时空维度。从行宪、司宪的角度来看,在实然层面宪法之正义(包括实质正义和程序正义)是原因,而和谐是执行良宪的结果;并且在宪法的运行过程中,正义这一基础价值是决定宪法的和谐价值实现的最重要的因素。

那么,在宪法中如何才能使正义与和谐价值得以整合和实现呢?其一,从法文化背景来看,正义与和谐作为东、西方法价值追求的两个不同的极向,西方文化中的正义特别强调个人的权利,而东方文化中的和谐则更多地注重整体利益的平衡;任何一个立宪国家如果能将这两种价值有机地结合起来,就可造出承载东、西方文化精华、功及当代并且泽被后世的完美宪典;在世界范围内的宪法文化中,倡导这两种价值可以保护文化的多样性、实现国际间的讲信修睦、求同存异。其二,从法价值整合的过程和目标来看,完整的正义观与大和谐观应在立宪阶段构建,而在行宪、司宪过程中实现。只有实现宪法之正义,国内和国际的和谐以及人与自然的和谐的法治目标才能最终实现。对此,各国的宪法应打破"门户之见",不仅要关注本国的价值和利益,而且也要放眼于我们共同生活的"地球村"和未来开拓的宇宙空间的政治生态和自然生态。要言之,宪法是一门艺术,即创造正义与和谐的艺术。对于宪政和宪法来说,没有正义,就谈不上宪法之治;而没有和谐,宪法之治就不完美。因此,现代中国建设和谐社会和宪法文化,不仅要从固有文化中汲取丰富的养分,而且更重要的是应借鉴和提升西方正义、人权、法治等价值理念。而以美国宪法为代表的西方宪法文化在对待文化的多样性方面也应采取开放和包容的态度,只有在文化的冲突和碰撞中才能激荡出新的宪政因子。总之,在宪法的现代性语境下,立宪国家的宪法的价值追求应当是正义与和谐价值的完全构建和充分实现。

西宪理论与法家学说基本论点之辨析

西方宪政理论将法治、分权与制衡以及人权保障等原则奉为圭臬，并以法治、权力分制为治道，以人权保障为政治之目的。而先秦法家政治思想的核心是"法""术""势"，并以"法""术"为手段，以加强君主之"势"为目的。二者分别把民主宪政理论和君主专制理论发展到相当的高度，并且在历史上都曾以其理论创新深刻地影响了人类文明的进程。

西方宪政理论和先秦法家学说作为不同时代政治学和法思想的权威理论，锻造出东、西方的法文化的不同特征。近代西方宪政理论的三个维度，即法治、权力分制以及人权保障能够较为充分地体现宪法的价值理念。因为法治的要义是实现宪法之治，这是总的宪法原则和治国方略；对人权的尊重与保障乃宪法的根本目的；而这一根本目的主要是通过对多元政治权力的监约（以权力分制为主要手段）来实现的；因此，对多元政治权力的监约是以法治国的重点。英、美等老牌立宪国家成为实行宪政体制的典型，西方宪政思想通过文化的传播影响了当代各国政治观念和法价值理念的构塑。先秦法家学说以加强君主的权势、建立专制主义中央集权国家为目的，自秦开始历代王朝自觉地运用法律手段和政治艺术，曾几度成功地铸就了盛世辉煌。

一 法治与法家之"法":民主制下的法治和君主专制下的法律控制的区别

在人类历史上,法治和人治都是治国的手段。两者最大的区别是,法治意指法律至上,而人治则意味着权力至上。亚里士多德指出:"法治应包含两重意义:已成立的法律获得普遍的服从,而大家所服从的法律又应该本身是制订得良好的法律。"① 他提出一系列法治原则:"其一,法治就是国家'有法律遂行其统治',而不是让'一个人来统治';其二,法治是'轮番为治',反对执政者终身制和世袭制;其三,法治要求执法和守法。"② 而近代孟德斯鸠、卢梭、康德等启蒙思想家的法治论有两个根本特征:其一,法治必须与民主制相联系,而与君主专制水火不容。其二,法治须以根本法即宪法为国家权力的最高依据。③ 近代英、美等国通过立宪,确立人权保障、权力分制和法治等原则,并以代议民主制的形式建立起法治国家。

先秦法家的"信赏必罚""一断于法"等主张,在当时和后世确有一定的积极意义,但并非指法治。法家之"法"意指君主专制下的法律控制。这是因为,首先,操掌着赏与罚的主体是专制君主,赏与罚不过是君主治理臣民的手段。法家认为:"夫生法者,君也;守法者,臣也;法于法者,民也。"④ "禁,主之道。必明于公私之分,明法制,去私恩。夫令必行,禁必止,人主之公义也。"⑤ "壹刑者,刑无等级,自卿相将军以至大夫庶人,有不从王令、犯国禁、乱上者,罪死不赦。"⑥ 这就是说,君主是立法者,君主个人和君权

---

① [古希腊]亚里士多德:《政治学》,吴寿彭译,商务印书馆1965年版,第199页。
② 陈金全编著:《法律思想史纲》,成都科技大学出版社1998年版,第62—64页。
③ 参见俞容根《儒家法思想通论》(修订本),广西人民出版社1998年版,第36页。
④ 《管子·任法》。
⑤ 《韩非子·饰邪》。
⑥ 《商君书·刑赏》。

本身并不受法律的规制，而臣民则应当是守法、服法者。这是宣扬君主权力至上的人治论而非法治论。其次，赏与罚相比，罚重于赏。法家主张："刑九赏一"①、"以刑去刑。"② 轻罪重罚本身就是反法治主义的③，在该原则下制定出来的法律很难说是"良法"。再次，法家的不别亲疏贵贱、一断于法的主张难以实现。因为一个国家只要有君主一人享有特权，其周围的裙带关系必然也是这一特权圈中的人物，进而形成特权阶层，因此，国家制定的法律很难得到普遍的服从。三国曹魏《新律》开始建立"八议"之制，规定与皇权国家关系密切的八类权贵人物犯罪以后，享有特殊优待，司法机关不得擅自处理，该制度一直沿用至清末。最后，法家根本不承认人民的法律地位。韩非说："君上之于民也，有难则用其死，安平则尽其力。"④ 法家之"法"，是君主治臣役民的手段，这与亚里士多德的"有法律遂行其统治"和近代在人民主权和保障基本人权原则下的法治主张有着根本的不同。

君主用法律手段控制封建国家的模式在秦以后至清末主要受儒、法两派思想的共同影响，该模式的特点是：其一，确立皇权至上原则。政治权力的集中，一方面强化了民族的凝聚力，使中华民族在人类文明史上创造了很多奇迹，如大规模的古代军事防御工程和水利工程的修建、统一的多民族国家的形成，等等；另一方面在16、17世纪兴起于西方世界范围内的社会转型中，古老的东方帝国因故步自封而逐渐丧失了强国地位。其二，历代法典以《法经》为宗。商鞅携法家创始人李悝的《法经》相秦，改法为律。从秦律到《大清律例》，《法经》在指导思想、立法体例等方面为历代法典奠定了基础。封建王朝的法制演变，为我们研究刑法适用与时代特点的关系、法与权的

---

① 《商君书·去强》。
② 《韩非子·饬令》。
③ 参见俞容根《儒家法思想通论》（修订本），广西人民出版社1998年版，第37—38页。
④ 《韩非子·六反》。

关系等提供了一些线索。战国、秦代法制体系庞杂，刑罚苛酷，反映了早期封建法的不成熟性；汉唐盛世，礼法结合，刑罚相对宽平，《唐律疏议》成为中华法系的蓝本；自宋至清，封建社会后期法制的演变反映了专制主义皇权不断强化、刑罚日益残酷的趋势。其三，礼法结合。秦以后儒家思想逐渐步向前台，礼法结合、德刑并用就成为历代王朝的政治统治和法律控制的基本模式。由此，儒、法、道等诸子学说由秦、汉时期皇权国家的"用"，逐渐转化为中国文化的"体"。

二 权力分制与法家之"术"：两种不同的分权主张

亚里士多德反对一人主政。他提出了政体"三要素"说，即"一切政体都有三个要素……议事机能……行政机能……审判（司法）机能"。① 可见亚里士多德的政治洞见是十分敏锐的，但他没有像近代启蒙思想家那样明确提出分权制衡理论。孟德斯鸠认为："当立法权和行政权集中在同一个人或同一个机关之手，自由便不复存在了；因为人们将会害怕这个国王或议会制定暴虐的法律，并暴虐地执行这些法律。如果司法权不同立法权和行政权分立，自由也就不存在了。如果司法权同立法权合而为一，则将对公民的生命和自由施行专断的权力，因为法官就是立法者。如果司法权同行政权合而为一，法官将握有压迫者的力量。如果同一个人或是由重要人物、贵族或平民组成的同一个机构行使这三种权力，即制定法律权、执行公共决议权和裁判私人犯罪或争讼权，则一切便都完了。"② 虽然西方立宪主义的观念可追溯到古希腊，但对立宪主义的重要理论基础——"三权分立"理论

---

① ［古希腊］亚里士多德：《政治学》，吴寿彭译，商务印书馆1965年版，第214—215页。

② ［法］孟德斯鸠：《论法的精神》（上册），张雁深译，商务印书馆1961年版，第156页。

的系统阐释自孟德斯鸠始。

分权与制衡学说是近代西方立宪国家实行宪政的理论基础。以美、英两国为例，美国将亚里士多德的"三要素"理论和孟德斯鸠的"三权分立"学说进行了最佳的运用，创造了既有别于古代雅典的直接民主政体、又有别于近代英国的"混合政体"的新体制。一方面既要避免邦联时期因中央政府过于弱小而造成的无序和混乱状态，所以召开制宪会议的目的是集权，也就是使各州让渡出部分权力给中央，以便建立强有力的全国政府；另一方面又要防止权力的过度集中而造成中央政府以国家名义侵犯州权，进而侵害公民的正当权利，故而又要分权，以加强掌握权力的机构之间的相互制衡。为达到上述目的，联邦宪法确立了立法、行政、司法三权分立的中央横向分权体制和联邦与州之间的纵向分权体制。而英国则实行"混合权力"型分权制度，根据洛克有关立法权至上的分权理论，英国贯彻议会至上的宪法原则，虽然议会和政府分别掌握立法权和行政权，但政府（内阁）由议会产生，并对议会集体负责，同时上议院握有最高司法权。因此，英国的政府分权并不彻底。

先秦法家之"术"中，固然有阴谋术，但也不乏政治艺术。韩非所提倡的"术"，在本质上是帝王之术。这种术对君与臣的地位、职能等作了严格的区分，竭力使君主处于最有利和最主动的地位，从而取得对群臣的绝对优势。[①] 韩非说："术者，因任而授官，循名而责实，操生杀之柄，课群臣之能者也，此人主之所执也。"[②] "故有术之主，信赏以尽能，必罚以禁邪。……朋党相和，臣下得欲，则人主孤；群臣公举，下不相和，则人主明。"[③] "明主之所道制其臣者，二柄而已矣。二柄者，刑、德也。"[④] 由此可见，韩非主张君主应当任势而用术，即一方面应当大权在握，另一方面对臣下应当用术，分而治

[①] 参见谷方《韩非与中国文化》，贵州人民出版社1996年版，第125—132页。
[②] 《韩非子·定法》。
[③] 《韩非子·外储说左下》。
[④] 《韩非子·二柄》。

之。法家思想占统治地位的秦朝奠定了两千多年封建王朝的政治制度的基础，如皇帝制度、三公九卿制、郡县制等都是秦朝确立的。其中，君主治下的分权制最能体现法家的政治术对传统政治体制的影响。

所谓君主治下的分权制，是指君主将权力分配给中央和地方的臣属，使他们相互制约，并各自对君主负责，以巩固君主专制主义中央集权的制度。秦代中央的三公九卿制、地方的郡县制就是君主治下的分权制的典型。三公指丞相（皇帝以下的最高执政官）、太尉（最高专职武官，协助皇帝执掌军政）和御史大夫（监察机关的首脑）。皇帝下辖三公，三公组成总枢纽，对全国发号施令，总枢纽下面设九卿。九卿是指中央的包括奉常（执掌宗庙礼仪）、廷尉（掌管审判）等在内的九个行政职官和机构。秦以后，历代王朝为加强皇权、削弱相权均采取了一些措施。如唐代实行三省六部制，将相权一分为三，尚书省（最高行政机构）长官尚书令、中书省（法律制定和诏令起草机构）长官中书令和门下省（掌封驳的机构）长官侍中均为宰相，分掌国政，共同对皇帝负责；尚书省还下设吏、户、礼、兵、刑、工六部分管行政、经济、文教、军事、司法等事务。后来明王朝索性废除了丞相制度，中央六部长官直接对皇帝负责。可见，秦汉和隋唐时期中央政府的分权制与西方国家中央政府的三权分立体制是有根本区别的。三公制、三省制均是君主治下的分权制，三公或三省长官上面还有一个皇帝，他们均须对皇帝负责。而西方三权分立则是人民主权原则下的代议制政府的组织原则，即分权与制衡原则。现代宪政有"限政"，即建立限权政府之意。实行严格的三权分立体制的立宪国家的政府机构首脑是真正的一国三公，互不隶属，立法、行政和司法机构相互制约，对享有主权权利的人民负责。在地方制度方面，秦代建立的郡县制在以后的朝代中在名称上有所变化，如隋唐的州县制、元明清的省县制等。自秦开始历代地方行政长官一般均由中央直接任命。如清代的总督、巡抚皆由皇帝特旨任命，遇事可以单独上奏；督抚以下的省内各级地方官吏的任免，也由皇帝直接掌握。① 从国家结构形式的角度来看，中国古代的郡县制、省县制均属于单一制，区别于美国等一些西方立宪国家实行的联邦制，前者是中央政府将权力委任给地方政府行使，分权的目的是集权；而后者是人民通过地方政府让渡部分权力给中央，分权目的是保障人权。

西宪理论和法家学说都是建立在性恶论基础上的，均认为法律是克治人性弱点和治理国家的手段，但在政体主张方面却南辕北辙，前者主张权力分制，而后者主张中央集权，其根本原因在于宪政体制是商品市场经济的内在要求，而中国古代的中央集权制是农耕文明的产物。尽管亚里士多德的"轮番为治"、政府职能"三要素"等学说，作为文化遗产经过近代启蒙运动的扬弃，逐渐演化为现代宪政理论。但这些观念在历史上尤其是古代和中世纪无疑影响了西方的国家形态和政体结构，使其难以形成统一的多民族国家和强大的中央集权体制。因此，古代的西方国家常出现城邦林立、战乱、分崩离析的局面。近代以来西方民族国家的形成以及现代欧洲统一化进程，应当是对西方文化的某种缺失的弥补。先秦法家的政治学说，不仅造就了一个统一的大帝国，而且其治国理念对历代王朝均有影响，并与儒家学说等一起熔铸成中华民族文化性格的一个重要方面，那就是"大一统""分久必合"。国家统一、自强是永远的主题，战乱、分崩离析只是一种插曲。如果对韩非子之阴谋术暂且搁置不论，那么其有关政治艺术方面的主张仍有许多积极因素。当然，西方的权力分制并不意味着国家必然就会分裂。譬如，近代美国实行三权分立，不仅没有导致分裂，南北战争以后反而实现了国家的统一。这是因为美国的分权虽较彻底，但其政治体制总体上实行分权和集中相统一的原则。

---

① 参见王汉昌、林代昭《中国古代政治制度史略》，人民出版社1985年版，第231页。

三　权利保障与法家之"势"：人民的权利和君主的权力的分野

较早系统地阐发人民主权原则的思想家是洛克和卢梭。人民主权论者主张，在人民与国家的关系问题上，国家是由全体人民组成的政治共同体，国家的权力来源于人民，人民是国家的最高主权者。早在1776年，杰斐逊就将人民主权思想写进了《独立宣言》。在美国制宪会议期间，远在欧洲担任美国驻法公使的杰斐逊虽未出席会议，但他的思想已成为启蒙思想的一部分，对宪法的制定产生了深刻的影响。后来在杰斐逊等人的努力下，在联邦宪法生效的当年又通过《权利法案》，以作为宪法的修正案对宪法的瑕疵进行了及时的补正，该法案的主要内容是关于公民各项自由权利、与诉讼有关的权利以及各州或人民保留的权利的规定。这些规定说明美国联邦政府的权力来自各州权力的让渡，但最终来自人民的授权。各州在承认和遵守联邦宪法以及依据该宪法制定的联邦法律的前提下，可以保留自己的宪法和法律体系，依法建立自己的政府机构，并与联邦政府保持相对独立。在人民主权与基本人权的关系上，人民主权是保障基本人权的前提，保障基本人权则是人民主权的目的，离开了这个目的，人民主权就会变质。从另一个角度来看，人民享有主权权利，就是享有基本人权；人民丧失主权，就是丧失基本人权。[①]

在宪法规范中，法治和权力分制原则都必须服从于人民主权这一根本的宪法原则，因为人民主权原则是民主制度的灵魂和正义与道德的依归，确立人民主权原则和保障基本人权是"宪政的首要的和终极的价值"，而实行法治和对政府权力的限制仅"具有手段或者工具的意义"。[②] 在历史上，人民主权表现为两种形式：一种是人民亲自操作

[①] 参见肖君拥《人民主权论》，山东人民出版社2005年版，第4页。
[②] 谢维雁：《从宪法到宪政》，山东人民出版社2004年版，第108页。

政治权力,如古代雅典直接民主制的形式;另一种是人民将政治权力委托给人民的代表来行使。现代立宪国家大都通过后一种形式即代议民主制的形式以贯彻人民主权原则。

先秦法家的政治主张是建立君主专制的中央集权国家,其代表人物韩非思想的核心既不是"法"也不是"术"而是"势"。"势"即权势,主要是指君主的统治权力。韩非以维护君权作为其全部理论的出发点和归宿。① 韩非主张君主要"擅势",即统揽国家大权,绝不能委势于他人,否则"人主失其势重于臣,而不可复收也"②、"主失势而臣得国"③。因此,就法、术、势三者的关系而论,其一,韩非提出了法与势结合的思想,认为"抱法处势则治,背法去势则乱"④。即一方面势是法的前提,法离不开势。"君执柄以处势,故令行禁止"⑤;另一方面势也离不开法,有势而无法的"势治",就不是"法治"而是"人治"。其二,从法与术的关系来看,二者都是君主治国的工具,缺一不可,"君无术则蔽于上,臣无法则乱于下,此不可一无,皆帝王之具也"⑥。在表现形态上,二者又有所不同,"法莫如显,而术不欲见"⑦。在社会功能上,法规范着臣民向有利于君主的方向去作为;而术则帮助君主考察臣下是否严格执法和守法,故术是法得以实现的必要手段。其三,就势与术的关系而言,权势是推行法术治国的基础;而术是加强权势的重要工具,君主无术就会大权旁落,后果不堪设想。⑧ 总之,韩非认为"势"是政治的根本目的和君主运用法、术的前提,而"法"和"术"则是君主发挥或加强威势和进

---

① 参见谷方《韩非与中国文化》,贵州人民出版社1996年版,第170页。
② 《韩非子·内储说下》。
③ 《韩非子·孤愤》。
④ 《韩非子·难势》。
⑤ 《韩非子·八经》。
⑥ 《韩非子·定法》。
⑦ 《韩非子·难三》。
⑧ 参见陈金全《中国法律思想史》,法律出版社2001年版,第92—96页。

行政治统治的方法和策略。只有在法、术、势均由君主操控的前提下，中央集权的国家才能得以建立。

受法家思想影响，为加强君主的权威，中国自秦朝开始建立皇帝制度。皇帝总揽全国政治、经济、军事、立法、行政、司法、监察等大权，即所谓"天下之事无小大皆决于上"①。这是中国历史上的一件大事，也是中国法制发展史上的一件大事。此后，封建法制的建设与发展，很多与皇帝制度有直接关系，如三公制、三省制、历代刑法制度，等等。皇帝是最高立法者，可以一言立法也可以一言废法。法律只是规定了如何保障和维护皇帝权力的实现，以及危害皇权行使和有损皇帝统治尊严的言行如何治罪，而没有规定皇帝如何取得权力和行使权力。这是自秦始皇以后，中国两千多年君主专制制度下封建法制的特点。②

四 结语

西方宪政理论以古希腊文化和近代启蒙思想为渊源，在实践和制度层面又与西方各国的宪政运动和宪法的制定与实施形成良性互动关系。它对人类文明的贡献在于，它确立了宪法作为法治国家的根本大法的地位，明确了宪法的核心价值是正义，并且将法治、权力分制以及人权保障等原则作为立国之纲载入立宪国家的宪法。于是，法治的观念深入人心；法律在平衡人民权利和政府权力方面的作用日益显现；通过实行宪政，政治国家和公民社会的法治和谐的目标有了实现的可能。但西方立宪国家并不能完全将宪法所确立的人民主权、正义、法治等理念或原则落到实处，其表现之一就是近、现代西方的殖民主义。殖民主义不仅公然违反国际法，破坏国际的正义与和谐；而且也漠视本国宪法所确立的人民主权、正义等价值理念，直接或间接

---

① 《史记·秦始皇本纪》。
② 参见蒲坚主编《新编中国法制史教程》，高等教育出版社2003年版，第50页。

地把本国人民拖入战火或动荡的深渊。这是以私有制为主体的西方市场经济社会的特点所决定的。法律对个人权利的过分宣扬，资本对利润最大化的追求，传统社会价值观、理想和信仰的凋零，不可避免地使西方国家人们的视野局限在个人、集团、本民族、本地区或本国利益上，不关心甚或损害他人利益，有时甚至以殖民掠夺、武装侵略的方式践踏其他民族、地区或国家的利益。[①]

而古代东方的秦国在对法家的理论进行整合和吸收的基础上，变法图强，横扫六国，一统中华，建立起专制主义中央集权的封建国家。法家代表人物韩非子的思想集法家思想之大成且兼采百家学说，反映了秦帝国的时代精神和政治品性。秦以后儒、法、道等思想相互融合，共同构成了中国文化的主体。历代王朝在政体上基本承袭秦制，在加强皇权的同时，灵活运用法律手段和政治策略，提高了行政管理的效能，促进了社会经济的发展，使中国在两千多年中几度领先于世界，并在东亚地区形成中国文化圈。但封建时代权力的过分集中和封建等级制度的确立，又造成了权力监约机制的缺失和社会的不平等，进而形成制度性腐败，这是历次农民起义或改朝换代的重要原因之一。

通过对西宪理论和法家学说的比较，我们认识到文化选择与国家兴衰的关系。假如近代英国没有立宪，也许就不会有英帝国的崛起。如果秦国没有采用法家的治国理论，恐怕就没有后来的秦的统一。秦统一以后，如果在法家思想基础上再兼采其他各家经世致用的学说，在治国策略上采取刚柔并用，也许就不会出现二世而亡的可悲结局。因此，中国在近代以来的社会转型和文化选择的过程中，仍需在先解决了"古为今用""洋为中用"的"用"的基础上，再来铸造中国文化新的"体"。现代中国在法文化的选择上，可以采撷东、西方文化之长，开创中国式的宪政之路。首先，应加强宪法的权威，建设法治国家的理念不能动摇。其次，处理好法律和政治以及法和权的关系。

---

① 参见前篇《正义、和谐价值与宪法》。

一方面在国际上灵活运用法律手段和政治策略，维护中国的核心利益和国际地位；另一方面在内政上坚持依法治国、依法行政。最后，明确划分权利和权力的界限。权力的集中或分散是治国手段，而不是目的；目的只有一个：人民的幸福。因此，宪政的一个重要目标就是促进政治国家和公民社会的法治和谐，以造福人民。

附件一 《钦定宪法大纲》

光绪三十四年八月初一日（1908 年 8 月 27 日）颁发

君上大权

一、大清皇帝统治大清帝国，万世一系，永永尊戴。

二、君上神圣尊严，不可侵犯。

三、钦定颁行法律及发交议案之权。（凡法律虽经议院议决，而未奉诏命批准颁布者，不能见诸施行。）

四、召集、开闭、停展及解散议院之权。（解散之时，即令国民重行选举新议员，其被解散之旧员，即与齐民无异，倘有抗违，量其情节以相当之法律处治。）

五、设官制禄及黜陟百司之权。（用人之权，操之君上，而大臣辅弼之，议院不得干预。）

六、统率陆海军及编定军制之权。（君上调遣全国军队，制定常备兵额，得以全权执行。凡一切军事，皆非议院所得干预。）

七、宣战、讲和、订立条约及派遣使臣与认受使臣之权。（国交之事，由君上亲裁，不付议院议决。）

八、宣告戒严之权。（当紧急时，得以诏令限制臣民之自由。）

九、爵赏及恩赦之权。（恩出自君上，非臣下所得擅专。）

十、总揽司法权。（委任审判衙门，遵钦定法律行之，不以诏令随时更改。司法之权，操诸君上，审判官本由君上委任，代行司法，不以诏令随时更改者，案件关系至重，故必以已经钦定法律为准，免涉分歧。)

十一、发命令及使发命令之权。(惟已定之法律,非交议院协赞奏经钦定时,不以命令更改废止。法律为君上实行司法权之用,命令为君上实行行政权之用,两权分立,故不以命令改废法律。)

十二、在议院闭会时,遇有紧急之事,得发代法律之诏令,并得以诏令筹措必需之财用。惟至次年会期,须交议院协议。

十三、皇室经费,应由君上制定常额,自国库提支,议院不得置议。

十四、皇室大典,应由君上督率皇族及特派大臣议定,议院不得干预。

附臣民权利义务(其细目当于宪法起草时酌定)

一、臣民中有合于法律命令所定资格者,得为文武官吏及议员。

二、臣民于法律范围以内,所有言论、著作、出版及集会、结社等事,均准其自由。

三、臣民非按照法律所定,不加以逮捕、监禁、处罚。

四、臣民可以请法官审判其呈诉之案件。

五、臣民应专受法律所定审判衙门之审判。

六、臣民之财产及居住,无故不加侵扰。

七、臣民按照法律所定,有纳税、当兵之义务。

八、臣民现完之赋税,非经新定法律更改,悉仍照旧输纳。

九、臣民有遵守国家法律之义务。

附件二 《宪法重大信条十九条》

宣统三年九月十三日（1911年11月3日）

第一条　大清帝国之皇统万世不易。

第二条　皇帝神圣不可侵犯。

第三条　皇帝之权，以宪法所规定者为限。

第四条　皇帝继承顺序，于宪法规定之。

第五条　宪法由资政院起草议决，由皇帝颁布之。

第六条　宪政改正提案权属于国会。

第七条　上院议员，由国民于有法定特别资格者公选之。

第八条　总理大臣由国会公举，皇帝任命。其他国务大臣，由总理推举，皇帝任命。皇族不得为总理及其他国务大臣并各省行政长官。

第九条　总理大臣受国会弹劾时，非国会解散，即内阁辞职。但一次内阁，不得为两次国会之解散。

第十条　海陆军直接皇帝统率，但对内使用时，须依国会议决之特别条件，此外不得调遣。

第十一条　不得以命令代法律，除紧急命令应特定条件外，以执行法律及法律所委任者为限。

第十二条　国际条约，非经国会议决，不得缔结。但媾和宣战，不在国会开会期中者，由国会追认之。

第十三条　官制官规，以法律定之。

第十四条　本年度预算,未经国会议决者,不得照前年度预算开支。又预算案内,不得有既定之岁出,预算案外,不得为非常财政之处分。

第十五条　皇室经费之制定及增减,由国会议决。

第十六条　皇室大典,不得与宪法相抵触。

第十七条　国务裁判机关,由两院组织之。

第十八条　国会议决事项,由皇帝宣布之。

第十九条　以上第八、第九、第十、第十二、第十三、第十四、第十五、第十八各条,国会未开以前,资政院适用之。

注:【以上十九条简称《十九信条》】

附件三 《美国宪法》（正文及部分修正案）

1787 年 9 月 17 日制宪会议通过

我们合众国人民，为建立更完善的联邦，树立正义，保障国内安宁，建立共同的国防，增进全民福利和确保我们自己及我们后代能安享自由带来的幸福，特为美利坚合众国制定和确立本宪法。

第一条

第一款　本宪法所规定的立法权，全属合众国的国会，国会由一个参议院和一个众议院组成。

第二款　众议院应由各州人民每两年选举一次之议员组成，各州选举人应具有该州州议会中人数最多之一院的选举人所需之资格。

凡年龄未满二十五岁，或取得合众国公民资格未满七年，或于某州当选而并非该州居民者，均不得任众议员。

众议员人数及直接税税额，应按联邦所辖各州的人口数目比例分配，此项人口数目包括全体自由人，包括在服役期之人，但未被课税的印第安人除外。实际人口调查，应于合众国国会第一次会议后三年内举行，并于其后每十年举行一次，其调查方法另以法律规定之。众议员的数目，不得超过每三万人口有众议员一人，但每州至少应有众议员一人；在举行人口调查以前，各州得按照下列数目选举众议员：新罕布什尔三人、马萨诸塞八人、罗德岛及普罗维登斯垦殖区一人、康涅狄格五人、纽约州六人、新泽西四人、宾夕法尼亚八人、特拉华一人、马里兰六人、弗吉尼亚十人、北卡罗来纳五人、南卡罗来纳五人、乔治亚三人。

任何一州的众议员有缺额时，该州的行政长官应颁选举令，选出众议员以补充缺额。

众议院应选举该院议长及其他官员，只有众议院具有提出弹劾案的权力。

第三款　合众国的参议院由每州的州议会选举两名参议员组成之，参议员的任期为六年，每名参议员有一票表决权。

参议员于第一次选举后举行会议之时，应当立即尽量均等地分成三组。第一组参议员的任期，到第二年年终时届满，第二组到第四年年终时届满，第三组到第六年年终时届满，俾使每两年有三分之一的参议员改选；如果在某州州议会休会期间，有参议员因辞职或其他原因出缺，该州的行政长官得任命临时参议员，等到州议会下次集会时，再予选举补缺。

凡年龄未满三十岁，或取得合众国公民资格未满九年，或于某州当选而并非该州居民者，均不得任参议员。

合众国副总统应为参议院议长，除非在投票票数相等时，议长无投票权。

参议院应选举该院的其他官员，在副总统缺席或执行合众国总统职务时，还应选举临时议长。

所有弹劾案，只有参议院有权审理。在开庭审理弹劾案时，参议员们均应宣誓或作代誓之宣言。如受审者为合众国总统，则应由最高法院首席大法官担任主席。在未得出席的参议员的三分之二的同意时，任何人不得被判有罪。

弹劾案的判决，不得超过免职及取消其担任合众国政府任何有荣誉、有责任或有俸给的职位之资格；但被判处者仍须服从另据法律所作之控诉、审讯、判决及惩罚。

第四款　各州州议会应规定本州参议员及众议员之选举时间、地点及程序；但国会得随时以法律制定或变更此种规定，唯有选举议员的地点不在此例。

国会应至少每年集会一次,开会日期应为十二月的第一个星期一,除非他们通过法律来指定另一个日期。

第五款 参众两院应各自审查本院的选举、选举结果报告和本院议员的资格,每院议员过半数即构成可以议事的法定人数;不足法定人数时,可以延期开会,并有权依照各该议院所规定的程序和罚则,强迫缺席的议员出席。

参众两院得各自规定本院的议事规则,处罚本院扰乱秩序的议员,并且得以三分之二的同意,开除本院的议员。

参众两院应各自保存一份议事记录,并经常公布,唯各该院认为应保守秘密之部分除外;两院议员对于每一问题之赞成或反对,如有五分之一出席议员请求,则应记载于议事记录内。

在国会开会期间,任一议院未得别院同意,不得休会三日以上,亦不得迁往非两院开会的其他地点。

第六款 参议员与众议员得因其服务而获报酬,报酬的多寡由法律定之,并由合众国国库支付。两院议员除犯叛国罪、重罪以及扰乱治安罪外,在出席各该院会议及往返各该院途中,有不受逮捕之特权;两院议员在议院内所发表之演说及辩论,在其他场合不受质询。

参议员或众议员不得在其当选任期内担任合众国政府任何新添设的职位,或在其任期内支取因新职位而增添的俸给;在合众国政府供职的人,不得在其任职期间担任国会议员。

第七款 有关征税的所有法案应在众议院中提出;但参议院得以处理其他法案的方式,以修正案提出建议或表示同意。

经众议院和参议院通过的法案,在正式成为法律之前,须呈送合众国总统;总统如批准,便须签署;如不批准,即应连同他的异议把它退还给原来提出该案的议院,该议院应将异议详细记入议事记录,然后进行复议。倘若在复议之后,该议院议员的三分之二仍然同意通过该法案,该院即应将该法案连同异议书送交另一院,由其同样予以复议,若此另一院亦以三分之二的多数通过,该法案即成为法律。但遇有这样的情形时,两院的表决均应以赞同或反对来定,而赞同和反对该法案的议员的姓名,均应由两院分别记载于各该院的议事记录之内。如总统接到法案后十日之内(星期日除外),不将之退还,该法案即等于曾由总统签署一样,成为法律,唯有当国会休会因而无法将该法案退还时,该法案才不得成为法律。

任何命令、决议或表决(有关休会问题者除外),凡须由参议院及众议院予以同意者,均应呈送合众国总统。经其此准之后,方始生效,如总统不予批准,则参众两院可依照对于通过法案所规定的各种规则和限制,各以三分之二的多数,再行通过。

第八款　国会拥有以下权力:

赋课并征收直接税、间接税、输入税和国产税,用以偿付国债并为合众国的共同防御和全民福利提供经费:但是各种税收、输入税和国产税,在合众国内应划一征收;

以合众国的信用举债;

管理与外国的、州与州间的,以及对印第安部落的贸易;

制定在合众国内一致适用的归化条例,和有关破产的一致适用的法律;

铸造货币,调议其价值,并厘定外币价值,以及制定度量衡的标准;

制定对伪造合众国证券和货币的惩罚条例;

设立邮政局及开辟邮路;

为促进科学和实用技艺的进步,对作家和发明家的著作和发明,在一定期限内给予专利权的保障;

设置最高法院以下的各级法院;

界定并惩罚海盗罪、在公海所犯的重罪和违背国际公法的罪行;

宣战,颁发捕押敌船及采取报复行动的特许证,制定在陆地和海面虏获战利品的规则;

募集和维持陆军,但每次拨充该项费用的款项,其有效期不得超过两年;

配备和保持海军；

制定有关管理和控制陆、海军的各种条例；

制定召集民兵的条例，以便执行联邦法律，镇压叛乱和击退侵略；

规定民兵的组织、装备和训练，以及民兵为合众国服务时的管理办法；但各州保留其军官任命权，和依照国会规定的条例训练其民兵的权力；

对于由某州让与而由国会承受，用以充当合众国政府所在地的地区（其面积不逾十平方英里），国会握有对其一切事务的全部立法权；对于经州议会同意，向州政府购得，用以建筑要塞、弹药库、兵工厂、船坞和其他必要建筑物的地方，国会也握有同样的权力，并且为了行使上述各项权力，以及行使本宪法赋予合众国政府或其各部门或其官员的种种权力，制定一切必要的和适当的法律。

第九款 对于现有任何一州所认为的应准其移民或入境的人，在一八〇八年以前，国会不得加以禁止，但可以对入境者课税，唯以每人不超过十美元为限。

不得中止人身保护令所保障的特权，唯在遇内乱或外患的情况下，出于公共安全的必要时不在此限。

不得通过任何褫夺公权的法案或者追溯既往的法律。

除非按本宪法所规定的人口调查或统计之比例，不得征收任何人头税或其他直接税。

对各州输出之货物，不得课税。任何有关商务或纳税的条例，均不得赋予某一州的港口以优惠待遇；亦不得强迫任何开往或来自某一州的船舶，驶入或驶出另一州，或向另一州纳税。

除了依照法律的规定拨款之外，不得自国库中提出任何款项；一切公款收支的报告和账目，应经常公布。

合众国不得颁发任何贵族爵位；凡是在合众国政府担任有俸给或有责任之职务者，未经国会许可，不得接受外国国王、君主或国家的任何礼物、薪酬、职务或爵位。

第十款 各州不得缔结任何条约、结盟或组织邦联；不得颁发捕押及报复性扣押外国船只之许可证；不得铸造货币；不得发行纸币；不得指定金银币以外的物品作为偿还债务的法定货币；不得通过任何褫夺公权的法案、追溯既往的法律和损害契约义务的法律；也不得颁发任何贵族爵位。

未经国会同意，各州不得对进口货物或出口货物征收任何税款，但为了执行该州的检查法律而有绝对的必要时，不在此限。任何州对于进出口货物所征的税，其净收益应归合众国国库使用，所有这一类的检查法律，国会对之有修正和监督之权。未经国会同意，各州不得征收船舶吨位税，不得在和平时期保持军队和军舰，不得和他州或外国缔结任何协定或契约，除非实际遭受入侵，或者遇到刻不容缓的危急情形时，不得从事战争。

第二条

第一款 行政权力赋予美利坚合众国总统。总统任期四年，总统和具有同样任期的副总统，应按下列办法选举：

每州应依照该州州议会所规定之手续，指定选举人若干名，其人数应与该州在国会之参议员及众议员之总数相等；但参议员、众议员及任何在合众国政府担任有责任及有俸给之职务的人，均不得被指定为选举人。

各选举人应在其本身所属的州内集合，每人投票选举二人，其中至少应有一人不属本州居民。选举人应开列全体被选人名单，注明每人所得票数，他们还应签名作证明，并将封印后的名单送至合众国政府所在地交与参议院议长。参议院议长应于参众两院全体议员之前，开拆所有来件，然后计算票数。得票最多者，如其所得票数超过全体选举人的半数，即当选为总统。如同时不止一人得票过半数，且又得同等票数，则众议院应立即投票表决，选毕其中一人为总统。如无人得票过半数，则众议院应自得票最多之前五名中用同样方法选举总统。但依此法选举总统时，应以州为单位，每州代表投一票；为此目的的集会之法定人数须由全国三分之二州之代表或代表之一形成，并以取得全国过半数州之票数为当选。在每次这样的选举中，于总统选出后，其获得选举人所投票数最多者，即为副总统；但如有二人或二人以上得票相等时，则应由参议院投票表决，选举其中一人为副总统。

国会得决定各州选出选举人的时期以及他们投票的日期，投票日期应在全国划一。

只有出生时为合众国公民，或在本宪法实施时已为合众国公民者，可被选为总统。

凡年龄未满三十五岁，或居住合众国境内未满十四年者，不得被选为总统。

如遇总统被免职，或因死亡、辞职或丧失能力而不能执行其权力及职务时，总统职权应由副总统执行之。国会得以法律规定，在总统及副总统均被免职，或死亡、辞职或丧失能力时，由何人代理总统职务，该人应即遵此视事，至总统能力恢复，或新总统被选出时为止。

总统得因其服务而在规定的时间内接受俸给，在其任期之内，俸金数额不得增加或减少。他亦不得在此任期内，在合众国政府和任何州政府接受其他报酬。

总统于就职前，应宣誓或作代誓宣告：

"我郑重宣誓（或宣告）我必忠诚地执行合众国总统的职务，并尽我最大的能力，维持、保护和捍卫合众国宪法。"

第二款　总统为合众国陆海军的总司令；并统辖奉召为合众国执行任务的各州民兵；总统可以要求每个行政部门的主管官员提出有关他们职务的任何事项的书面意见，除了弹劾案之外，他有权对违犯合众国法律者颁赐缓刑和特赦。

总统有权缔结条约，但须争取参议院的意见和同意，并须出席的参议员中三分之二的人赞成；总统有权提名，并于取得参议院的意见和同意后，任命大使、其他使节、领事、最高法院的法官及一切其他在本宪法中未经明定、但以后将依法律的规定而设置之合众国官员。国会可以制定法律，酌情把这些较低级官员的任命权，授予总统本人，或者授予法院或各行政部门的首长行使。

在参议院休会期间，如遇有职位出缺，总统有权任命官员补充缺额，任期于参议院下届会议结束时终结。

第三款 总统应经常向国会提出国情咨文，并将其认为必要和适当的措施提请国会审议；在特殊情况下，总统得召集两院或其中一院开会，并得于两院对于休会时间意见不一致时，命令两院休会到他认为适当的时期为止；总统应接见大使和其他使节；总统应注意使法律切实执行，并任命所有合众国的官员。

第四款 合众国总统、副总统及其他所有文官，因叛国、贿赂或其他重罪和轻罪，被弹劾而判罪者，均应免职。

第三条

第一款 合众国的司法权属于最高法院以及由国会随时下令设立的下级法院。最高法院和下级法院的法官，如果尽忠职守，应继续任职，并按期接受俸给作为其服务之报酬，在其继续任职期间，该项俸给不得削减。

第二款 司法权适用的范围，应包括在本宪法、合众国法律、和合众国已订的及将订的条约之下发生的一切涉及普通法及衡平法的案件；一切有关大使、其他使节及领事的案件；一切有关海事司法及海运司法的案件；合众国为当事一方的诉讼；州与州之间的诉讼；州与另一州的公民之间的诉讼；一州公民与另一州公民之间的诉讼；同州公民之间为不同之州所让与之土地而争执的诉讼；一州或其公民与外国政府、公民或其属民之间的诉讼。

在一切有关大使、其他使节、领事以及州为当事一方的案件中，最高法院有最初审理权。在上述所有其他案件中，最高法院有关于法律和事实的受理上诉权，但由国会规定为例外及另有处理条例者，不在此限。

对一切罪行的审判，除了弹劾案以外，均应由陪审团审理；并且该审判应在罪案发生的州内举行；但如罪案发生地点并不在任何一州之内，该项审判应在国会按法律指定之地点或几个地点举行。

第三款　只有对合众国发动战争，或投向其敌人，予敌人以协助及方便者，方构成叛国罪。无论何人，如非经由两个证人证明他的公然的叛国行为，或经由本人在公开法庭认罪者，均不得被判叛国罪。

国会有权宣布对于叛国罪的惩处，但因叛国罪而被褫夺公权者，其后人之继承权不受影响，叛国者之财产亦只能在其本人生存期间被没收。

第四条

第一款　各州对其他州的法令、档案和司法程序，应给予完全的信赖和尊重。国会得制定一般法律，用以规定这种法令、档案和司法程序如何证明以及具有何等效力。

第二款　每州公民应享受各州公民所有之一切特权及豁免权。

凡在任何一州被控犯有叛国罪、重罪或其他罪行者，逃出法外而在另一州被缉获时，该州应即依照该罪犯所逃出之州的行政当局之请求，将该罪犯交出，以便移交至对该犯罪案件有管辖权之州。

凡根据一州之法律应在该州服兵役或劳役者，逃往另一州时，不得因另一州之任何法律或条例，解除其兵役或劳役，而应依照有权要求该项兵役或劳役之州的要求，把人交出。

第三款　国会得准许新州加入联邦；如无有关各州之州议会及国会之同意，不得于任何州之管辖区域内建立新州，亦不得合并两州或数州，或数州之一部分而成立新州。

国会有权处置合众国之属地及其他产业，并制定有关这些属地及产业的一切必要的法规和规章；本宪法中任何条文，不得作有损于合众国或任何一州之权利的解释。

第四款　合众国保证联邦中的每一州皆为共和政体，保障它们不受外来的侵略；并且根据各州州议会或行政部门（当州议会不能召集时）的请求，平定其内部的暴乱。

第五条

凡两院议员各以三分之二的多数认为必要时，国会应提出对本宪法的修正案，或当现有各州三分之二的州议会提出请求时，国会应召集会议提出修正案。以上两种修正案，如经各州四分之三的州议会或四分之三的州国民大会批准时，即成为本宪法之一部分而发生全部效力，至于采用那一种批准方式，则由国会议决；但一八〇八年以前可能制定之修正案，在任何情形下，不得影响本宪法第一条第九款之第一、第四节；任何一州，未经其同意，不得剥夺其在参议院中的平等投票权。

第六条

合众国政府于本宪法被批准之前所积欠之债务及所签订之条约，于本宪法通过后，具有和在邦联政府时同等的效力。

本宪法及依本宪法所制定之合众国法律以及合众国已经缔结或将要缔结的一切条约，皆为全国之最高法律；每个州的法官都应受其约束，任何一州宪法或法律中的任何内容与之抵触时，均不得有违这一规定。

前述之参议员及众议员，各州州议会议员，合众国政府及各州政府之一切行政及司法官员，均应宣誓或誓愿拥护本宪法；但合众国政府之任何职位或公职，皆不得以任何宗教誓言作为任职的必要条件。

第七条

本宪法经过九个州的全州大会批准后，即在批准本宪法的各州之间开始生效。

本宪法于公元1787年，即美利坚合众国独立后第12年的9月17日，经出席制宪会议的各州在会上一致同意后制定。我们谨在此签名作证⋯⋯

宪法修正案

第一条〔1791〕

国会不得制定下列法律：确立国教或禁止宗教活动自由；限制言论自由或出版自由；剥夺公民和平集会和向政府请愿申冤的权利。

第二条〔1791〕

纪律严明的民兵是保障自由州的安全所必需的，因此人民持有和携带武器的权利不得侵犯。

第三条〔1791〕

在和平时期，未经房主同意，士兵不得在民房驻扎；除依法律规定的方式，战时也不允许如此。

第四条〔1791〕

人民的人身、住宅、文件和财产不受无理搜查和扣押的权利，不得侵犯。除依照合理根据，以宣誓或代誓宣告保证，并具体说明搜查地点和扣押的人或物，不得发出搜查和扣押状。

第五条〔1791〕

无论何人，除非根据大陪审团的报告或起诉，不得受判处死罪或其他不名誉罪行之审判，但发生在陆、海军中或发生在战时或出现公共危险时服现役的民兵中的案件，不在此限。任何人不得因同一罪行为而两次遭受生命或身体的危害；不得在任何刑事案件中被迫自证其罪；不经正当法律程序，不得被剥夺生命、自由或财产。不给予公平赔偿，私有财产不得充作公用。

第六条〔1791〕

在一切刑事诉讼中，被告享有下列权利：

由犯罪行为发生地的州和地区的公正陪审团予以迅速而公开的审判，该地区应事先已由法律确定；得知被控告的性质和理由；同原告证人对质；以必要程序取得对其有利的证人；取得律师帮助为其辩护。

第七条〔1791〕

在普通法的诉讼中，其争执价值超过20元，由陪审团审判的权利应受到保护。由陪审团裁决的事实，合众国的任何法院除非按照普通法规则，不得重新审查。

第八条〔1791〕

不得要求过多的保释金，不得处以过重的罚金，不得施加残酷和非常的刑罚。

第九条〔1791〕

本宪法对若干权利的列举，不得被解释为否定或忽视由人民保留的其他权利。

第十条〔1791〕

本宪法未授予合众国、也未禁止各州行使的权力，保留给各州行使，或保留给人民行使之。

第十一条〔1798〕

合众国的司法权，不得被解释为可以扩展到受理由他州公民或任何外国公民或属民对合众国一州提出的或起诉的任何普通法或衡平法的诉讼。

第十二条〔1804〕

选举人在各自州内集会，投票选举总统和副总统，其中必须至少有一人不是选举人所属州的居民。选举人须在选票上写明被选为总统之人的姓名，并在另一选票上写明被选为副总统之人的姓名。选举人须将所有被选为总统之人和所有被选为副总统之人分别开列名单，写明每人所得票数，并在该名单上签名作证，然后封印送合众国政府所在地，呈参议院议长。参议院议长在参议院和众议院全体议员面前开拆所有证明书，然后计算票数。获得总统选票最多的人，如所得票数超过所选派选举人总数的半数，即为总统。如无人获得这种过半数票，众议院应立即从被选为总统之人名单中得票最多的但不超过3人中间，投票选举总统。但选举总统时，以州为单位计票，每州全体代表有一票表决权。2/3的州各有一名或多名众议员出席，即构成选举总统的法定人数，决选总统需要所有州的过半数票。当选举总统的权力转移到众议院时，如该院在次年3月4日前尚未选出总统，则由副总统代理总统，如同总统死亡或宪法规定的其他丧失任职能力的情况一样。

得副总统选票最多者，如所得票数超过所选派选举人总数的半数，即为副总统；如无人得票超过半数，参议院应从名单上得票最多的两人中选举副总统。选举副总统的法定人数由参议员总数的2/3构成，选出副总统需要参议员总数的过半数票。

但依宪法无资格担任总统的人，也无资格担任合众国副总统。

第十三条〔1865〕

第一款　在合众国境内或受合众国管辖的任何地方，奴隶制和强迫劳役都不得存在，但作为对依法判罪者犯罪之惩罚，不在此限。

第二款　国会有权以适当立法实施本条。

第十四条〔1868〕

第一款　凡在合众国出生或归化合众国并受其管辖的人，均为合众国的和其居住州的公民。任何一州，都不得制定或实施限制合众国公民的特权或豁免权的任何法律；不经正当法律程序，不得剥夺任何人的生命、自由或财产；对于在其管辖下的任何人，亦不得拒绝给予平等法律保护。

第二款　众议员的名额应按各州人口比例进行分配，每州人口统计包括该州除未纳税的印第安人之外的全部人口。但在选举合众国总统和副总统选举人、国会议员、州行政和司法官员或州议会议员的任何选举中，一州的年满21岁并且是合众国公民的任何男性居民，如其上述选举权被剥夺或受到任何方式的限制（因参加叛乱或其他犯罪而被剥夺者除外），则该州代表权的基础，应按以上男性公民的人数占该州年满21岁男性公民总人数的比例核减。

第三款　无论何人，凡先前曾以国会议员，或合众国官员，或任何州议会议员，或任何州行政或司法官员的身份宣誓维护合众国宪法，以后颠覆或反叛合众国，或给予合众国敌人帮助或支援，概不得担任国会参议员或众议员或总统和副总统选举人，或担任合众国或任何州属下的任何文职或军职官员。但国会有权以两院各2/3的票数取消此种限制。

第四款　对于法律批准的合众国公共债务，包括因支付平定暴乱或叛变的有功人员的年金和奖金而产生的债务，其效力不得否认。但无论合众国或任何一州，都不得偿付或承担因援助对合众国的作乱或反叛而产生的任何债务或义务，亦不得偿付或承担因丧失或解放任何奴隶而提出的任何赔偿要求；所有这类债务、义务和要求，都应被认为是非法和无效的。

第五款　国会有权以适当立法实施本条规定。

第十五条〔1870〕

第一款　合众国公民的投票权,不得因种族、肤色或曾被强迫服劳役而被合众国或任何一州加以剥夺或限制。

第二款　国会有权以适当立法实施本条。

第十六条〔1913〕

国会有权对任何来源的收入规定和征收所得税,不必在各州按比例分配,也无须考虑任何人口普查或人口统计。

第十七条〔1913〕

第一款　合众国参议院由每州两名参议员组成,参议员由本州人民选举,任期6年;每名参议员各有一票表决权。每个州的选举人应具备该州州议会人数最多一院选举人所需具备之资格。

第二款　任何一州在参议院的代表出现缺额时,该州行政当局应发布选举令,以填补此项缺额;但任何一州的议会得授权该州行政部门,在人民依该议会指示举行选举填补缺额以前,任命临时参议员。

第三款　对本条修正案的解释不得影响在本条修正案作为宪法的一部分生效以前当选的任何参议员的选举或任期。

第十八条〔1919〕

第一款　本条批准一年后,禁止在合众国及其管辖下的一切领土内酿造、出售或运送作为饮料的致醉酒类;禁止此类酒类输入或输出合众国及其管辖下的一切领土。

第二款　国会和各州都有权以适当立法实施本条。

第三款　本条除非在国会将其提交各州之日起七年以内,由各州议会按本宪法规定批准为宪法修正案,不得发生效力。

第十九条〔1920〕

第一款　合众国公民的选举权,不得因性别而被合众国或任何一州加以剥夺或限制。

第二款 国会有权以适当立法实施本条。

第二十条〔1933〕

第一款 本条未获批准前，总统和副总统的任期在原定任期届满之年的1月20日正午结束，参议员和众议员的任期在本条未获批准前原定任期届满之年的1月3日正午结束，他们继任人的任期在同时开始。

第二款 国会应每年至少开会一次，除国会以法律另订日期外，此会议在1月3日正午开始。

第三款 如当选总统在规定总统任期开始的时间之前亡故，当选副总统应成为总统。如在规定总统任期开始的时间以前，总统尚未选出，或当选总统不合乎资格，则当选副总统应代理总统直到产生一名合乎资格的总统时为止。在当选总统和当选副总统都不合乎资格时，国会得以法律规定代理总统之人，或宣布选出代理总统的办法。此人应代理总统直到产生一名合乎资格的总统或副总统时为止。

第四款 国会得以法律对以下情况作出规定：在选举总统的权利转移到众议院时，可被该院选为总统的人中有人死亡；在选举副总统的权利转移到参议院时，可被该院选为副总统的人中有人死亡。

第五款 第一款和第二款应在本条批准以后的10月15日起生效。

第六款 本条除非在其提交各州之日起7年以内，由3/4州议会批准为宪法修正案，不得发生效力。

第二十一条〔1933〕

第一款 美利坚合众国宪法第十八条修正案现予废除。

第二款 在合众国任何州、准州或属地内，凡违反当地法律为在当地发货或使用而运送或输入致醉酒类，均予以禁止。

第三款 本条除非在国会将其提交各州之日起7年以内，由各州修宪会议依本宪法规定批准为宪法修正案，不得发生效力。

参考文献

一 古代文献

《左传译注》（上、下），李梦生译注，上海古籍出版社 2004 年版。

《国语》，陈桐生译，中华书局 2014 年版。

《墨子校注》（上、下），吴毓江、孙启治校注，中华书局 2006 年版。

《周易全解》，金景芳、吕绍纲译注，上海古籍出版社 2005 年版。

《周礼译注》，杨天宇译注，上海古籍出版社 2004 年版。

《仪礼注疏》（上、中、下），汉郑玄注，唐贾公彦疏，上海古籍出版社 2008 年版。

《老子注译及评介》，陈鼓应注评，中华书局 1984 年版。

（战国）庄子：《庄子》，顾长安整理，北方联合出版传媒（集团）股份有限公司万卷出版公司 2009 年版。

《诗经今注》，高亨注，清华大学出版社 2010 年版。

《诗经全译》，袁愈荌译诗，唐莫尧注释，贵州人民出版社 1981 年版。

《〈诗经〉解读》，李炳海注解，中国人民大学出版社 2008 年版。

《吴越春秋校注》，张觉校注，岳麓书社 2006 年版。

《尚书》，周秉钧译注，岳麓书社 2001 年版。

《礼记译注》（上、下）。杨天宇译注，上海古籍出版社 2004

年版。

（汉）刘向集录：《战国策》，中州古籍出版社 2007 年版。

（清）马瑞辰：《毛诗传笺通释》（上、下），中华书局 1989 年版。

《韩非子校注》，张觉校注，岳麓书社 2006 年版。

（战国）孟子：《孟子》，史次耘注译，重庆出版集团，重庆出版社 2009 年版。

（春秋）孔子：《论语》，李择非整理，北方联合出版传媒（集团）股份有限公司万卷出版公司 2009 年版。

（战国）荀子：《荀子》，熊公哲注译，重庆出版集团，重庆出版社 2009 年版。

《中国历代刑法志注译》，高潮、马建石注释，吉林人民出版社 1994 年版。

（清）方玉润：《诗经原始》（上、下），中华书局 1986 年版。

（清）王先谦：《诗三家义集疏》（上、下），中华书局 1987 年版。

（汉）司马迁：《史记》，中华书局 1959 年版。

（汉）班固：《汉书》，中华书局 2007 年版。

《管子校注》（上、中、下）。黎翔凤等校注，中华书局 2004 年版。

《商君书》，石磊译注，中华书局 2009 年版。

（宋）朱熹：《诗集传》，赵长征点校，中华书局 2011 年版。

（汉）韩婴：《韩诗外传集释》，许维遹校译，中华书局 1980 年版。

（唐）孔颖达：《毛诗正义》，新文丰出版公司 2001 年版。

《中华活页文选合订本》，中华书局 1962 年版。

《郭店楚墓竹简·性自命出》，文物出版社 2002 年版。

《上海博物馆藏战国楚竹书〈诗论〉解义》，黄怀信解义，社会科学文献出版社 2004 年版。

《先秦政法理论》，张伟仁辑，陈金全注，人民出版社2006年版。

二 中文著作

夏传才：《诗经研究史概要》，清华大学出版社2007年版。

张少瑜：《兵家法思想通论》，人民出版社2006年版。

王国维：《王国维论学集》，傅杰编校，云南出版集团公司，云南人民出版社2008年版。

梁治平：《寻求自然秩序中的和谐》，中国政法大学出版社2002年修订版。

钱穆：《国史大纲》（修订本，上、下），商务印书馆1996年版。

钱穆：《中国历史研究方法》，生活·读书·新知三联书店2001年版。

李学勤主编、孟世凯副主编：《中国古代历史与文明：夏史与夏代文明》，上海科学技术文献出版社2007年版。

李学勤主编、孟世凯副主编：《中国古代历史与文明：商史与商文明》，上海科学技术文献出版社2007年版。

李学勤主编、孟世凯副主编：《中国古代历史与文明：西周史与西周文明》，上海科学技术文献出版社2007年版。

李学勤主编、孟世凯副主编：《中国古代历史与文明：春秋史与春秋文明》，上海科学技术文献出版社2007年版。

（台湾）潘秀玲：《〈诗经〉存古史考辨——〈诗经〉与〈史记〉所载史事之比较》，花木兰文化出版社2006年版。

江林：《〈诗经〉与宗周礼乐文明》，上海古籍出版社2010年版。

尚丽新：《〈诗经〉媵嫁诗与周代媵婚文化》，《上海师范大学学报》2002年第1期。

郭沫若：《郭沫若全集》（第二卷·考古编），科学出版社2002年版。

王妍：《经学以前的〈诗经〉》，东方出版社2007年版。

马小红：《礼与法：法的历史连接》，北京大学出版社2004年版。

俞荣根：《儒家法思想通论》（修订本），广西人民出版社1998年版。

杨鸿烈：《中国法律思想史》（上、下册），商务印书馆1998年版。

郑州市社科联、郑州市社科院编：《溱洧之歌——〈郑风〉与〈桧风〉》，河南人民出版社2008年版。

侯外庐：《中国思想通史》（第一卷），人民出版社1980年版。

王汉昌、林代昭：《中国古代政治制度史略》，人民出版社1985年版。

《锦屏县林业志》，贵州人民出版社2002年版。

曾代伟：《中国法制史》，法律出版社2001年版。

蒲坚：《新编中国法制史教程》，高等教育出版社2003年版。

刘作翔：《法律文化理论》，商务印书馆1999年版。

（台湾）林端：《儒家伦理与法律文化社会学观点的探索》，中国政法大学出版社2002年版。

李华兴、吴嘉勋编：《梁启超选集》，上海人民出版社1984年版。

夏新华、胡旭晟整理：《近代中国宪政历程：史料荟萃》，中国政法大学出版社2004年版。

张冠梓：《论法的成长——来自中国南方山地法律民族志的诠释》，中国社会科学文献出版社2002年版。

陈金全、杜万华主编：《贵州文斗寨苗族契约法律文书汇编——姜元泽家藏契约文书》，人民出版社2008年版。

贵州省编辑组编：《侗族社会历史调查》，贵州民族出版社1988年版。

韦启光等：《布依族文化研究》，贵州人民出版社1999年版。

贵州省编辑组编：《布依族社会历史调查》，贵州民族出版社1986年版。

李廷贵等：《苗族"习惯法"概论》，贵州民族出版社1988年版。

贵州省民族研究所编：《贵州民族调查（之二）》（内部资料），1984年印。

贵州省民族研究所编：《贵州民族调查（卷二十）》（内部资料），2002年印。

贵州省民族研究所编：《贵州民族调查（卷十五）》（内部资料），1997年印。

梁治平：《清代习惯法·社会与国家》，中国政法大学出版社1996年版。

葛洪义：《法理学》，中国政法大学出版社1999年版。

丁慰南等：《中国各民族宗教与神话大词典》，学苑出版社1990年版。

任骋：《中国民间禁忌》，作家出版社1991年版。

陈金全编著：《法律思想史纲》，成都科技大学出版社1998年版。

陈金全：《中国法律思想史》，法律出版社2001年版。

冯大同：《国际商法》，对外经济贸易出版社2001年版。

沈宗灵：《法理学》，北京大学出版社2001年版。

陈明华：《刑法学》，中国政法大学出版社1999年版。

李明舜：《婚姻法中的救助措施与法律责任》，法律出版社2001年版。

卓泽渊：《法理学》，法律出版社2002年版。

苏力：《送法下乡：中国基层司法制度研究》，中国政法大学出版社2000年版。

曾代伟：《北魏律渊源辨》，重庆出版社2000年版。

陈金全：《西南少数民族习惯法简论》，法律出版社2003年版。

张冠梓：《论法的成长——来自中国南方山地法律民族志的诠释》，中国社会科学文献出版社2002年版。

黄基泉：《西方宪政思想史略》，山东人民出版社2004年版。

任东来、陈伟、白雪峰等：《美国宪政历程：影响美国的25个司法大案》，中国法制出版社2004年版。

钱福臣：《美国宪政生成的深层次背景》，法律出版社2005年版。

董小川：《20世纪美国宗教与政治》，人民出版社2002年版。

张千帆：《西方宪政体系》（上册·美国），中国政法大学出版社 2000 年版。

肖君拥：《人民主权论》，山东人民出版社 2005 年版。

谢维雁：《从宪法到宪政》，山东人民出版社 2004 年版。

刘守刚：《西方立宪主义的历史基础》，山东人民出版社 2005 年版。

王希：《原则与妥协》，北京大学出版社 2000 年版。

林向荣：《外国法制史教程》，成都科技大学出版社 1997 年版。

徐爱国等：《西方法律思想史》，北京大学出版社 2002 年版。

沈宗灵：《现代西方法理学》，北京大学出版社 1992 年版。

谷方：《韩非与中国文化》，贵州人民出版社 1996 年版。

三　汉译著作或外文原著

［英］A. E. 泰勒、［奥］Th. 龚珀茨：《苏格拉底传》，赵继铨等译，商务印书馆 1999 年版。

［美］汉密尔顿、杰伊、麦迪逊：《联邦党人文集》，程逢如等译，商务印书馆 1980 年版。

［美］伯尔曼：《法律与宗教》，中国政法大学出版社 2003 年版。

［英］洛克：《政府论》（上、下篇），叶启芳等译，商务印书馆 1964 年版。

［法］孟德斯鸠：《论法的精神》（上、下册），张雁深译，商务印书馆 1963 年版。

［法］卢梭：《社会契约论》，何兆武译，商务印书馆 1980 年修订第 2 版。

［美］理查德·霍夫施塔特：《美国政治传统及其缔造》，崔永禄等译，商务印书馆 1994 年版。

《美国演说名篇》，王建华编译，世界图书出版公司 1995 年版。

［美］爱德华·S. 考文：《美国宪法的"高级法"背景》，强世功译，生活·读书·新知三联书店 1996 年版。

[美] 丹尼尔·J. 布尔斯廷：《美国人殖民地历程》，时殷弘等译，上海译文出版社 1997 年版。

[加拿大] 詹姆斯·塔利：《陌生的多样性——歧异时代的宪政主义》，黄俊龙译，上海译文出版社 2005 年版。

[美] 约瑟夫·斯托里：《美国宪法评注》，毛国权译，上海三联书店 2006 年版。

[美] 詹姆斯·M. 伯恩斯等：《民治政府》，陆震纶等译，中国社会科学出版社 1996 年版。

[日] 芦部信喜：《宪法》，林来梵等译，北京大学出版社 2006 年版。

[美] 吉尔伯特·C. 菲特、吉姆·E. 里斯：《美国经济史》，司徒淳等译，辽宁人民出版社 1981 年版。

[美] 布鲁斯·阿克曼：《我们人民：宪法变革的原动力》，孙文恺译，法律出版社 2003 年版。

[英] 韦恩·莫里森：《法理学》，李桂林、李清伟、侯建等译，武汉大学出版社 2003 年版。

[爱尔兰] J. M. 凯利：《西方法律思想简史》，法律出版社 2002 年版。

[德] 费尔巴哈：《宗教的本质》，王太庆译，商务印书馆 1999 年版。

[美] E. 博登海默：《法理学法律哲学与法律方法》，邓正来译，中国政法大学出版社 2004 年修订版。

[美] 哈罗德·J. 伯尔曼：《法律与革命——西方法律传统的形成》，中国大百科全书出版社 1993 年版。

[美] 托马斯·杰斐逊：《杰斐逊选集》，商务印书馆 1999 年版。

[美] 爱蒂丝·布朗·魏伊丝：《公平地对待未来人类：国际法、共同遗产与世代间衡平》，汪劲等译，法律出版社 2000 年版。

[加拿大] 詹姆斯·塔利：《陌生的多样性——歧异时代的宪政主义》，黄俊龙译，上海译文出版社 2005 年版。

［古希腊］亚里士多德：《政治学》，吴寿彭译，商务印书馆1965年版。

［美］罗伯特·考特、托马斯·尤伦：《法和经济学》，上海三联书店1991年版。

［英］拉德克利夫·布朗：《社会人类学方法》，华夏出版社2002年版。

［英］罗素：《西方哲学史》，商务印书馆1963年版。

［法］勒内·达维德：《当代主要法律体系》，上海译文出版社1984年版。

Frank B. Gibney：《简明不列颠百科全书》，中国大百科全书出版社1987年版。

Plato：《The Republic》（Book I）（English Classics 3000）. Peking：Peking University Press.

Jerome A. Barron & C. Thomas Dienes：Constitutional Law. Law Press，2005.